Moritz Gomm

GRÜNDEN IN 90 TAGEN

Moritz Gomm

GRÜNDEN IN 90 TAGEN

Schritt für Schritt
in die erfolgreiche Selbstständigkeit –
ohne gleich den Job zu kündigen

metropolitan.

Bibliografische Information der Deutschen Nationalbibliothek
Die Deutsche Nationalbibliothek verzeichnet diese Publikation
in der Deutschen Nationalbibliografie; detaillierte bibliografische
Daten sind im Internet über *www.dnb.de* abrufbar.

Für die Inhalte der Webseiten Dritter, auf die in dieser Publikation
verwiesen wird, übernehmen wir keine Haftung und verweisen lediglich
auf deren Stand zum Zeitpunkt der Erstveröffentlichung.

metropolitan – ein Imprint des Walhalla Fachverlags
www.metropolitan.de

1. Auflage 2020
© Walhalla u. Praetoria Verlag GmbH & Co. KG, Regensburg
Produktion: Walhalla Fachverlag, 93042 Regensburg
Printed in Germany
ISBN 978-3-96186-050-0

Für alle, die nur noch funktionieren,
an sich zweifeln und noch nicht trauen,
sich ganz zu zeigen.

Inhalt

VORWORT

„Der einzige Weg, um wahrhaftig erfüllt zu sein, ist, zu lieben, was du tust. Wenn du das noch nicht gefunden hast, suche weiter. Denn wie mit allen Herzensangelegenheiten wirst du es wissen, wenn du es gefunden hast." [1]
Steve Jobs, Mitbegründer und langjähriger CEO von Apple, 1955–2011

Als Kind wollte ich Erfinder werden, so wie Daniel Düsentrieb in den Micky Mouse Comics. Im Studium habe ich dann Freunde bei der Umsetzung neuer Geschäftsideen beraten – und auch heute ist dies mein Traumjob: Menschen und Firmen tatkräftig bei der Realisierung ihrer Ideen zu helfen.

Nachdem ich 2010 mein erstes Unternehmen verkauft hatte, nahm ich eine Festanstellung als Innovationsberater bei Zühlke Engineering an. Diese Firma hat eine vorbildliche Unternehmenskultur und ich fühlte mich immer wohl dort. Im krassen Gegensatz dazu stellte ich im Bekanntenkreis immer wieder verwundert fest, wie viele Menschen in ihrer Festanstellung unglücklich sind und davon träumen, mal „etwas ganz eigenes" zu machen. Aber fast niemand traute sich, es zu versuchen.

Vielleicht fehlte ihnen nur ein klarer Weg, wie sie sich selbstständig machen können? Dieser Weg müsste es ihnen erlauben, in der Festanstellung zu bleiben, bis sich die Selbstständigkeit als tragfähig genug erweist. Ich wollte zeigen, wie das geht und die Idee für dieses Buch war geboren! Dabei sollte der Weg in die Selbstständigkeit dazu dienen, ein zufriedeneres und freieres Leben zu führen und nicht nur dazu, möglichst schnell reich zu werden – und damit in einem neuen Hamsterrad zu landen.

Mit dieser Vision entwickelte ich das 90-Tage-Programm und wünsche mir vom Herzen, dass es dir und möglichst vielen Menschen dabei hilft, ein erfüllteres und freies Leben zu führen – mit einer „Arbeit", die du liebst.

So, und jetzt bist du dran! Der beste Job der Welt liegt bereits in dir. Lass uns gemeinsam auf den Weg machen, auf eine der spannendsten und lohnendsten Reisen des Lebens: der Weg zum eigenen Unternehmen, in dem du dich entfalten kannst.

13

TEIL I
DIE GRUNDLAGEN

Das Buch für Menschen, die sich neu orientieren möchten.

ZUR ORIENTIERUNG

Was ist das 90-Tage-Programm?

Das 90-Tage-Programm ist eine praxisorientierte Anleitung, um deinen Traum von der Selbstständigkeit mit nur einem Schritt pro Tag Realität werden zu lassen. Du wirst spüren, wie es ist, selbstständig zu sein, und feststellen, ob dieser Weg der richtige für dich ist – ohne dafür (gleich) deinen Job kündigen zu müssen.

Das Ziel der Selbstständigkeit in diesem Buch ist, dass du insgesamt zufriedener und glücklicher wirst mit deinem Lebensstil, mit deiner Familie und Partnerschaft, deinem Beruf – und mit dir selbst. Dieses Buch und das damit verbundene Programm sind damit „Lebensratgeber" und „Gründungsleitfaden" in einem.

Warum viele Ratgeber in deinem Leben nichts ändern – und warum dieser anders ist

Typischerweise haben Ratgeber-Bücher in jedem Kapitel praktische Aufgaben, die du umsetzen sollst, um dein Ziel zu erreichen. Häufig sind dafür unter den Aufgaben sogar leere Flächen oder Linien vorgesehen, um die Ergebnisse direkt ins Buch zu schreiben.

Die meisten Menschen lesen die Aufgaben zwar und nehmen sich auch vor, diese zu machen, doch dazu kommt es häufig leider nie. Denn die Neugier lässt sie in der Regel „erst mal weiterlesen", um dann bei den nächsten Aufgaben genauso zu verfahren, so dass sie am Ende fast nichts umsetzen.

Kommt dir das bekannt vor?

Der Grund dafür ist folgender: Wenn du ein Buch liest – egal, ob entspannt auf dem Sofa oder in der S-Bahn – bist du im „Lesemodus". Du liest zwar die Aufgaben und denkst auch drüber nach, aber du wirst in diesem Moment nicht wirklich aktiv.

Um Dinge tatkräftig anzugehen, musst du in den „Machen-Modus" wechseln. Das ist eine aktivierte, aufrechte Haltung an einem Platz, der auch wirklich zum Arbeiten geeignet ist. Damit du erfolgreich umsetzen kannst, was du liest, musst du dich also im wahrsten Sinne des Wortes erstmal selbst *um-setzen*.

Dieses Problem lösen wir im 90-Tage-Programm, indem du die Aufgaben getrennt vom Lesen des Buches nach einem strukturierten Prinzip angehst. Das funktioniert wie folgt:

Du legst selbst fest, an welchem Tag du mit dem 90-Tage-Programm beginnst und nimmst dir dann täglich die entsprechende Aufgabe aus Teil II dieses Buches vor. Bei jeder Aufgabe ist die Zeit angegeben, die du ungefähr zur Bearbeitung benötigst. Plane dir diese Zeit am besten schon für den Folgetag in deinem Kalender ein. Die Aufgabe nimmst du dir dann im „Machen-Modus" mit deinem Notizbuch am PC vor oder – später im Programm – im Kontakt mit deinen zukünftigen Kunden.

Zu jeder Aufgabe findest du einen Link und einen QR-Code, um dir die Aufgabe mit zusätzlichen Informationen unter www.90-tage-programm.de anzusehen. Eine Anmeldung ist dafür nicht erforderlich. Die Webseite erleichtert dir die Umsetzung deiner jeweiligen Aufgabe dank folgender Vorteile:

- Ich erläutere jede Aufgabe persönlich in einem kurzen **Video**, was viele Menschen angenehmer finden (die Text-Version ist dort selbstverständlich ebenfalls enthalten).
- Auf der Webseite erhältst du alle **Hilfsmittel und Links**, die du zur Umsetzung benötigst. So ersparst du dir das Abtippen aus dem Buch.
- Du hast stets Zugriff auf den **neuesten Stand der Aufgaben**, denn natürlich entwickle ich diese stetig weiter – auch auf Basis des Feedbacks anderer Nutzer/innen.

Begleitende Tipps und Tricks

Ich biete dir weitere wertvolle Tipps und Tricks für deine erfolgreiche Gründung und ein erfüllteres Leben in meinem kostenlosen Newsletter zum 90-Tage-Programm. Melde dich am besten gleich hier an:

www.90-tage-programm.de/tipps

Du kannst den Newsletter natürlich jederzeit mit einem Klick kündigen.

TIPP

Ich empfehle das 90-Tage-Programm schon gleich zu Beginn der Lektüre zu starten und das Buch parallel zu den ersten Aufgaben weiterzulesen. So erfährst du sofort, wie das Programm konkret abläuft und hast schnell die ersten Erfolgserlebnisse.

Wähle also **gleich jetzt** einen Tag, an dem du mit dem Programm beginnen willst und reserviere dir eine Stunde in deinem Kalender für die „Aufgabe Tag 1" (das kann auch gerne heute noch sein). An dem Tag nimmst du dir dann die erste Aufgabe auf S. 111 vor.

Nochmal für alle Erstmal-Weiterleser: Jetzt geht es zum ersten Mal an die praktische Umsetzung und dieses eine Mal musst du es schaffen, dich selbst vom Lesemodus in den Machen-Modus zu versetzen: Also, öffne deinen Kalender und lege dein Startdatum für das 90-Tage-Programm fest!

Für wen ist das 90-Tage-Programm?

Dieses Buch ist für alle, die mit dem Gedanken spielen, sich selbstständig zu machen. Ich habe das Konzept aber insbesondere für Menschen entwickelt, die wenig Zeit und/oder Geld haben:

- **Angestellte,** die eine Idee haben, die sie gerne realisieren wollen, aber beruflich stark eingespannt sind und sich (noch) nicht trauen, ihren Job zu kündigen. Angestellte wollen häufig in die Selbstständigkeit wechseln, weil sie mit ihrer jetzigen Tätigkeit unzufrieden sind oder sie für nicht sinnvoll halten, weil sie unter einer unangenehmen Firmenkultur leiden oder Konflikte mit Vorgesetzten oder Teammitgliedern haben. Andere möchten nach vielen Jahren beruflicher Karriere etwas ganz anderes machen, weil sie mit ihrer jetzigen Tätigkeit trotz des Erfolgs nicht glücklich werden. So etwas passiert häufig in der Mitte des Lebens – aus gutem Grund, wie wir später noch sehen werden.

- **Mütter und Väter**, die entweder in Teilzeit oder gar nicht berufstätig sind. Hier ist die Motivation häufig, beruflich wieder auf eigenen Füßen zu stehen. Eltern stehen dabei – wie ich selbst als Vater von zwei kleinen Kindern weiß – vor einer Herausforderung: sich selbstständig zu machen kostet Zeit, dennoch soll die Familie darunter nicht leiden. In diesem Programm zeige ich dir, wie das geht.
- Ich bin überzeugt, dass das 90-Tage-Programm auch all den Menschen hilft, die über zu viel Zeit verfügen, weil sie **arbeitslos** sind. Denn das 90-Tage-Programm gibt dem Alltag Sinn und eine klare Struktur: Jeder Tag bringt eine klare und machbare Aufgabe, um schrittweise zum Ziel zu kommen: zu einer Beschäftigung, die man liebt und die genug Geld fürs Leben einbringt.

Ist die (Post)-Corona-Ära ein guter Zeitpunkt, um zu gründen?

Die Corona-Pandemie betrifft fast alle Branchen und Berufe. Sollte man nicht gerade jetzt auf Nummer sicher gehen und in der Festanstellung bleiben?

Im Gegenteil: Es ist sinnvoll, antizyklisch zu handeln. Krisenzeiten sind zwar schlecht, um *selbstständig zu sein,* aber sie sind ideal, um sich *selbstständig zu machen.* Dafür gibt es drei Gründe:

1. In Krisenzeiten brechen alte Bedürfnisse weg, wie aktuell zum Beispiel Langstreckenflüge bzw. Fernreisen. Dafür werden sie durch neue ersetzt, die befriedigt werden wollen, aktuell zum Beispiel mehr Urlaub in der Region.
2. In Krisenzeiten ist für Gründer/innen vieles leichter verfügbar, zum Beispiel qualifizierte Mitarbeiter oder günstige Werbung, da die Nachfrage der bestehenden Branchen eingebrochen ist.
3. Neugründer/innen profitieren vom Aufschwung nach der Krise, um das eigene Geschäft schneller als sonst auf eine kritische Größe zu bringen. Wenn du dann gründest, wenn die Wirtschaft gerade am besten läuft, nimmst du hingegen die nächste Krise voll mit.

Daher ist jetzt ein idealer Zeitpunkt zum Gründen. Das bestätigt auch das Zukunftsinstitut in seinem Whitepaper *Die Zukunft nach Corona* (2020): „Die Phase der Krise wird zur unternehmerischsten Zeit vieler Jahrzehnte. Jede Zeit am Ende oder nach einer Krise ist die Zeit der Visionäre.“ [2]

So holst du das Optimum aus diesem Buch

Das 90-Tage-Programm ist eine Herausforderung, die Spaß macht, dich zielsicher leitet und dich Stück für Stück aus deiner Komfortzone holen wird, um deinem Leben eine spannende neue Richtung zu geben.

Das Programm ist so konzipiert, dass du es in 90 Arbeitstagen „durchziehen" kannst. Aber wir sind alle Menschen und es ist ganz normal, dass mal was dazwischenkommt. Es ist wichtig, sich dann auch eine Pause zu nehmen. Es kann gute Gründe geben, mal ein, zwei oder gar drei ganze Wochen zu pausieren. Das ist okay und nicht unüblich. Ich werde dich sogar an einigen kritischen Punkten fragen, ob du vielleicht eine Pause brauchst. Denn es bringt nichts, unter Druck verbissen weiterzumachen, um dann kurze Zeit später ganz aufzugeben. Lass dir lieber etwas mehr Zeit und erreiche dafür mit Kontinuität dein Ziel.

Bevor wir loslegen, möchte ich dich bitten, die folgenden fünf Ratschläge zu befolgen:

1. **Besorge dir ein schönes Notizbuch für das 90-Tage-Programm und schreibe an jedem Tag deine Ergebnisse auf.**
   Wer schreibt, der bleibt (dran). Du kannst gerne die *allererste* Aufgabe schon ohne Notizen starten, aber schon ab der zweiten Aufgabe brauchst du unbedingt dein Notizbuch!
   Also geh noch heute zum Schreibwarenladen oder – falls die Geschäfte geschlossen haben – zum Zeitungsladen an deinem Bahnhof und besorge dir ein schönes Notizbuch.

2. **Trenne „Lesen" und „Machen".**
   Wenn du im „Lesemodus" bist, machst du es dir entweder irgendwo gemütlich (z. B. auf dem Sofa) oder nutzt Leerzeit (z. B. bei einer Bahnfahrt). Ich bitte dich, dich zunächst in einen „Arbeitszustand" zu versetzen, bevor du eine der 90 Aufgaben angehst. Setz dich dafür mit einem Notizbuch, einem Stift und deinem Laptop in Arbeitsposition an deinen Arbeitsplatz. Das kann dein Arbeitszimmer oder auch der Küchentisch sein, aber nicht das Wohnzimmersofa oder die Badewanne.

3. **Suche dir eine/n Sparringspartner/in.**
   Es ist hilfreich, dir jemanden zu suchen, mit dem du deine Ideen und Pläne durchsprechen kannst. Du solltest dieser Person vertrauen und gerne Zeit mir ihr verbringen, außerdem sollte sie offen, positiv und gerne auch kreativ sein. Das kann dein/e Partner/in sein, ein Elternteil, eine Schwester, ein Bruder oder

Freunde. Wenn deine Kinder schon älter sind, können die auch als Sparringspartner/in dienen. Häufig sind aber Freunde oder geschätzte Kollegen besser geeignet, weil sie mehr Abstand haben als deine Familie. Deine Familie ist in der Regel direkt von deinen Lebensentscheidungen betroffen und hat daher eventuell nicht die nötige Distanz, um dich unabhängig zu unterstützen.

Es ist wichtig, dass dein/e Sparringspartner/in positiv ist und dich unterstützt. Ein unverbesserlicher Pessimist oder Nörgler ist da nicht hilfreich. Du kannst das Programm gerne noch ohne Sparringspartner/in anfangen, aber versuche, in den ersten zwei Wochen eine/n zu finden.

3. **Du wirst Mut aufbringen müssen.**

Um neue Wege zu gehen, brauchst du Mut. Du musst dich trauen, etwas ganz Neues zu machen, anders zu handeln als bisher, zu dem stehen, was du tust. Dein Ziel ist, selbstbestimmt und zufriedener zu leben. Das beinhaltet das Risiko (zwischenzeitlich) zu scheitern, aber auch die Gewissheit, viel zu lernen. Es wird Widerstände geben und du brauchst Vertrauen in dich, um deinen Weg zu gehen und diese Widerstände zu überwinden. Diesen Mut wirst du in den 90 Tagen schrittweise entwickeln.

4. **Du wirst Chuzpe und Finesse brauchen.**

Um neben der Arbeit eine neue Geschäftsidee zu entwickeln, zu testen und umzusetzen, brauchst du Kreativität und auch ein gewisses Maß an wertschätzender Frechheit. Es ist selbstverständlich, dass wir dabei nie jemandem Schaden zufügen. Du wirst dich aber manchmal aus dem Fenster lehnen müssen, um dein Ziel zu erreichen. Du wirst zum Beispiel deine Geschäftsidee vorab „simulieren", um ohne viel Investition und Risiko zu testen, ob ein Markt existiert, und ob die Selbstständigkeit was für dich ist, bevor du den großen Sprung wagst. Du wirst immer mal wieder aus deiner Komfortzone heraustreten müssen – und genau das üben wir im 90-Tage-Programm.

Und hier noch der „Beipackzettel"

Die 90 Aufgaben werden dich herausfordern, inspirieren, dich zum Nachdenken anregen und dich voranbringen. Ein solcher Veränderungsprozess verlangt von dir aber auch entsprechend Zeit, Kraft und Hingabe.

Eine wichtige Voraussetzung dafür ist, dass du seelisch, körperlich und emotional gesund genug bist, um eine solch grundlegende Veränderung in deinem Leben anzugehen. Falls du aktuell in einer Lebenskrise steckst, solltest du im Zweifel lieber vorher mit einer psychologisch geschulten Person klären, ob ein solches Programm für dich jetzt sinnvoll ist. Dieses Buch und das 90-Tage-Programm ersetzen keine Therapie. Die Verantwortung für dein Wohlergehen und für deine Resultate liegen allein bei dir.

Ich habe dieses Buch und das 90-Tage-Programm nach bestem Wissen und Gewissen entwickelt. Die Inhalte basieren auf meinen eigenen persönlichen Erfahrungen als Coach sowie aus Büchern und Vorträgen anderer Menschen. Ich habe Psychologie nie an der Universität studiert – wohl aber an vielen meiner Mitmenschen und Coachies. Und ich bin Gründer, Unternehmer, Vater, Ehepartner und Coach aus Leidenschaft.

Pass gut auf dich auf und sorge stets liebevoll für dich!

Johannes wandelte sich vom Unternehmensberater zum Lieferkoch.

DREI BEISPIELE ZUR EINSTIMMUNG

Zu Beginn unserer Reise möchte ich drei wahre Geschichten von Menschen erzählen, die in ihrem Leben vielleicht an einer ganz ähnlichen Stelle gestanden haben, an der du gerade stehst. Vielleicht ist es hilfreich und motivierend für dich zu sehen, dass andere Menschen die Veränderung bereits geschafft haben, die du in ähnlicher Form auch anstrebst. Vor allem aber, dass auch sie Ängste und Probleme durchlebt haben und nun offen teilen, wie sie sie überwunden haben.

Eines ist sicher: Du bist ganz bestimmt nicht allein mit deiner Situation und deinem Wunsch nach Veränderung.

Vom Investmentbanker zum Bio-Winzer

Achim war erfolgsverwöhnt. Eher durch Zufall war er nach dem Studium im Investmentbanking gelandet und verdiente nun schon seit zehn Jahren viel Geld und jedes Jahr wurde es mehr. Eigentlich wollte er gar nicht lange in dieser Branche arbeiten, aber Jahr um Jahr verging, ohne dass er den Absprung schaffte.

Im Jahr 2015 wurde ihm klar, dass es ihm ohne einen klaren Plan nie gelingen würde auszusteigen. Er entschied sich noch drei Jahre zu arbeiten, begann aber gleichzeitig, seinen Ausstieg vorzubereiten. Als er dann schließlich seine Mitarbeiterkarte abgegeben hatte und zu Hause die neue Ruhe genoss, wurde er plötzlich krank.

Über ein Jahr quälten ihn die merkwürdigsten Symptome und der Arzt diagnostizierte einen Burn-out. Er erfuhr, dass überarbeitete Menschen häufig erst krank werden, wenn sie sich eine Pause gönnen. Denn der Körper gibt alles, solange der Druck da ist und ein Ausfallen „nicht reinpasst". Sobald dann aber endlich Ruhe einkehrt (häufig auch bei einem längeren Urlaub oder in der Weihnachtszeit), erlaubt sich der Körper *endlich* abzuschlaffen und zwingt den Menschen durch Krankheit kürzerzutreten und sich zu erholen.

Achim war verzweifelt und überlegte, wie er jemals wieder „normal" arbeiten könnte. Er begann darüber nachzudenken, was ihm früher Spaß gemacht und angetrieben hatte. Er kam aus einer Bauernfamilie und erinnerte sich an die schöne Zeit, als er seinen Eltern draußen auf den Feldern und mit den Tieren half. Es war so ganz anders als ein Leben, in dem es hauptsächlich um Geld, Aktien, Renditen, Meetings, Dienstreisen und Statussymbole ging. Er hatte sich nie etwas aus teuren Autos oder Luxusurlauben gemacht, sondern war lieber allein oder mit seiner Familie in der Natur unterwegs. Könnte er vielleicht so sein Geld verdienen? Vielleicht als Reiseleiter? Oder als Bauer?

Er beschloss mit seiner Frau darüber zu sprechen und einen Kassensturz seiner Finanzen zu machen, um auszurechnen, wie viel Geld er eigentlich verdienen musste, um ein passables Leben führen zu können. Sie erkannten gemeinsam: Wenn sie auf teure Späße verzichteten, würde ihm ein geringes monatliches Einkommen reichen.

Einer seiner Freunde bewirtschaftete als Rentner einen kleinen Bio-Weinberg und Achim hatte stets viel Freude gehabt, ihm an Wochenenden dabei zu helfen. So kam er auf die Idee, ein Praktikum bei einem Winzer zu machen. Der Bio-Winzer empfahl ihm, zu einem größeren Winzer zu gehen, aber als er dort vorstellig wurde, wurde er zunächst enttäuscht. Ein drei- bis sechsmonatiges Winzer-Praktikum mache keinen Sinn, da man den Verlauf eines ganzen Jahres erleben musste. Der Winzer bot ihm stattdessen eine Lehrstelle an.

Achim entschied sich für das Abenteuer, schloss nach zwei Jahren seine Lehre ab und bekam danach eine halbe Stelle bei dem Bio-Winzer. Jetzt arbeitet er einen halben Tag entspannt in der Natur und genießt es, mit dem Rhythmus der Natur zu leben. Außerdem berät er ehrenamtlich eine Organisation, die sich um Kinder in Entwicklungsländern kümmert.

Wie zufrieden ist er damit?

„Es war die beste Entscheidung meines Lebens. Es war natürlich ein Vorteil, dass ich zunächst im Investmentbanking tätig war, denn damit hatte ich das finanzielle Polster. Ich würde rückblickend aber auch ohne so ein finanzielles Polster meinem Herzen folgen und eine Arbeit machen, die mir genug Zeit zum Leben lässt."

Es gibt zwei Gründe, die jemanden dazu veranlassen, seinen Beruf zu verändern: Leidensdruck und Veränderungsdruck. Bei Achim war es Leidensdruck.

Leidensdruck entsteht, wenn dich deine Situation über einen längeren Zeitraum so sehr belastet, dass du die Situation dringend verändern möchtest. Der Druck kommt also aus dem Umfeld deiner Arbeit. Beispiele sind Mobbing, eine Arbeit, die nicht zu deinen Kompetenzen passt, unklare Anforderungen, überzogene Leistungserwartungen etc.

Veränderungsdruck entsteht, wenn sich aus dir selbst heraus der Wunsch ergibt, etwas Neues zu machen, obwohl es an deiner Arbeitssituation nichts Grundlegendes zu beanstanden gibt. Beispiele sind Menschen, die mit ihrer Arbeit zufrieden sind, aber nach vielen Jahren etwas Neues ausprobieren möchten. Oder Menschen, für die die alte Arbeit durch große Veränderungen in ihrem Leben nicht mehr gut passt, zum Beispiel, weil sie jetzt Eltern oder in eine neue Lebensphase gekommen sind. Auch bei Müttern und Vätern, die nach einigen Jahren des Hausfrau-/Hausmannseins wieder arbeiten möchten, ist es in der Regel Veränderungsdruck, der sie antreibt.

Vom Unternehmensberater zum Lieferkoch

Johannes stand vor dem größten Karriereschritt seines Lebens. Seit zehn Jahren – nur unterbrochen von einer Elternzeit – arbeitete er bei einer der renommiertesten Unternehmensberatungen und stand kurz davor, Partner zu werden, das heißt Anteile am Unternehmen zu übernehmen.

Er hatte hart und viel dafür gearbeitet und wusste, dass sein Job noch deutlich intensiver und verantwortungsvoller werden würde, wenn er in die oberste Riege der Partner einsteigt. Aber arbeiteten nicht alle auf dieses Ziel hin?

Doch kurz bevor es soweit war, begann er immer schlechter zu schlafen, bekam unerklärliche Bauchschmerzen und fühlte sich elend. Er versuchte zwar weiterhin, sein Arbeitspensum zu erfüllen, doch irgendwann ließ ihn sein Körper im Stich: Als er eines Morgens das Frühstück vorbereiten wollte, bekam er einen Nervenzusammenbruch, wurde mit dem Notarzt ins Krankenhaus eingeliefert und war gezwungen, sich eine sechsmonatige Auszeit zu nehmen.

Er ruhte sich aus, lernte Entspannungstechniken, machte viel Sport und war fest entschlossen, sein langersehntes Ziel zu erreichen: Partner werden. Als er dann wieder zur Arbeit kam, brauchte er verständlicherweise noch Schonung, die ihm auch gewährt wurde. Allerdings spürte er deutlich, dass er von der Führung bereits abgeschrieben war und er sich doppelt anstrengen musste, wenn er noch Partner werden wollte. Niedergeschlagen und frustriert sprach er mit einem Freund über seine Situation. Auf einem langen Waldspaziergang hatte der etwas gesagt, das ihm nicht mehr aus dem Kopf ging: „Willst du da wirklich für den Rest deines Lebens weitermachen? Du hast so viele Talente, warum machst du nach zehn Jahren nicht mal was Neues?"

Johannes begann zu zweifeln: War er nicht ohnehin unzufrieden, ständig unter Druck zu sein und so wenig Zeit für sich, seine Tochter und seine Frau zu haben? Das Heranwachsen seiner Tochter von drei bis sieben hatte er kaum mitbekommen, weil seine Frau sich um die Tochter kümmerte und Johannes oft erst von der Arbeit kam, als die Tochter schon schlief.

Er fing an darüber nachzudenken, was ihm eigentlich Spaß machte, was er früher werden wollte. Was motivierte ihn eigentlich und welche Stärken hatte er, die er bei seiner bisherigen Beratertätigkeit noch gar nicht genutzt hatte? Er war gerne mit Menschen in Kontakt und liebte es zu kochen. Er würde sich auch gerne mehr für Umweltschutz und Nachhaltigkeit engagieren. Vielleicht irgendwas mit ökologischer Gastronomie? Hiervon schreckten ihn allerdings die Arbeitszeiten ab. Wenn er wirklich etwas Neues machte, wollte er nicht mehr so viel von zu Hause weg sein und wieder mehr Zeit mit seiner Tochter verbringen.

Aber wie konnte er von zu Hause arbeiten (das heißt kochen) und trotzdem mit seinen Kunden in Kontakt kommen? Beim Joggen kam ihm endlich die zündende Idee: Er könnte zu Hause Gerichte kochen, diese praktisch verpacken und an Kunden in seiner Stadt ausliefern. Die Bestellung würde er über das Internet und per Telefon annehmen und die Mahlzeiten persönlich zum Kunden bringen.

Mit neuer Motivation legte er los, kochte als ersten Test zunächst drei verschiedene Gerichte mit regionalen Zutaten vom Markt. Damit belieferte er an einem Montag zum ersten Mal befreundete Firmeninhaber, die keine Kantine hatten. Die Leute liebten sein Essen und fragten nach mehr.

Er nahm seinen Resturlaub und weitete den Test auf drei weitere Unternehmen aus. Er beschränkte die Belieferung zunächst auf einen Tag pro Woche, damit die Kunden dann schon wieder großen Appetit auf seine liebevoll zubereiteten Gerichte hatten. Die anderen Tage nutze er zum Einkaufen, zum Kochen und für sich und seine Familie.

Er freute sich, dass die Zufriedenheit und die Nachfrage bei den Testkunden so groß waren, merkte aber schnell zwei Probleme: Wenn er nur einzelne Gerichte an Kunden verkaufte, waren die Kosten pro Gericht inklusive Lieferung zu hoch. Die Gerichte mussten auch für mehrere Tage haltbar gemacht sein, damit eine Lieferung pro Woche reichte.

Um diese Probleme zu lösen, packte er die heißen Speisen kurzerhand in Einmachgläser und setzte die Mindestbestellmenge auf fünf Gerichte. Die Einmachgläser waren wiederverwendbar, was seinem Bedürfnis nach Nachhaltigkeit entgegenkam. Außerdem wollten die Kunden natürlich gerne die pfandpflichtigen Gläser zurückgeben, was am einfachsten ging, wenn sie wieder bei ihm bestellten. Das Konzept erwies sich auch als praktisch für die Kunden, denn die Einmachgläser ließen sich bequem in der Mikrowelle oder im Wasserbad erhitzen, so dass ein Löffel zum Genießen reichte. Schon bald erfreute sich seine Auswahl an auserlesenen Gerichten großer Beliebtheit in kleineren Büros und Unternehmen. Eine der schönsten Kommentare war für ihn: „Es schmeckt wie in Gläser abgefüllte Liebe."

Johannes betreibt seinen cleveren Lieferdienst bereits seit mehr als zwei Jahren. Hat er den Schritt jemals bereut? Ich bin selbst treuer Kunde und als ich ihm diese Frage stellte, antwortete er:

„Nein, absolut nicht! Ich habe viel Spaß am Kochen, brauche nicht mehr den ganzen Tag in Anzug und Krawatte rumzurennen, bin zu Hause, wenn meine Tochter von der Schule kommt und kann mit meinen Kunden ein bisschen reden, so wie jetzt mit dir gerade. Ich verdiene deutlich weniger, aber das ist es allemal wert: Meine Lebensqualität ist heute viel, viel höher."

Seine Geschichte zeigt, wie zu hohe Anforderungen an die eigene Leistung und die daraus resultierende Überarbeitung zu Leidensdruck führen. Daraus erwuchs eine tiefe gesundheitliche und emotionale Lebenskrise. Sein Beispiel zeigt aber auch, wie eine solche Krise stets auch eine Chance darstellt: die Chance, eine schon lange anstehende, aber verdrängte Veränderung endlich anzugehen. In schwierigen Zeiten findest du zu dir selbst. Meide sie also nicht, sondern lerne aus ihnen.

Von der Anwaltskanzlei in den Kindergarten

Martina war frustriert. Sie war Anwältin und betrieb eine kleine Kanzlei für Sozialrecht in einem Brennpunkt-Viertel von Berlin. Sie hatte die Kanzlei vor sechs Jahren allein aufgebaut und das Geschäft lief gut. Trotzdem war sie unzufrieden und stellte immer wieder ihr Leben infrage: Warum war sie eigentlich Anwältin geworden? Sie hatte immer kreative Aufgaben geliebt und probierte gerne neue Dinge aus. Wollte sie diesen Job *wirklich* bis zum Ende ihres Arbeitslebens weiter machen? War sie vielleicht nur Anwältin geworden, weil ihr Vater Richter war und sie bewusst oder unbewusst dazu gebracht hat?

Eigentlich hatte sie doch alles, was „man so braucht": einen sicheren Job, ein gutes Einkommen, einen Mann, der sie liebt, und das erste Kind war unterwegs. So eine Position wirft „man" doch nicht weg, wenn man sich die erstmal aufgebaut hat! Und hatte sie nicht auch eine Verpflichtung ihren Mandanten gegenüber? Was würden die

Freunde und die Familie sagen, wenn sie mit 40 Jahren alles hinwarf und etwas ganz Neues anfing?

Sie fand sich also erstmal damit ab, dass Arbeit halt Arbeit ist, kehrte nach kurzer Elternzeit zurück und biss sich weiter durch. Ihre Tochter kam früh in die Krippe, wuchs heran, und sie erwartete bald ein zweites Baby. Sie erkrankte schwer und musste starke Medikamente nehmen, obwohl sie hochschwanger war. Zur großen Erleichterung brachte sie dann einen gesunden Jungen zur Welt. Sie und ihr Mann genossen es Eltern zu sein und sie spürte, dass sie nicht mehr zurück wollte in das Kanzleileben. Sie spürte nach, was ihr wirklich wichtig war in ihrem Leben und eines war für sie klar: Geld und Status waren es nicht, sondern Familie, Zeit, Natur, Kinder und Unabhängigkeit.

Als sich wieder die Frage nach der Kinderbetreuung stellte, dieses Mal für ihr zweites Kind, überlegten sie und ihr Mann, dass sie doch einfach selbst eine Kindertagesstätte aufmachen könnten. Dann müssten sie sich nicht mehr an der Jagd nach den knappen Betreuungsplätzen beteiligen und könnten auch mehr Zeit mit ihren eigenen Kindern verbringen. Es war ein schwerer Entschluss, aber er wurde schnell gefasst: Sie suchte sich eine Nachfolgerin für ihre Kanzlei und nur neun Monate später hatten sie sich den neuen Traum erfüllt und eröffneten einen Kindergarten im selben Gebäude, in dem sie wohnten. Sie hatten jetzt zwar spürbar weniger Geld, aber sie hatte viel mehr Zeit für sich und ihre Familie und war glücklicher und entspannter. Nach und nach wuchs sie immer mehr in die Rolle der Geschäftsführerin des Kindergartens hinein und hatte viel Freude daran, sich um die Mitarbeiter und die Organisation zu kümmern. Heute macht es sie stolz zu sehen, wie die Kinder ihre Kita genießen. In diesem Jahr, 2020, eröffnen sie und ihr Mann – mittlerweile mit einem dritten Kind – nun bereits die vierte Kita und sie beschäftigen schon über 20 Mitarbeiter, die für 80 Kinder verantwortlich sind.

Martina hat jetzt das Gefühl das Richtige zu tun. Sie ist mit Menschen zusammen, hilft Kindern, Eltern und ihren Angestellten, und sie kann bei der Planung und Gestaltung der Kindergärten ihre Kreativität und ihr handwerkliches Geschick unter Beweis stellen. Aktuell arbeiten die beiden an ihrem ersten Kinderbuch im Eigenverlag ...

Würde sie es noch einmal genauso machen? *„Ja, auf jeden Fall! Aber beim nächsten Mal würde ich nicht mehr so lange warten, bis ich auf mein Gefühl höre. Meinen Anwaltsjob habe ich seitdem nie vermisst, und rückblickend erscheint mir ganz leicht, was mir doch vor wenigen Jahren noch so schwer und risikoreich erschien."*

Martinas Veränderung ist ein schönes Beispiel für Veränderungsdruck: Sie hätte sicherlich als Anwalt noch ein paar Jahre weiterarbeiten können, denn sie war weder überfordert noch todunglücklich. Als sie aber die Lebendigkeit und Freude beim Zusammensein mit ihren Kindern erlebte, ahnte sie, dass da noch so viel mehr in ihrem Leben sein könnte.

Wenn du unter einem Veränderungsdruck stehst, braucht es vielleicht einen solchen Impuls in deinem Leben. Typische Beispiele für tiefgreifende Lebenseinschnitte sind nicht nur die ersten Kinder, sondern eine neue oder gerade beendete Beziehung, Veränderungen am Arbeitsplatz, Beförderungen, eine intensive Urlaubsreise, ein Unfall, Todesfälle, usw.

Jetzt hältst du gerade dieses Buch in deinen Händen: Gab es in der letzten Zeit bei dir vielleicht bereits einen solchen Impuls, den du jetzt nutzen möchtest? Oder bist du Mutter oder Vater von Kindern, die langsam groß genug sind, dass du wieder anfangen kannst zu arbeiten?

Nach diesen drei Geschichten über andere möchte ich dir jetzt noch von meinem eigenen Leben erzählen, zumindest das, was ich für das Thema dieses Buches und das 90-Tage-Programm für relevant halte.

Jeder Mensch, dem du begegnest, kämpft einen innerlichen Kampf.

WORAN LEIDEN WIR, WENN WIR DOCH „ALLES" HABEN?

Bin ich verrückt oder all die anderen?

> *„Die zwei wichtigsten Tage in deinem Leben sind der Tag, an dem*
> *du geboren wurdest, und der Tag, an dem du herausfindest, warum."*
> Mark Twain, US-amerikanischer Schriftsteller, 1835–1910

Lange dachte ich, dass ich nicht „normal" bin. Ich war beruflich erfolgreich, arbeitete in einem in jeder Hinsicht tollen Unternehmen und verstand mich gut mit meinem Chef und meinen Kollegen. Obwohl ich häufig gutes Feedback bekam, arbeitete ich nach jedem Erfolg noch intensiver auf den nächsten hin. Es war, als brauchte ich die Anerkennung bei der Arbeit wie die Luft zum Atmen.

Anfang 2018 ging ich mit meiner Familie nach Hongkong, um dort für meine Firma eine Niederlassung aufzubauen. In Hongkong war ich der alleinige Manager und gleichzeitig als Projektleiter verantwortlich für ein großes Bank-IT-Projekt. Meine Niederlassung wuchs innerhalb von einem Jahr auf knapp 20 Mitarbeiter/innen.

Es war eine intensive Zeit: In der dicht gedrängten U-Bahn von Hongkong beantwortete ich auf dem Weg zur Arbeit die ersten E-Mails, beim Kunden kümmerte ich mich ums Projekt, auf dem Weg nach Hause führte ich Telefoninterviews mit Bewerbenden und steckte das Telefon erst ein, als ich schon die Wohnungstür aufschloss. Dort stürmten meine Kinder (damals 1 und 4) auf mich zu und ich kümmerte mich um die Familie. Wenn die Kinder im Bett waren, erledigte ich noch Dinge für die Firma und lag oft erst nach Mitternacht im Bett.

Beruflich war ich erfolgreich und für die ganze Familie war das eine spannende Zeit in Asien. Aber die vielen Aufgaben und die Verantwortung stressten mich so sehr, dass ich nach einem Jahr nachts kaum noch schlief. Ich bekam Panikattacken, später noch Depressionen und einen starken Tinnitus (Ohrenpfeifen). Ich merkte, dass mir das Leben langsam aus den Fingern glitt: private Einladungen schreckten mich ab, und ich erinnere mich, wie ich meinen Kindern im Bett Lieder vorsang und dabei *gleichzeitig* Probleme auf der Arbeit wälzte. Es war schlimm.

Als ich endlich zum Arzt ging, diagnostizierte er ein sogenanntes Chronic Fatigue-Syndrom. Ich war verzweifelt: mitten in Asien, 10.000 km von zu Hause entfernt, mit Frau und zwei Kindern, allein verantwortlich für ein Unternehmen. Ich fühlte mich am Ende, wollte nur noch allein sein und meine Ruhe haben. Aber das ging nicht, weil ich die Verantwortung für die Familie und die Firma trug.

Nach einer besonders schlimmen Nacht beschloss ich endlich die Notbremse zu ziehen und informierte meine Geschäftsführung in Europa offen über meine Situation. Die reagierte sofort und vorbildlich: In weniger als vier Wochen zog ein befreundeter Kollege nach Hongkong, übernahm meine Aufgaben und die Teamleitung und gab mir die Möglichkeit, Urlaub zu machen.

Ich ging davon aus, dass ich nach vier bis acht Wochen wieder mitarbeiten und „Gas geben" konnte. Was für ein Irrtum! Es sollte über zwölf Monate dauern, bis ich wieder arbeiten konnte.

Zunächst nahm ich mir noch in Hongkong eine Auszeit von drei Monaten und machte eine Therapie. Danach fing ich langsam und mit wenigen Stunden pro Tag an zu arbeiten. Es war erschreckend, wie wenig leistungsfähig ich war und es fiel mir schwer, das zu akzeptieren. Bald darauf entschieden wir, früher als geplant nach Deutschland zurückzugehen.

Wieder zurück in Deutschland saß ich wieder in meinem alten Büro und wollte loslegen. Natürlich hatte ich mir vorgenommen, mich noch zu schonen und nicht so intensiv zu arbeiten wie zuvor. Aber im Prinzip ging ich davon aus, dass mein Körper jetzt wieder „funktionieren" würde. Aber nach nur einer Woche kamen die Symptome wieder zurück, und zwar stärker als zuvor. Meine Ohren pfiffen und rauschten, dass es zum Verrücktwerden war.

Ich realisierte, dass sich mein Körper erst jetzt – nachdem die Familie wieder gut in der Heimat angekommen war – richtig „loslassen" konnte. Ich wurde krankgeschrieben und bekam zum ersten Mal im Leben Psychopharmaka verschrieben. Ich wollte mir nicht eingestehen, dass es so schlimm um mich stand, und vereinbarte mit meiner Psychiaterin, erstmal verschiedene alternative Methoden und Psychotherapie zu versuchen. Aber die Depressionen wurden schlimmer und ich hatte Probleme, mich um den Alltag zu kümmern – von Arbeiten ganz zu schweigen. Meine Hoffnungen – und die meiner Familie – hingen nun an einer siebenwöchigen Reha. Hier wurde ich rund um die Uhr betreut und traf viele Menschen, denen es ähnlich ging wie mir: erfolgreiche Geschäftsleute, denen mitten im Leben der Boden unter den Füßen weggezogen wurde.

Aber das Schlimmste kam noch: Als ich aus der Reha zurück nach Hause kam – voller Hoffnung, dass es nun wieder bergauf gehe – waren die Depressionen so schlimm, dass ich Schwierigkeiten hatte, mich um meine Kinder zu kümmern. Es war der absolute Tiefpunkt meines Lebens und jetzt entschied ich mich – auch auf den Rat mehrerer Menschen in meinem Umfeld –, das bereits verschriebene Anti-Depressiva zu nehmen. Ich dachte: Schlimmer kann es nicht mehr werden.

Rückblickend – und das ist jetzt erst neun Monate her, während ich das hier schreibe – war das der Wendepunkt. Es dauerte zwei Wochen, bis das Medikament wirkte. Dann konnte ich aber nach und nach den Alltag wieder stemmen, wurde stabiler und hatte zum Glück auch keine starken Nebenwirkungen. Ich war so erleichtert, wieder „normal" zu funktionieren, wurde wieder positiver und optimistischer. Ich hatte auch – entgegen meinen Befürchtungen – nie das Gefühl, durch das Medikament irgendwie verändert oder nicht ganz „ich" zu sein.

Nach der Mindesteinnahmedauer von sechs Monaten setzte ich das Medikament über zwölf Wochen langsam ab. Auch hier gab es zwar leichte Entzugserscheinungen – insbesondere Schwindelgefühle –, aber die Depression kam bisher nicht zurück.

Diese einschneidende Erfahrung führte dazu, dass ich Dinge in meinem Leben grundlegend änderte. Der wichtigste und sehr schwierige Schritt für mich war, wirklich zu akzeptieren, dass ich ein Problem mit dem richtigen Maß an Arbeit hatte und an Depressionen litt. Diese Erkenntnis hatte ich weder in Asien noch nach dem „Rückfall" in Deutschland, sondern erst, als ich aus der Reha zurückkehrte und die Probleme gefühlt noch heftiger zurückkamen als zuvor. Ich könnte auch sagen: Mein Körper musste mich mehrmals und jedes Mal stärker darauf hinweisen, dass eine Änderung unausweichlich war.

Ich entschied mich, viele Dinge loszulassen, die sich im Laufe meines Lebens angesammelt hatten. Als Erstes vereinbarte ich mit meinem Arbeitgeber, dass ich mir über ein Sabbatical ein Jahr freinehme. Ich gab den Partnerstatus bei meiner Firma auf, um auch hier wieder „freier" zu sein. Ich kündigte meine Mitgliedschaft in einem Lions-Club, in dem ich sehr viele nette Menschen gefunden hatte. Aber ich wollte die Anzahl meiner terminlichen Verpflichtungen reduzieren. Ich gab mein Auto ab und nutzte wieder mehr mein Fahrrad und Carsharing, um die Kosten zu reduzieren. Ich entschied mich auch endgültig vegetarisch zu leben, was ich zuvor immer wieder mal monatelang ausprobiert hatte.

Ich fing auch an, offen mit anderen über meine Erfahrung zu sprechen und war schockiert: Vielen, denen ich von meinen Problemen berichtete, erzählten mir im Gegenzug, wie schlecht es ihnen von der Arbeit schon ergangen war oder immer noch geht.

Viele fragten mich schüchtern nach den typischen Symptomen eines Burn-outs, denn sie befürchteten, dass es ihnen ähnlich ergehen könnte. Sie konnten bisher noch mit niemanden darüber sprechen. Gute Freunde von mir – erfolgreiche Geschäftsführer von großen Unternehmen – räumten ein, dass ihnen ihr Arzt schon vor Jahren einen Burn-out diagnostiziert hatte, sie sich aber nicht trauten, aus dem Beruf auszusteigen. Ein anderer Freund erzählte mir, dass er arbeitsbedingt drei Jahre lang unter Depressionen und Selbstmordgedanken gelitten hatte.

Alle diese Menschen hatten bisher auf mich den Eindruck gemacht, dass es ihnen gut gehe und sie glücklich und erfolgreich wären. Wie konnte ich mich so getäuscht haben? Und wie konnten sie dieses positive Bild ihrer selbst so lange erfolgreich aufrechterhalten, um es in unserem Gespräch dann so bereitwillig einzureißen – zumindest mir gegenüber? Ich realisierte verblüfft: Nicht ich bin „unnormal" – wir alle sind es, wenn wir uns in unseren Leben so unendlich anstrengen, um …

Ja, um was denn eigentlich?

Warum die Midlife-Crisis sinnvoll ist

> *„Solange wir uns nicht selbst akzeptieren, suchen wir die Liebe bei anderen, damit sie uns beweisen, dass wir in Ordnung sind."*
> Autor unbekannt

In unserer Kindheit lernen wir von unseren Eltern, unserem Umfeld und den Medien, was richtig ist – und was nicht. Wenn du – wie ich – in einem industrialisierten Land aufgewachsen bist, ist das Ideal eine gute Ausbildung, um einen möglichst angesehenen und gutbezahlten Job zu bekommen, um dann irgendwann Mitte 60 in Rente zu gehen und den Ruhestand zu genießen.

Wir sind „richtig", wenn wir zum Beispiel ein gutes und folgsames Kind sind, gut in der Schule mitmachen und einen gesellschaftlich angesehenen Beruf anstreben.

„Falsch" ist es, unartig zu sein, die Schule nicht ernst zu nehmen und Berufswünsche zu haben, die den Vorstellungen der Eltern deutlich widersprechen. Die Menschen, die uns so „formten", meinten es in der Regel nur gut: Wir sollten in die Gesellschaft passen, um es später leichter zu haben.

Wenn wir uns allerdings zwingen so zu leben, wie es andere von uns erwarten, unterdrücken wir unsere inneren Antriebe und unser eigentliches Wesen. Als Erwachsene haben wir immer noch die Stimmen unserer Eltern und Lehrer im Kopf: „Du musst DAS machen!" oder „… ist doch kein anständiger Beruf" oder „Du wirst nie ein … sein können." Diese Glaubenssätze sinken tief in unser Unterbewusstsein und prägen, wie wir heute als Erwachsene über uns denken, was wir uns zutrauen und was wir glauben, sein zu müssen. Darunter sind viele hilfreiche und nützliche Glaubenssätze, aber leider auch einige, die uns heute daran hindern, zufrieden zu leben.

Nachdem wir also in den ersten zwei Jahrzehnten unseres Lebens gelernt haben, wie man „richtig" glücklich wird, und wir diesem Ansatz ein, zwei oder gar schon drei Jahrzehnte gefolgt sind, stellen wir häufig in der Lebensmitte – bei mir war das mit 45 – fest: „Hm, jetzt halte ich mich schon ein halbes Leben lang an das, was mir beigebracht wurde, und trotzdem hat sich das versprochene Gefühl von Glück und Zufriedenheit immer noch nicht eingestellt …"

Da stellt sich die berechtigte Frage: Wenn es bisher nicht geklappt hat, warum sollte es in der zweiten Lebenshälfte mit exakt denselben Mitteln plötzlich funktionieren? Es ist also sehr sinnvoll, wenn Menschen ihr Leben in der Lebensmitte infrage stellen und darüber nachdenken, was sie eigentlich *wirklich* mit dem Rest ihres Lebens machen wollen.

Wenn du gerade selbst in einer solchen Phase steckst und dich traust, deine Zweifel, Unsicherheit, Verwundbarkeit und Schwächen zu offenbaren, öffnen sich dir die Menschen auf ganz neue Weise. Ich habe das während meiner Burn-out-Zeit erfahren: Das Zeigen meiner Schwäche wurde – entgegen meiner Befürchtung – von den Menschen als große Stärke wahrgenommen. Meine diffuse Befürchtung, ich wäre danach nicht mehr angesehen oder akzeptiert, war völlig unbegründet. Im Gegenteil: Ich bekam viele positive Rückmeldungen und Anerkennung für meine Offenheit. Und ich lernte viel darüber, wie es im Inneren von anderen Menschen wirklich aussieht und welche Erfahrungen sie gemacht haben.

Die Forscherin und erfolgreiche Buchautorin Brené Brown formuliert diese paradoxe Erfahrung so: *„Verwundbarkeit ist keine Schwäche, sie ist unser zuverlässigstes Maß für Mut."*[3]

Ein trauriges Schauspiel des Glücklichseins

Als sich andere mir gegenüber öffneten, wurde mir klar, warum ich von deren scheinbarem Glück und Erfolg so getäuscht werden konnte. Es war erstaunlich und besorgniserregend: Meine Gesprächspartner investierten viel Zeit und Energie, um den Eindruck zu vermitteln, dass es ihnen bestens gehe. Anders war die Kluft zwischen dem, wie diese Menschen äußerlich wirkten, und dem, was sie mir von ihrem Innenleben berichteten, nicht zu erklären. Es war, als würden mich diese Menschen aufgrund meiner eigenen Offenheit und „Schwäche" einen Blick hinter die Kulisse ihrer Schwächen und ihres „Schauspiels des Glücklichseins" werfen lassen.

Und spielen wir nicht fast alle dieses Schauspiel mit? Unsere Profilfotos und Selfies zeigen uns nur, wie wir strahlend an schönen Plätzen stehen. Auf die Frage „Wie geht's?" lautet die Standardantwort fast ausnahmslos: „Alles gut!" Wir geben uns Mühe mit dem Aufräumen und dem Kochen, wenn Gäste kommen, und erzählen dann beim Essen, wie gut unser Job/Kind/Auto läuft. Wir machen auf der Arbeit gute Miene zum schlechten Spiel, damit keiner merkt, wie frustriert wir eigentlich sind.

Wozu das alles? Ich denke, weil wir uns schämen. Weil wir uns schämen, nicht so zu sein, wie wir glauben, sein zu müssen. Wir sind nicht so großartig im Job, so fantastische Eltern, so verständnisvolle Partner und so tadellose Menschen, wie wir sein wollen. Wir erwarten einfach zu viel von uns, wenn wir alle diese Rollen perfekt ausfüllen möchten.

Und warum erwarten wir so viel von uns?

Weil wir das Gefühl haben, dass andere das doch auch schaffen und wir folglich etwas falsch machen, wenn es uns nicht gelingt. Was wir nicht erkennen: Unsere Mitmenschen schaffen es auch nicht wirklich, sondern investieren – wie wir – viel Aufwand, um genau diesen Eindruck zu erwecken.

Deswegen sind der offene Umgang mit einer Krise und das Zeigen von Schwäche und Verletzlichkeit so befreiend: Es entlässt mein Gegenüber von der mühsamen Aufgabe, mir weiterhin vorspielen zu müssen, dass es ihm/ihr super geht. Es lässt zu, dass andere (endlich) auch mal zeigen können, dass es ihnen nicht so gut geht, wie es scheint. Und das ist für alle Beteiligten sehr entlastend. Du merkst das an dem erleichternden Gefühl, wenn jemand zu dir sagt: „Mir geht es genauso!"

Das ist auch der Grund, warum uns Menschen, die offen und ehrlich mit ihren Schwächen umgehen, häufig so sympathisch sind. Denke nur an einen Clown oder daran, wie Kinder sich freuen, wenn Erwachsene sich bewusst tollpatschig anstellen. Das Wort „Sympathie" leitet sich vom griechischen „sympáthein" und bedeutet „mitleiden". Weil andere sich uns zeigen, können wir *mit* ihnen *leiden* und das macht

Sobald wir uns zeigen, entsteht eine echte Verbindung zu anderen: „Mir geht es genauso."

sie uns sympathisch. Das Zeigen ist auch ein Zeichen von Vertrauen, das uns berührt und uns dem anderen nahebringt.

So, du fragst dich sicherlich schon länger: Was hat das denn alles mit meiner Selbstständigkeit zu tun?? Ganz einfach:

Dich selbstständig zu machen bedeutet, dich zu zeigen.

> *„Wenn du merkst, dass du dich im Kreis drehst,*
> *ist es an der Zeit aus der Reihe zu tanzen!"*
> Autor unbekannt

Du wirst gute Gründe haben, dich selbstständig machen zu wollen, sei es aus Leidensdruck oder Veränderungsdruck.

Wenn du den Weg in die Selbstständigkeit gehen willst, musst du notgedrungen auch dazu stehen, dass du mit der aktuellen Situation nicht so glücklich bist, wie du es eigentlich vom Leben erwartest. So kannst du bislang festgehaltene Energie freisetzen, um etwas zu ändern. Das bedeutet also auch „Schwäche" zu zeigen – und dafür brauchst du Mut und Kraft.

Es ist außerdem wahrscheinlich, dass einige Menschen dich kritisch hinterfragen werden, wenn du ihnen von deiner Idee einer Selbstständigkeit erzählst: „Mach doch sowas nicht, du hast doch einen sicheren Job!", „Dein Partner verdient doch genug, magst du nicht lieber für die Kinder zu Hause sein?", „Das Risiko ist viel zu hoch!", „Du hast so viel investiert, das kann man doch nicht alles wegschmeißen!?"

Das sind die Stimmen der gesellschaftlichen Norm, die du vermutlich schon aus deinem Kopf kennst. Wenn du den Mut gefunden hast, auf diese inneren Stimmen nicht mehr zu hören, kommen sie wieder von außen.

Diese Reaktionen rühren auch aus der Angst der anderen, schließlich fängst du an, an den bisherigen Normen zu rütteln. Denn einige spüren, dass sie selbst auch betroffen sind, selbst aber nicht den Mut haben, einen solchen Schritt zu gehen. Um sich selbst nicht in Frage stellen zu müssen, bleibt ihnen oft keine andere Wahl, als deinen Entschluss schlechtzureden. Ich wünsche dir, dass du wenigstens einen Menschen in deinem Umfeld hast, der wirklich an dich denkt und dich bei deinem Weg unterstützt.

> „Wer ins Ungewisse springt, ist denen, die zusehen,
> keine Erklärung schuldig."
>
> Jean-Luc Godard, französisch-schweizer Regisseur

Meide zu Beginn ganz bewusst die Nörgler und Zweifler, sie werden dich nur verunsichern und runterziehen, wo du doch gerade die ersten mutigen Schritte gehst. Nutze die Nörgler und Zweifler aber später, wenn du schon genügend Selbstbewusstsein getankt hast, einiges über dich und deine Geschäftsidee gelernt hast und kritisches Feedback hilfreich ist, um letzte Schwachpunkte zu finden und auszumerzen. Jetzt kannst du dich, deine Geschäftsidee und deine Argumente testen und dafür sind die Kritiker gut und wertvoll. Außerdem hast du später in dem 90-Tage-Programm die besten Argumente an der Hand: Das Feedback von echten Kunden, die das kaufen möchten, was du anbietest.

Es ist jedoch wichtig, dass du dir mit deinem direkten Umfeld, also insbesondere deinem Ehe-/Lebenspartner und deinen Kindern einig bist, dass du diesen Weg versuchst. Auch wenn sie ihre Zweifel haben und es selbst nie machen würden: Sie sollten dazu stehen, was du machst. Ein offenes und ehrliches Einverständnis deines Lebenspartners ist unabdingbar. Erkläre ihm oder ihr, wie das 90-Tage-Programm funktioniert und dass es darauf ausgelegt ist, mit möglichst wenig Zeit, Kosten und Risiko in die Selbstständigkeit zu gehen und ein größerer Einsatz erst erforderlich wird, wenn sich bereits gezeigt hat, dass die Geschäftsidee funktioniert.

Deine Be-Ruf-ung wird nie schweigen

Ich bin überzeugt: Du hast eine individuelle Berufung. Darunter verstehe ich das Verspüren einer inneren Stimme, die dich zu einer bestimmten Lebensaufgabe drängt. Manche sagen sogar, es gibt da etwas, was die Welt braucht, das nur du ihr geben kannst.

Wenn du diesen Ruf unterdrückst, verursacht das einen Schmerz, denn dein Inneres fordert dich immerzu auf, dein Leben voll zu leben. Es will uns daran hindern, unser wahres Selbst endgültig abzuschreiben, um nicht bis zum Lebensende in Konformität „durchzuhalten".

Je mehr ein Mensch seine Berufung ignoriert, umso wahrscheinlicher werden schwerwiegende Konsequenzen:

- Er fristet ein unerfülltes und angepasstes Leben auf Sparflamme mit „Dienst nach Vorschrift".
- Irgendwann betäubt er den Schmerz mit einer gesellschaftlich mehr oder weniger anerkannten Sucht (Arbeit, Alkohol, Medikamente, Drogen, Glücksspiel, Essen, Sport, Statussymbole, etc.).
- Der Körper entwickelt ein chronisches Leiden, das sich so lange steigert (Blutdruck, Diabetes, Depressionen, Rheuma usw.), bis die Person entweder zur Be-*Sinn*-ung kommt (Zusammenbruch, Burn-out usw.) oder im schlimmsten Fall daran stirbt (z. B. Herzinfarkt, Hirnschlag).

Ich behaupte natürlich nicht, dass alle Krankheiten aus einer Lebensweise resultieren, die der eigenen Berufung entgegenstehen. Aber ich bin überzeugt, in vielen Fällen ist ein „falsches Leben" der psychosomatische Auslöser des Leidens.

Die meisten Menschen glauben, dass einem seine Berufung in einem besonderen Moment plötzlich klar wird, wie eine Erleuchtung. Sie bedauern, dass diese Eingebung einfach nicht kommen mag und warten einfach weiter darauf.

Aber nur in den seltensten Fällen ist es so. In der Regel erkennst du deine Berufung erst, wenn du schon mitten drinsteckst. Du fühlst, dass es einfach passt. Du spürst es an der Freude an der Arbeit, am Flow, an den guten Ergebnissen und dem positiven Feedback von anderen, wenn sie sagen: „Man merkt, wie Sie Ihre Arbeit lieben."

Du wirst deine Berufung kaum finden, wenn du in deinem alten Trott bleibst und auf die Berufung wartest. Du musst aktiv werden, Dinge ausprobieren, Fehler machen, neu anfangen, Risiken eingehen, Verrücktes tun – bis du irgendwann merkst: „Hm, das gefällt mir. Hier bleibe ich bis auf Weiteres."

Es ist kein Zeichen von Gesundheit, gut in eine kranke Gesellschaft zu passen.

Um noch einmal auf die Analogie mit der Beziehung zurückzukommen: Der Autor Roman Krznaric[4] hat das Finden des Traumjobs mit Dating verglichen: Du findest deinen Partner in der Regel auch nicht, indem du nachdenkst und Bücher liest, sondern indem du rausgehst, Menschen triffst, dich verliebst, Freude und Leid erlebst, verlassen wirst, verlässt und irgendwann – wenn es passt – beim Partner fürs Leben ankommst und bleibst. Die Arbeit, die zu deiner Berufung passt, wartet irgendwo da draußen auf dich, gefunden oder besser *erfunden* zu werden ….

Aber was macht eigentlich ein erfülltes Leben aus? Sollte man sich damit zufriedengeben, dass die Arbeit hauptsächlich dem Gelderwerb dient? Ist es überhaupt realistisch, vom Beruf persönliche Erfüllung, Zufriedenheit oder sogar Glück zu erwarten? Ich bin der Meinung, dass man diesen Anspruch bei einer Festanstellung im Konzern nicht haben sollte (auch wenn es vielleicht einigen wirklich gelingt). Bei einer Selbstständigkeit sollten wir das aber erwarten können!

Reich ist nicht, wer viel hat, sondern wer wenig braucht

Damit sind wir bei einer sehr wichtigen Frage für deine Selbstständigkeit angelangt: Was brauchst du eigentlich wirklich für ein zufriedenes Leben? Was macht dein Leben reich? Was rät dir deine innere Stimme? Und welche Rolle spielt das durch Erwerbsarbeit verdiente Geld für dich?

Für das 90-Tage-Programm definiere ich dich als „reich", wenn du über folgende Dinge verfügst:[5]

- **Zeit**, die Dinge zu tun, die dich glücklich machen mit
- **Menschen**, die dir guttun,
- **Unabhängigkeit**, über dich selbst zu entscheiden und ein
- **Einkommen**, um deinen Unterhalt zu finanzieren.

Der tatsächliche Wert deines Einkommens hängt also stark ab von den vier W-Fragen, deren Beantwortung du selbst in der Hand hast:

1. **Was** du machst.
2. **Wann** du es machst.
3. **Wo** du es machst.
4. Mit **wem** du es machst.

Stell dir vor, du hast ein hohes Einkommen, aber berufsbedingt weder die Zeit noch die Unabhängigkeit, die obigen W-Fragen nach deinem Wohlbefinden zu beantworten. Das gilt für sehr viele Menschen, die wir als „erfolgreich" bezeichnen.

Nehmen wir als Beispiel Geschäftsessen. Diese können sehr schöne Erlebnisse sein – oder auch nur einfach eine unangenehme Pflicht. Stell dir zum Beispiel vor, du hast eine gut bezahlte Führungsposition im Vertrieb einer internationalen Firma. Dann isst du vielleicht in den besten Restaurants und trinkst erlesene Weine, allerdings mit Leuten, die du persönlich vielleicht gar nicht magst, bei denen du gut gelaunt wirken musst, obwohl du unter Druck stehst, ein geschäftliches Ziel zu erreichen, um dann erst spät nach Hause zu kommen, wenn dein Partner und die Kinder schon längst schlafen. Hier hast du die vier W-Fragen nicht in der Hand, sondern sie werden von deinem Job diktiert.

Vergleiche das nun mit einem Leben, in dem du einen selbstständigen Job mit weniger Verantwortung und einem durchschnittlichen Einkommen hast, aber dafür über deine Zeit selbst verfügen kannst. Während die Vertriebsperson das oben beschriebene Geschäftsessen „genießt", sitzt du vielleicht am lauen Sommerabend mit deinem Partner auf einer Parkbank und ihr esst ein frisches Baguette mit einem Glas Rotwein und unterhaltet euch entspannt über euer Leben. Oder du alberst mit deinen Kindern im Herbstwald herum, ihr bewerft euch mit Blättern und du kitzelst sie durch, bis sie vor Lachen quieken, um danach gemütlich einen heißen Kakao zu trinken.

Wen empfindest du als „reicher"? Und woran wirst du zurückdenken, wenn du am Ende des Lebens stehst: An das Geschäftsessen oder an die Zeit mit deinen Lieben? Und woran werden deine Kinder denken? Die wollen ganz sicher lieber mehr Mama und Papa als mehr Garten.

Brené Brown[6] hat das in Worte gefasst: *„Wir jagen außergewöhnlichen Momenten hinterher, anstatt für die gewöhnlichen Momente dankbar zu sein. Und dann im Angesicht wirklich harter Zeiten – bei Krankheit, Tod, Verlust – betteln wir darum, die ganz normalen Momente wieder erleben zu dürfen."*

Die Corona-Zeit war und ist eine Zeit, die alle Menschen vor große Herausforderungen gestellt hat und immer noch stellt. Für einige Menschen ist es fraglos eine sehr belastende Zeit, vor allem mit Kindern, wenn beide Eltern arbeiten müssen, oder für Alleinerziehende. Gleichzeitig haben viele Menschen erfahren, wie gut es ihnen tut, weniger unterwegs zu sein, mehr Zeit für sich, die Familie, das Haus und/oder ihren Garten zu haben, die Natur zu erkunden, mehr Spazierengehen und Fahrradfahren, dafür weniger Autofahren. Weil man nicht einkaufen oder reisen konnte, haben viele Menschen, die nicht mit existenziellen Nöten zu kämpfen hatten, sich darauf zurückbesonnen, was in ihrem Leben wirklich zählt.

Geld ist wichtig. Aber mehr Einkommen macht nur bis zu einem gewissen Punkt glücklicher und dieser ist früher erreicht als viele glauben (je nach Studie zwischen 50.000 Euro und 100.000 Euro/Jahr).[7] Danach steigen mit dem Einkommen die Probleme eher an. Pythagoras soll dazu folgenden passenden Aphorismus geprägt haben: *„Reich an Geld heißt arm an Freuden."*

Im 90-Tage-Programm wirst du unter anderem eine Aufgabe bekommen, mit der du dein persönliches Einkommen ermittelst, das du brauchst, um zufrieden zu sein. Dazu hier eine schöne Geschichte, die du vielleicht so oder in anderer Form schon einmal gelesen oder gehört hast:[8]

Ein Investmentbanker brauchte dringend Urlaub und erholte sich in einem kleinen mexikanischen Küstendorf, als ein kleines Boot mit einem Fischer anlegt. Mehrere große, frische Fische liegen im Boot.

Der Investmentbanker ist von der Qualität der Fische beeindruckt und fragt den Mexikaner, wie lange er brauchte, um sie zu fangen. Der Mexikaner antwortet: „Nur eine kleine Weile." Der Bankier fragt dann, warum er nicht länger draußen geblieben sei, um mehr Fische zu fangen.

Der mexikanische Fischer antwortet, er habe genug, um damit seine Familie zu versorgen. Der Investmentbanker erwidert: „Aber was machen Sie mit der restlichen Zeit?"

Der Fischer antwortet: „Ich schlafe lange, fische ein wenig, spiele mit meinen Kindern, mache Siesta mit meiner Frau, schlendere jeden Abend ins Dorf, wo ich Wein trinke und mit meinen Amigos Gitarre spiele: Ich habe ein erfülltes und geschäftiges Leben, Señor."

Der Investmentbanker spottet: „Ich komme von der besten Business-School der Welt und könnte Ihnen helfen. Sie könnten mehr Zeit mit dem Fischen verbringen und mit dem Erlös ein größeres Boot kaufen, und mit dem Erlös aus dem größeren Boot könnten Sie mehrere Boote kaufen, bis Sie schließlich eine ganze Flotte von Fischerbooten haben. Anstatt Ihren Fang an den Zwischenhändler zu verkaufen, könnten Sie ihn direkt an den Verarbeiter verkaufen und schließlich Ihre eigene Konservenfabrik eröffnen. Sie könnten das Produkt, die Verarbeitung und den Vertrieb kontrollieren."

Dann fügt er hinzu: „Natürlich müssten Sie dieses kleine Fischerdorf an der Küste verlassen und nach Mexiko-Stadt ziehen, wo Sie Ihr wachsendes Unternehmen leiten würden."

Der Mexikaner fragt: „Aber Señor, wie lange wird das alles dauern?"

Darauf antwortet der Banker: „15 bis 20 Jahre."

„Aber was dann?", fragt der Mexikaner.

Der Investmentbanker lachte und sagte: „Das ist der beste Teil. Wenn die Zeit reif ist, würden Sie einen Börsengang ankündigen, Ihre Aktien verkaufen und sehr reich werden. Sie könnten Millionen verdienen!"

„Millionen, Señor? Und was dann?"

Darauf antwortete der Investmentbanker: „Dann könnten Sie sich zur Ruhe setzen. Sie könnten in ein kleines Fischerdorf an der Küste ziehen, wo Sie ausschlafen, ein wenig fischen, mit Ihren Kindern spielen, mit Ihrer Frau Siesta halten, abends in das Dorf spazieren gehen, wo Sie Wein trinken und mit Ihren Amigos Gitarre spielen könnten …"

Ein zufriedenes Leben zu führen ist eigentlich ganz einfach: Mach die Dinge, die dir guttun, und lass die Dinge weg, die dir nicht guttun. Fertig. Ist doch einsichtig, oder? Aber warum handeln wir dann so oft wie der Investmentbanker und nicht wie der Fischer?

Ich glaube, „Mut" ist ein zentraler Aspekt zur Beantwortung dieser Frage.

Über Mut, Entscheidungen und Konsequenzen

„Das Beginnen kommt vor dem Können."
Autor unbekannt

Wenn ich mit Leuten spreche, die mit ihrem Leben unzufrieden sind und etwas ändern möchten, aber es nicht schaffen, höre ich meistens eine der folgenden Begründungen:

- Ich weiß gar nicht genau, was ich eigentlich will. (= fehlendes Ziel)
- Ich weiß nicht wie … (= fehlendes Wissen über den Weg)
- Ich kann es nicht. (= fehlendes Können oder fehlende Mittel)
- Ich schaffe es nicht. (= fehlende Disziplin)
- Man kann doch nicht einfach … (= Selbstbeschränkung durch Normen)
- Ich traue mich nicht, … (= fehlender Mut)

Ich habe schon so oft gehört, dass jemand in einer unbefriedigenden Anstellung einfach nicht weiß, was sie/er beruflich will. Wenn ich dann aber ein paar Fragen stelle, kommt schnell der Punkt, an dem diese Menschen erst ein bisschen schamvoll und abwertend, dann aber bald schon mit leuchtenden Augen erzählen, wovon sie schon lange träumen. Und diese Träume sind oft schon sehr konkret und scheinen mir als Außenstehendem alles andere als unrealistisch. Für die Person selbst ist das aber ganz abwegig, weil Zensoren aus der Kindheit im Kopf sagen: „Das geht nicht, sowas kannst du nicht machen."

Ich bin überzeugt, dass den meisten Menschen mit all den oben genannten Bedenken tatsächlich „nur" eine Eigenschaft fehlt:

Mut!

Etwas kritischer könnte man auch sagen: Es ist Bequemlichkeit. „Die Situation, in der ich bin, ist zwar sehr unangenehm, aber es ist bequemer (das heißt es fordert weniger von mir), einfach in der Situation zu bleiben, sie auszuhalten und die Unzufriedenheit durch Jammern rauszulassen."

Ist dir schon mal aufgefallen, dass Menschen, die Mut beweisen, von allen bewundert werden, auch wenn sie gar nichts „Großes" leisten? Zum Beispiel der Mut, eine Meinung gegen Widerstand zu vertreten, der Mut, als erstes „Ich liebe dich" zu sagen, der Mut, über seine Krankheit zu sprechen, der Mut, „Nein" zu sagen usw. Das liegt daran, weil solcher Mut recht selten ist.

Dein Weg in die Selbstständigkeit bringt es zwangsläufig mit sich, dass du in Zukunft einige „Normen", die du dir selbst mit auf den Weg gegeben hast, nicht mehr einhalten wirst. Das wirkt erst einmal bedrohlich, denn du trittst dadurch in gewisser Weise aus deiner bisherigen Gesellschaft heraus. Du wirst damit Erwartungen und Vorstellungen deiner Umgebung und/oder deiner Eltern widersprechen. Du bist dann ein Stück weit jemand anders als bisher!

Wie wird sich das anfühlen? Was für ein Mensch bist du dann? Das ist neu und ungewiss: ein Risiko, das du jahrelang gescheut hast. Daher bedarf es so viel Mut, diesen Schritt zu gehen. Daher hast du so große Angst davor und glaubst, dass du es nicht „kannst" oder „schaffst" oder „nicht weißt, was du willst".

Aber bedenke: Bei Mut zahlst du den Preis *vorher* und bekommst den Lohn später. Bei der Anpassung kommt *erst der Lohn* (= du machst mit und fügst dich, Schulterklopfen!) und den Preis zahlst du später: die schmerzhafte Unzufriedenheit mit dir selbst und deinem angepassten Leben.

Es gibt leider keinen Ausweg und auch keine Abkürzung: Du wirst den Mut aufbringen müssen, den Schritt in die diffuse Gefahr zu wagen.

Vielleicht hilft es dir, wenn du dir deine Angst bzw. diese „große, diffuse Gefahr" als ein scheinbar unüberwindbares Hindernis vorstellst, an dem du vorbeimusst, um weiterzukommen. Aber leider weißt du weder, wie es auf der anderen Seite aussieht, noch kannst du einfach zurückgehen, wenn du einmal „durch" gegangen bist.

Sind Angst und Vorsicht hier nicht sehr verständlich? Natürlich! Aber du kannst fast immer auf Folgendes vertrauen:

Auf der anderen Seite – wenn du deine Angst durchschritten hast – fühlt es sich gar nicht mehr bedrohlich an. Dort wirst du denken: Das war ja gar nicht so schlimm! Auf der anderen Seite stellt sich heraus, dass die ganze diffuse Gefahr nur lauwarme Luft war, die davon gelebt hat, dass sie unbekannt ist, und sich deshalb in deinem Kopf so bedrohlich aufschaukeln konnte. Auf der anderen Seite wirst du dich wundern, wie viele Leute dir plötzlich sagen, wie mutig du bist. Dort findest du mehr Ruhe, Frieden und – dich selbst. Von dort würdest du nicht im Traum darauf kommen, zurück zu wollen, wo du heute noch stehst.

Dazu passt die Beobachtung von Business Angel Fabian Hansmann, der sagt:[9] *„Ich habe nie einen Gründer getroffen, der bereut hätte, gegründet zu haben."* Die Gründer/innen sind mit Mut durch die Angst gegangen und wollten danach nicht zurück. Selbst wenn das von ihnen gegründete Unternehmen finanziell nicht erfolgreich war, waren sie doch als Gründer/in erfolgreich, indem sie es gewagt haben, etwas Neues auszuprobieren und zu lernen.

Mein erstes Unternehmen gründete ich bereits 2008 – ein Portal für Mitfahrgelegenheiten im Internet – und es war finanziell ein Flop. Trotzdem war ich froh, es versucht zu haben und stolz darauf, was mein Co-Gründer und ich erreicht hatten. Auch wenn wir von dieser ersten Geschäftsidee nicht leben konnten, haben wir doch den Markt für Mitfahrgelegenheiten vorangebracht (unsere Ideen wurden von den etablierten Anbietern übernommen und sind heute Standard). Und bei all meinen Vorstellungsgesprächen wurde mir bestätigt, wie beeindruckend und positiv mein Mut zur Gründung war. Die zweite Gründung 2009 war dann übrigens erfolgreich und unser Unternehmen miniPay (heute www.sepa.net) haben wir bereits ein Jahr später erfolgreich an einen strategischen Investor verkauft.

Um dein Ziel zu erreichen, wirst du deiner bisherigen Gesellschaft – der in deinem Kopf und der in deinem Umfeld – mutig widersprechen müssen: „Ihr sagt, das macht man *so*? Ich mache es aber anders." Und: „Ihr sagt, das macht *man* nicht? Ich mache es aber trotzdem, weil ich es für mich mache und nicht (mehr) für euch."

Im 90-Tage-Programm wirst du verschiedene Übungen absolvieren, mit denen du lernst, deine Komfortzone zu verlassen, Mut und Haltung zu entwickeln, zu dir

Neue Wege wirken sehr bedrohlich, fast unüberwindbar …

selbst zu stehen und deinen eigenen Weg zu gehen. Denn wenn du weißt, wofür du etwas machst, hast du den Mut, es zu tun. Der österreichische Neurologe und Psychiater Viktor Frankl hat es auf den Punkt gebracht:

> *„Diejenigen, die das ›Warum‹ kennen, für das sie leben,*
> *können fast jedes ›Wie‹ ertragen."*
>
> Viktor Frankl, österreichischer Neurologe und Psychiater,
> Autor und Überlebender des Holocaust, 1905–1997

Selbstverständlich können Entscheidungen mutig und trotzdem falsch sein. Wie ist also Mut von Übermut zu unterscheiden?

Es wäre zum Beispiel übermütig, all dein Geld zum Casino zu tragen, um es beim Roulette auf Rot zu setzen. Das kann gut gehen und dein Geld kann sich von einem Moment auf den anderen verdoppeln. Oder du kannst es genauso unwiederbringlich verlieren und in ein existenzbedrohendes Desaster geraten.

Es hängt also davon ab, ob eine Entscheidung existenziell bedrohliche Konsequenzen haben kann oder nicht. Deshalb gilt es zu prüfen: Setzt du mit einer Entscheidung alles unwiderruflich auf eine Karte oder sind mögliche negative Konsequenzen mittel- und langfristig wieder korrigierbar? Könntest du mit den Konsequenzen leben?

... aber auf der anderen Seite liegt eine neue Freiheit.

Wenn du zum Beispiel entscheidest, deinen Job zu kündigen und sich das als Fehler herausstellt, kannst du einen neuen Job finden. Wenn du als Mutter oder Vater zurück in den Beruf gehst und das nicht gut geht, kannst du den Job kündigen und wieder „nur" Vater oder Mutter sein. Solche Konsequenzen sind eben nicht das Ende der Welt, auch wenn der Gedanke daran sich häufig zunächst so anfühlt.

> *„In den Momenten, in denen du Entscheidungen triffst,*
> *formst du dein Schicksal."*
> Tony Robbins, US-Autor und Coach-Ausbilder

Doch woher weiß ich, ob eine Entscheidung richtig oder falsch ist?

Für diese sehr verständliche Frage gibt aus mindestens zwei Gründen keine eindeutige Antwort:

1. Es hängt davon ab, *wann* du die Frage beantwortest. Nach zehn Minuten, nach zehn Wochen oder nach zehn Jahren? Es kann sein, dass sich aus einer vermeintlich schlechten Entscheidung später doch noch etwas überraschend Gutes ergibt oder umgekehrt, dass eine vermeintlich gute Entscheidung später sich wegen unerwarteter Folgen als großes Unglück herausstellt.

47

2. Du kannst nie wissen, wie sich dein Leben und die Welt mit der Entscheidung entwickelt hätten, die du *nicht* getroffen hast. Man kann also nie mit Sicherheit sagen, dass man mit der anderen Entscheidung wirklich besser oder schlechter gefahren wäre.

Das Einzige, was du also tun kannst, ist, deine Entscheidung nach bestem Wissen und Gewissen zu treffen und dann die Zeit vergehen zu lassen. Nur im Laufe der Zeit kannst du sehen, was passiert, und deine Entscheidung, wenn nötig, korrigieren.

Es ist übrigens nicht dasselbe, zu entscheiden, nichts zu tun, wie sich gar nicht zu entscheiden. Sich dafür zu entscheiden, (erstmal) nichts zu tun, kann manchmal sehr sinnvoll und die beste Entscheidung sein. Es lässt zu, dass mit der Zeit neue Möglichkeiten entstehen, für die du dich dann bewusst entscheiden kannst.

Ich persönlich lebe mit folgendem Ansatz gut, der aus meiner Sicht die innere Stimme als Entscheidungshilfe nutzt: Wenn ich etwas schon lange machen möchte bzw. der Gedanke immer wieder auftaucht, aber ich mich einfach nicht traue, dann bin ich überzeugt: Ich sollte es tun! Sobald ich dessen gewahr werde, versuche ich mich zu überwinden und es einfach zu machen.

Probiere es doch selbst einmal aus! Das fängt bei der Person an, die du dich nicht traust anzusprechen und geht über zu dem Kurs, den du schon immer besuchen wolltest, bis zu dem Job, den du eigentlich schon immer gerne machen wolltest, der aber so gar nicht zu den Vorstellungen deiner Eltern oder deiner bisherigen Karriere passt. Im 90-Tage-Programm bekommst du spezielle Aufgaben dafür, um dich ganz bewusst aus deiner Komfortzone zu bewegen.

Wichtig ist: Verurteile oder bestrafe dich nicht, nur weil du glaubst, eine falsche Entscheidung getroffen zu haben. Solche Entscheidungen erfordern vielleicht eine Korrektur oder neue Lösungen, aber keine Bestrafung. Es gibt keinen Erfolg ohne Fehler, Opfer oder Verzicht. Und immer gilt: Wer weiß, wozu das noch mal gut ist?

Erinnere dich hier noch mal an die Anwältin, den Investmentbanker und den Unternehmensberater aus Kapitel 1, die nun Kindergärtnerin, Bio-Winzer und Lieferkoch sind. Alle haben Monate oder Jahre über der Entscheidung gebrütet, Blut und Wasser geschwitzt, bevor sie allen Mut zusammengenommen haben, um so eine große Änderung einzuleiten. Aber sie haben es getan und natürlich gab es Momente, in denen es sich wie eine Fehlentscheidung angefühlt hat. Momente, in denen sie sich gewünscht hätten, wieder zurück zur „anderen Seite" und in ihr altes Leben zu flüchten.

Aber solche Krisen vergingen und sie fanden neue Wege, die sie vorher nicht erahnt hätten. Und – Stand heute – sind sie glücklich, so selbstbestimmt und unabhängig zu leben. Ist es sicher, dass es immer so bleiben wird? Natürlich nicht! Vielleicht denken sie in drei, fünf oder zehn Jahren: Hätte ich doch etwas anderes gemacht! Aber dann ist vielleicht einfach wieder ein Zeitpunkt im Leben gekommen, an dem eine größere Entscheidung ansteht.

Vom richtigen Zeitpunkt

> *„Der beste Zeitpunkt, einen Baum zu pflanzen, war vor 20 Jahren.*
> *Der zweitbeste ist jetzt."*
> Chinesisches Sprichwort

Wann ist der richtige Zeitpunkt, um den Traum von einer Selbstständigkeit zu leben? Der Zeitpunkt ist nie „richtig"! Es gibt immer „gute" Gründe, dass es jetzt gerade nicht geht: „Ich habe nicht genug Geld, um das zu wagen!", „Erst wenn die Kinder aus dem Haus sind!", „Ich muss erstmal meine Probleme im jetzigen Job lösen!", „Wenn ich einen Partner habe!", „Wenn ich keinen Partner hätte!" usw.

Der richtige Zeitpunkt *kommt* nie, er *ist* **jetzt**. Denn heute beginnt schließlich der Rest deines Lebens!

Und wenn du dieses Buch im Jahr 2020 oder 2021 liest, sind die Zeiten tatsächlich ideal, denn Krisenzeiten sind der perfekte Moment, um etwas Neues aufzubauen, wie ich in Kapitel 1 erläutert habe.

Also: Wenn nicht jetzt, wann dann?

Schritt für Schritt zur erfolgreichen Selbstständigkeit.

DIE SECHS SCHRITTE IM 90-TAGE-PROGRAMM

„Niemand weiß, was er kann, bis er es probiert hat."
Publilius Syrus, römischer Autor im 1. Jh. v. Chr.

Hier gebe ich dir zunächst einen kurzen Überblick über die sechs Schritte, die du im Programm nacheinander meistern wirst. In den nachfolgenden Kapiteln werden diese dann vertieft.

Wir beginnen mit deiner **Motivation** und deinen **Stärken**. Danach lernst du, wie du dir **Zeit freischaufelst**, denn der Zeitbedarf für die Aufgaben im 90-Tage-Programm steigt mit der Zeit stetig an. Im Anschluss entwickelst du systematisch deine **Geschäftsidee** und testest diese so früh wie möglich an echten Kunden. Bei alledem konzentrierst du dich nur auf die **Dinge, die wirklich du machen musst (oder willst)** und nutzt für den Rest kompetente **Dienstleister**, die ich dir vorstelle. Zum

Abschluss geht es noch um die Frage, **wie groß du dein Geschäft machen solltest**, um nicht deinen „Genugpunkt" zu verpassen, sondern langfristig mit deiner Selbstständigkeit zufrieden zu bleiben.

WICHTIG:

BEGINNE SPÄTESTENS JETZT MIT AUFGABE NR. 1!

Falls du es bis jetzt noch nicht getan hast, starte jetzt dein 90-Tage-Programm. Unsere Devise lautet: Weniger Theorie, mehr Machen! – und das bedeutet, dass du mit dem Programm beginnst, jeden Tag deine Aufgabe machst und *nebenher* dieses Buch weiterliest.

Die Aufgaben der ersten zwei Wochen kannst du problemlos ohne das Wissen dieses Buchs erledigen, es gibt also keinen Grund mehr zu warten: Suche dir jetzt den Tag aus, an dem dein 90-Tage-Programm beginnen soll – das kann auch heute sein – und lege mit Aufgabe 1 auf Seite 111 los.

So, hast du dein Startdatum festgelegt?
Wenn ja, erfährst du nun, was dich im 90-Tage-Programm erwartet.
Wenn nein, dann lese jetzt nicht weiter, sondern plane zunächst deinen Starttermin.

---

1. Erkenne deine Motivation und deine Stärken

Es ist wichtig für deinen Weg und den Erfolg, dass du dir sicher bist, *warum* du dich überhaupt selbstständig machen möchtest. Was versprichst du dir davon? Welche Probleme, die du heute hast, möchtest du damit lösen? Geht es um mehr Freiheit und Flexibilität? Wenn ja, wofür möchtest du diese nutzen? Für deine Kinder, deine Hobbys, für andere Menschen? Oder geht es um Selbsterfüllung, darum, etwas Eigenes zu erschaffen, von dem du schon lange träumst? Oder erhoffst du dir mehr Geld? Was würdest du mit dem Geld machen?

Es geht also um die Frage, was genau dich zur Selbstständigkeit motiviert. Denn genau das wird dir die Kraft geben, den Weg zu gehen. Deine Motivation wird dich in Zukunft morgens aus dem Bett aufstehen lassen. Sie ist elementar für die Willenskraft, das Durchhaltevermögen und die Disziplin, um dein Ziel zu erreichen. Ohne deine innere Motivation wird es schwer.

Daher liegt der Schwerpunkt der ersten beiden Wochen auf deiner Motivation und deinen Stärken. Für diese Aufgaben benötigst du noch nicht viel Zeit. Da es aber ab der dritten Woche zeitintensiver wird, lernst du im zweiten Schritt, wie du dir die benötigte Zeit verschaffst.

2. Schaffe dir Zeit für deine Geschäftsidee

Wenn du angestellt bist oder zu Hause Kinder betreust, ist das vielleicht dein größtes Fragezeichen: Wie soll ich bei all meinem Stress noch *zusätzlich* Zeit für den Aufbau meiner Selbstständigkeit finden?

Keine Sorge, das geht. Im 90-Tage-Programm bekommst du Aufgaben für effektives Arbeiten, die dir in allen Bereichen deines Lebens helfen werden, mehr Zeit für die wichtigen Dinge zu haben.

Hier geht es zum einen darum, dass du bei deiner aktuellen Arbeit und im Alltag effektiver wirst und viele Dinge einfach *nicht* mehr machst. Zum anderen schauen wir, welche Dinge du in deinem Privatleben mit gutem Gewissen „opfern" kannst, um an deiner Selbstständigkeit zu arbeiten. Dabei geht es mir um Dinge wie Fernsehen, im Internet surfen oder am Handy rumspielen. Du sollst nicht die Zeit mit deinen Liebsten oder mit deinen Hobbys reduzieren. Unser Ziel ist es ja, dafür *mehr* Zeit zu haben. Das Leben soll ja nicht schon wieder in die Zukunft verschoben werden.

Um Zeit freizuschaufeln, wirst du im 90-Tage-Programm deine bisherigen Arbeitsmethoden unter die Lupe nehmen, wichtige Prinzipien für Effektivität kennenlernen und die richtigen Prioritäten setzen. Es geht darum, klüger zu arbeiten, das heißt, du solltest mehr Zeit *und* bessere Ergebnisse haben als vorher.

3. Finde deine Geschäftsidee

Nachdem die Grundidee für deine Selbstständigkeit auf Basis deiner Motivation und deiner Stärken erste Formen angenommen hat („Was du machen möchtest"), wirst du im 90-Tage-Programm die verschiedenen Aspekte deiner Selbstständigkeit definieren („Wie du arbeiten möchtest"). Dies umfasst zum Beispiel die Fragen, wann, wo und wie viel du arbeiten möchtest, wie viel Einkommen du benötigst, mit und für wen du arbeitest usw.

Hier lernst du verschiedene Geschäftsmodelle und Fallbeispiele von erfolgreichen Gründern/Gründerinnen kennen, von denen du dich für deine persönliche Berufung inspirieren lassen kannst.

4. Entwickle und teste deine Geschäftsidee

Es ist mir wichtig, dass du im gesamten 90-Tage-Programm möglichst effizient haushältst, das heißt nichts zu verschwenden: keine Zeit, denn davon hast du nur wenig, und auch kein Geld, um deine Selbstständigkeit mit möglichst geringem finanziellen Risiko zu starten.

Daher wirst du möglichst früh und mit wenig Aufwand an echten Kunden testen, ob deine Idee tragfähig genug ist: Sind hinreichend viele Kunden bereit, dein Produkt oder deine Dienstleistung für den von dir ermittelten Preis zu kaufen? Nur wenn du das schnell herausfindest, hast du die Möglichkeit, die Ideen so oft anzupassen, bis sie tragfähig sind, bevor dir die Puste, die Zeit oder das Geld ausgehen.

Früh testen bedeutet, dass du versuchst, dein Angebot zu verkaufen, obwohl es noch gar nicht fertig ist. Denn wenn es keine Käufer findet, bist du froh, dass du es gar nicht erst fertiggestellt hast. Und wenn Kunden es kaufen wollen, hast du die Gewissheit, dass es sich lohnt, dein Angebot nun auch mit vollem Einsatz umzusetzen.

Für diese Art von Testen gibt es clevere Methoden, die du im 90-Tage-Programm kennenlernen und anwenden wirst. Auf diese Weise kriegst du nicht nur ein besseres Gefühl dafür, ob deine Idee ankommt, sondern du lernst auch deinen Markt und deine Kunden immer besser kennen.

5. Mach nur, was dir liegt und outsource den Rest

Um eine Geschäftsidee mit wenig Zeit und Geld – vielleicht sogar langfristig in Nebentätigkeit – erfolgreich umzusetzen, wirst du dich im 90-Tage-Programm auf die Tätigkeiten konzentrieren, die nur du machen *kannst* oder du gerne machen *möchtest*.

Alle anderen Aufgaben kannst du getrost an Dienstleistungsunternehmen übertragen. Das ist heute viel einfacher und günstiger, als du vermutlich ahnst. Oder wusstest du, dass es im Internet Unternehmen gibt, die für wenige Euro im Monat für dich Telefonanrufe annehmen? Oder Designagenturen, die dir Logos, Visitenkarten oder Flyer für 20 Euro gestalten?

Alles was du benötigst, steht dir heute mit wenigen Klicks und monatlich kündbar zur Verfügung. Das spart massiv Zeit und Geld und du bleibst finanziell flexibel. Im 90-Tage-Programm wirst du schrittweise geführt, um für die einzelnen Aufgabenbereiche passende Partner zu finden.

6. Bring dein Geschäft auf die für dich richtige Größe

Du wirst in den 90 Tagen deine Geschäftsidee so lange testen und weiterentwickeln, bis du sicher genug bist, den Schalter umzulegen und deine Geschäftsidee mit mehr Einsatz und Investition groß zu machen. Falls du angestellt bist, kannst du dann – sofern du das möchtest – deinem alten Job Lebewohl sagen und deine Kündigung einreichen. Denn jetzt beginnt die Wachstumsphase. Aber wie groß willst du eigentlich mit deiner Geschäftsidee wachsen?

Eine Aufgabe im 90-Tage-Programm ist, zu berechnen, wie viel Geld du mindestens zum Leben brauchst, aber auch, wie viel du maximal brauchst. Maximal? Ja, diese Frage ist in unserer Gesellschaft völlig unüblich, geht es doch meistens darum, so viel wie möglich zusammenzuraffen.

Aber da mehr Geld ab einem gewissen Punkt eher belastet, geht es im 90-Tage-Programm auch darum, das richtige Maß für deinen Lebensstil zu finden, um nicht vor lauter Begeisterung für Wachstum in einem neuen Hamsterrad zu landen.

Ich kann das!

Schritt 1:
Erkenne deine Motivation und deine Stärken

„Wenn du einen Tag glücklich sein willst, betrinke dich.
Wenn du ein Jahr glücklich sein willst, heirate.
Wenn du ein Leben lang glücklich sein willst, werde Gärtner."
Chinesisches Sprichwort

Was ist deine Motivation?

Viele Bücher zum Thema „Selbstständigkeit" oder „Unternehmensgründung" sehen als wichtigste Motivation, möglichst schnell reich zu werden, wie etwa *How to get rich* (Dennis Felix), *The Laptop Millionaire* (Mark Anastasi) oder *The Millionaire Fastlane* (MJ DeMarco). Vielleicht funktioniert das sogar für den einen oder den anderen. Aber versprechen sie dir auch, dass du zufrieden oder gar glücklich wirst?

Mein Ziel ist, dass du mit deiner neuen Arbeit dauerhaft zufrieden und ausgeglichen wirst, reich an Zeit und Freiheit, nicht notwendigerweise übermäßig reich an Euros. Also, wenn du überzeugt bist, dass dein Weg zum Glück ist, schnell reich zu werden, dann nimm dir eines der anderen Bücher vor. Aber betrachte vorher bitte die fünf Dinge, die Sterbende am meisten bedauern:[10]

- Ich wünschte, ich hätte den Mut gehabt, mein eigenes Leben zu leben.
- Ich wünschte, ich hätte nicht so viel gearbeitet.
- Ich wünschte, ich hätte den Mut gehabt, meine Gefühle auszudrücken.
- Ich wünschte mir, ich hätte den Kontakt zu meinen Freunden aufrechterhalten.
- Ich wünschte, ich hätte mir erlaubt, glücklicher zu sein.

Keiner der Sterbenden wünscht sich, er hätte mehr Geld verdient, mehr gearbeitet oder mehr gekauft. Im Angesicht des Todes wird einem klar, was wirklich zählt, weil es dann keine Zeit mehr gibt, Dinge noch zu ändern.

Laut einer der gängigsten psychologischen Theorien[11] möchten Menschen drei grundlegende Bedürfnisse befriedigen: Bindung an andere Menschen, Autonomie und Kompetenzerleben bzw. Selbstwirksamkeit.

Hier wird deutlich, welch wichtige Rolle unsere Arbeit spielt, da wir mit unserem Job zum einen alle drei Bedürfnisse befriedigen (oder nicht befriedigen) können und zum anderen einen großen Teil unserer Lebenszeit in unsere Arbeit investieren.

Gemäß dieser Theorie wäre der Albtraumjob also eine Tätigkeit, bei der man isoliert (keine Bindung an andere Menschen) und unter strikten Vorgaben (keine Autonomie) arbeitet, ohne die Früchte seiner Arbeit zu sehen (kein Kompetenzerleben bzw. keine Selbstwirksamkeit).

Ein Traumjob wäre hingegen eine Tätigkeit mit zugewandten Menschen, bei der man selbstbestimmt seine Fähigkeit einbringen kann und den Nutzen seiner Arbeit sieht.

So viel zur Theorie. Wie stark diese drei Bedürfnisse bei dir im Beruf ausgeprägt sind, hängt von deiner Persönlichkeit ab und inwieweit du diese Bedürfnisse bereits in deinem Privatleben befriedigen kannst.

Neben diesen generellen menschlichen Grundbedürfnissen hast du deine individuellen Anlagen und Begabungen und eine daraus erwachsende Berufung für die Welt. Und es ist deine Aufgabe, diesen Ruf zu hören und ihm zu folgen. Wenn du diesem Ruf folgst und tust, was du liebst, wirst du dich und andere Menschen glücklich machen. Und du bist ein Vorbild für andere, ebenfalls auf ihr Herz zu hören.

Zu wissen, dass du deine aktuelle Situation verlassen möchtest, reicht dafür nicht. Du musst wissen, was du stattdessen *wirklich* willst, *wohin* du willst, was dein Ziel ist.

Nutze die Chance, die sich dir jetzt gerade bietet, um das zu machen, was dich zufrieden macht, ganz unabhängig davon, was andere darüber denken.

Es ist vielleicht eine „verrückte" Idee? Prima, das ist ein gutes Zeichen, dass du auf dem richtigen Weg bist, denn wenn es nicht „ver-*rückt*" ist, dann ist es „normal", das heißt es folgt den allgemeinen Erwartungen und beschreitet keine neuen Wege. Dann machen es auch andere schon und es wird mehr Wettbewerber geben.

Das, was du in deinem tieferen Inneren willst, nennt man auch **intrinsische Motivation**. Diese Dinge machen dir aus sich heraus Freude und tun dir gut. Im Gegensatz dazu spricht man von **extrinsischer Motivation**, wenn du etwas nur tust, weil du dafür etwas von außen bekommst, zum Beispiel Geld, Anerkennung oder Sicherheit.

Die meisten Arbeitnehmer/innen sind extrinsisch motiviert, denn sie würden das, was sie arbeiten, niemals machen, wenn sie dafür nicht bezahlt würden. Im 90-Tage-Programm wollen wir deine intrinsische Motivation finden, damit du gerne arbeitest und dafür so gut bezahlt wirst, dass es für deinen Lebenswandel reicht.

In den ersten zwei Wochen wirst du dich daher aus verschiedenen Blickwinkeln mit deiner Motivation befassen, unter anderem mit folgenden Fragen:

- **Was wolltest du früher werden?** Als Kind und Jugendlicher haben wir noch eine sehr gute Intuition und sind noch nicht so stark von gesellschaftlichen Erwartungen geprägt. Allerdings ist der Einfluss des Elternhauses sehr groß, das heißt es ist wichtig, sich auch mit den Erwartungen deiner Eltern auseinanderzusetzen.
- **Wer sind deine Vorbilder?** Gibt es Menschen, die dich schon immer fasziniert haben, zum Beispiel berühmte Persönlichkeiten oder Menschen aus deinem Umfeld, wie Großeltern, Eltern, Geschwister, Freunde, Kollegen? Was zeichnet diese Menschen aus? Was haben die anders gemacht als andere um dich herum? Welche Werte vertreten sie und was verkörpern sie für dich?
- **Welche Aufgaben fallen dir besonders leicht?** Dies ist meiner Erfahrung nach einer der besten Indikatoren dafür, wofür du „gemacht" bist. Diese Eigenschaften sind aber erstaunlicherweise für einen selbst am schwersten zu erkennen, weil sie so selbstverständlich und „nicht der Rede wert" sind für dich. Um diese Seiten von dir zu entdecken, wirst du im 90-Tage-Programm auch Menschen aus deinem Umfeld fragen, denen du vertraust.
- **Was würdest du machen, wenn du kein Geld verdienen müsstest?** Stell dir vor, du bekommst ein bedingungsloses Grundeinkommen, das für deinen Alltag gut ausreicht. Was würdest du dann tun? Wie würdest du deine Tage verbringen? Wenn du den Zwang zum Geldverdienen ausblendest, kannst du leichter darüber nachdenken, was du tatsächlich gerne tun möchtest.

Neben der Klärung, was dich wirklich motiviert, geht es darum, herauszufinden, welche Stärken und Kompetenzen du hast und für deine Geschäftsidee nutzen kannst.

Die Berufung entdecken und entwickeln

Häufig erwarten Menschen, dass sich ihre Berufung in einem magischen Moment offenbaren müsste und warten vergebens auf diesen Moment. Manche werden auch verunsichert, wenn sie bei einem Gespräch gefragt werden, was denn ihre Berufung sei, und kommen sich blöd vor, dass sie darauf trotz des fortgeschrittenen Alters noch keine Antwort geben können.

Ich möchte hier kurz einige Mythen rund um die „Berufung" entzaubern:

- **Deine Berufung erkennst du häufig erst, wenn du sie bereits – zumindest teilweise – lebst.** Du beginnst freiwillig oder unfreiwillig etwas Neues (z. B. du musst dich um einen kranken Menschen kümmern) und nach einiger Zeit merkst du, wie gut dir das tut, wie geschickt du darin bist und wie natürlich es sich für dich anfühlt. Dann bist du eventuell gerade mit deiner Berufung in Kontakt bekommen (in diesem Beispiel könnte das „in der Pflege tätig zu sein" bedeuten).
- **Dein Können in der Berufung entwickelt sich wie ein Baby, das erst Laufen lernen muss.**[12] Wenn du deine Berufung gefunden hast, heißt das noch lange nicht, dass du schon alles dafür beherrscht, was nötig ist. Du wirst schnell lernen und es wird dir gefallen, es braucht aber seine Zeit. Daher ist das Programm so gut für Angestellte geeignet, die sich nicht trauen, ihren Job zu kündigen, um sich in der Selbstständigkeit zu versuchen. Nutze lieber deinen „Broterwerb", um nebenbei deine Berufung schrittweise zu deinem zukünftigen Erwerbseinkommen zu entwickeln.

Wir nehmen uns nur Zeit für Dinge, die uns wichtig sind

Wenn du Zeit hast, um im Internet herumzusurfen, abends Netflix oder Fernsehen zu schauen oder Computerspiele zu spielen, dann ist dir das offenbar so wichtig, dass du dir dafür die Zeit nimmst.

Für einzelne Aktivitäten, die wir tun (z. B. Filme schauen) bzw. nicht tun (z. B. etwas für unsere Gesundheit tun), ist das sicherlich noch recht leicht nachvollziehbar.

Ich behaupte jedoch, dass die Aussage „Wir nehmen uns nur Zeit für die Dinge, die uns wichtig sind", sogar für einen ungeliebten Job gilt. Warum ist einem ein Job so wichtig, dass man einen großen Teil seines Tages investiert, selbst wenn man ihn nicht mag?

Falls du deinen aktuellen Job magst, kannst du zum nächsten Kapitel springen. Falls du deinen aktuellen Job nicht magst, wird dich meine Antwort auf die obige Frage vielleicht provozieren.

Ich behaupte: **Da wo du bist, willst du sein.**

Was? Behaupte ich wirklich, dass du in diesem Job oder der jetzigen Situation sein *willst*?

Ja, genau das behaupte ich!

Bevor du nun dieses Buch verärgert zuschlägst, lass mich noch etwas ergänzen: **Da wo du bist, willst du sein. Denn alle anderen Optionen waren dir bisher – bewusst oder unbewusst – zu „teuer".**

Du *musst* deinen Job ja nicht machen, denn niemand hält dir eine Pistole an deinen Kopf und zwingt dich dazu. Aber du machst ihn. Vermutlich wegen des Geldes. Oder wegen der sicheren Rente oder ...

In deinem Kopf – zumindest in deinem Unterbewusstsein – ist vermutlich schon häufig folgender Gedanke gekreist: *„Ach, ich sollte den ganzen Mist hinschmeißen und was Neues anfangen. Die können mich mal! Hm, aber dann verdiene ich erstmal kein Geld. Und ich muss mir überlegen, was ich stattdessen machen möchte. Ich muss mich bewerben, neu etablieren, vielleicht sogar umziehen oder erst was Neues lernen. Puh, das klingt alles ganz schön anstrengend und unsicher. Da ist mir mein blöder Job mit meinem Gehalt doch lieber. Ich glaube, ich bleib lieber noch ein bisschen und verschiebe die Entscheidung erstmal."*

Was hier im Kopf passiert, ist eine Abwägung der Kosten verschiedener Optionen, wobei sich das Wort „Kosten" nicht nur auf Geld, sondern auch auf Zeit, Aufwand, Unsicherheit, Lernen etc. bezieht. Daher ist die Behauptung, dass du genau *da* bist, wo du sein *willst*, richtig: Du könntest es grundsätzlich ändern, aber das ist dir einfach zu „teuer".

Im 90-Tage-Programm wirst du Praktiken kennenlernen, um dich im privaten und beruflichen Alltag auf das zu konzentrieren, was dir wirklich wichtig ist und dir guttut, sowie den Mut und das Selbstbewusstsein entwickeln, um einen eigenen Weg in die Selbstständigkeit zu gehen.

Wie findest du deine individuellen Stärken?

Wir alle haben Stärken und Schwächen. Viele Menschen sind sich ihrer Schwächen bewusster als ihrer Stärken und leiden folglich unter mangelndem Selbstwertgefühl. Wenn das bei dir der Fall ist: Sei gewiss, du bist nicht allein.

Idealerweise passen deine Motivation und deine Stärken bereits gut zueinander. Es ist aber wahrscheinlicher, dass du die Stärken, die zu deiner Motivation passen, nicht voll entwickeln konntest, wenn du deine Motivation bisher unterdrückt hast.

Unabhängig davon hast du eine Menge Stärken (du kannst z. B. dieses Buch hier lesen) und diese wirst du nutzen, um die Idee für eine Selbstständigkeit für dich zu entwickeln, die deiner Motivation entspricht.

Es gibt noch einen wichtigen Aspekt zum Thema Stärken: Jede Stärke hat eine sogenannte „akzeptierte Schwäche". Wenn du zum Beispiel sehr kreativ bist, viele Ideen generierst und ganz neue Lösungen für Probleme finden kannst, ist es unwahrscheinlich, dass du ein guter Buchhalter bist, dem seine Arbeit Spaß macht. Denn kreative Menschen sind meistens weniger strukturiert, sie denken mehr in Möglichkeiten und nicht innerhalb vorgegebener Strukturen, mehr an die Zukunft als an die Vergangenheit. Ein Buchhalter soll aber gerade nichts Neues erfinden, sondern die abgeschlossenen Zahlungsvorgänge in einer vorgegebenen Struktur festhalten. Folglich fällt es einem Vollblut-Buchhalter eher schwer, sich radikal neue Dinge auszudenken. Arrangiere dich also mit deinen akzeptierten Schwächen, die den Gegenpol zu deinen Stärken bilden, und suche dir für diese Aufgaben passende Partner.

Eine weitere wichtige Erkenntnis ist, dass es sich eher lohnt, an deinen Stärken zu arbeiten, als zu versuchen, die Schwächen abzubauen. Der erreichbare Fortschritt bei den Schwächen ist begrenzt und kostet viel Kraft und Zeit, wohingegen das Arbeiten an den Stärken leichtfällt und schnell große Fortschritte bringt.

In den ersten beiden Wochen wirst du viel über dich selbst lernen:

- **Du wirst andere Menschen, die dich gut kennen, nach ihrer Meinung fragen**: „Wo siehst du meine Stärken? Was habe ich in der Vergangenheit besonders gut gemacht? Welche Eigenschaften fallen dir als Erstes ein, wenn du an mich denkst? Zu welchen Themen würdest du mich um Rat fragen?"
- **Du wirst deine eigenen Stärken (wieder) entdecken. Stärken, die du selbst an dir erkennst.** Das können etwa handwerkliche Fertigkeiten sein, ein besonderes Wissen, ein Händchen für den Umgang mit Menschen, die Fähigkeit, gut zu schreiben und zu kommunizieren oder künstlerisches Geschick, aber auch Tugenden wie Durchhaltevermögen, Flexibilität, Gründlichkeit, Geduld usw.
- **Welche Aufgaben erfüllst du auf der Arbeit besonders gut?** Zu welchen Themen fragt man dich um deinen Rat? Wofür bist du auf der Arbeit bekannt? Was steht in deiner Stellenbeschreibung und was davon erkennst du als deine Stärke? Wofür wirst du oft gelobt?
- **Was konntest du früher als Kind und Jugendliche(r) besonders gut?** Was waren deine Hobbys, die du heute nicht mehr hast (z. B. mit Tieren umgehen, Malen, Sport, Lesen). Woran erinnern sich deine Eltern oder Großeltern, wenn sie an dich in deiner Kindheit denken? Mit was konnten sie dir besonders viel Freude

machen? Wie hast du deine Ferien am liebsten verbracht und wie deine Freizeit? Und mit wem? Warst du lieber allein oder hattest du gerne viele Menschen um dich? Wobei warst du am besten?

- **Welche Art von Problemen löst du gerne?** Was fordert dich heraus? Bei welchen Aufgaben meldest du dich gerne freiwillig? Wo hast du in der Vergangenheit mit besonders guten Lösungen geglänzt?

Wie du siehst, wirst du im 90-Tage-Programm deine Motivation und Stärken aus verschiedenen Blickwinkeln erforschen, um ein vollständigeres und realistischeres Bild von dir zu bekommen als das, das dich vielleicht schon seit vielen Jahren an deiner Entwicklung hindert. Es wird dein Selbst*bewusstsein* und dein Selbst*vertrauen* steigern.

Fokussiere dich bewusst auf dein Ziel und schaffe dir dafür den Raum.

Schritt 2:
Schaffe dir Zeit für deine Geschäftsidee

„Wenn die Zeit kommt, in der man könnte,
ist die vorüber, in der man kann."

Marie von Ebner-Eschenbach, mährisch-österreichische
Schriftstellerin (1830–1916)

Die Frage, die mir am häufigsten gestellt wird, ist: „Wo soll ich denn die Zeit hernehmen, um mich auch noch um eine Geschäftsidee zu kümmern?" Im 90-Tage-Programm bekommst du dafür spezielle Aufgaben, deren Grundlagen ich nachfolgend beschreibe.

Ist dir schon mal aufgefallen, dass du eine Aufgabe in der Regel erst zum Endtermin fertigbekommst, egal, wie viel Zeit du hast? Wenn wir zu viel Zeit haben, verschieben wir die Aufgabe meistens so lange, bis der Druck groß genug ist, um endlich zu handeln (ich sage nur: Steuererklärung). Dies wird auch als Parkinsonsches Gesetz bezeichnet: *„Eine Aufgabe benötigt immer so viel Zeit, wie man ihr gibt."*

Andererseits hat jeder schon die Erfahrung gemacht, dass eine Aufgabe, für die eigentlich viel zu wenig Zeit ist (z. B. weil sie einem erst einen Tag vor Abgabetermin wieder einfällt), dann besonders gut erledigt wird? Das liegt daran, dass man durch den Zeitdruck viel pragmatischer wird, schließlich kann man sich keine Ablenkungen und Sackgassen erlauben und fokussiert sich nur darauf, die Aufgabe noch rechtzeitig zu erfüllen. Um Dinge erfolgreich abzuschließen, brauchst du also häufig nicht mehr Zeit, sondern einen engen Termin: so viel, dass es gerade noch und ohne Umschweife möglich ist, fertig zu werden.

Du ahnst gar nicht, wie kreativ du dabei werden kannst! Dieses Vorgehen solltest du natürlich nicht ständig nutzen, denn es bedeutet auch Stress. Aber sage nicht: „In den nächsten zwei Wochen kümmere ich mich um mein Firmenlogo", sondern lieber: „Heute Abend um 20 Uhr nehme ich mir zwei Stunden Zeit, um eine Idee für ein Firmenlogo zu entwickeln, mir drei Anbieter anzusehen und um einen Entwurf zu bitten."

Das 90-Tage-Programm nutzt dieses Prinzip auf zweierlei Weise:

1. Es gibt dir für jeden Tag eine Aufgabe, die du in der Regel auch an diesem Tag vollständig erledigen wirst.
2. Der gesamte Prozess ist mit 90 Arbeitstagen auf eine relativ kurze Zeit beschränkt. Klassischerweise rechnet man für die Gründung eines eigenen Unternehmens eher mit mindestens sechs bis zwölf Monaten!

Erreiche in 20 Prozent deiner Zeit 80 Prozent deiner Ergebnisse

Es ist unglaublich, wie viel man von einer Aufgabe in 20 Prozent der eigentlich benötigten Gesamtzeit erreichen kann. Und wie viel Zeit man braucht, um es noch ein bisschen besser zu machen: Du bräuchtest weitere 80 Prozent deiner Zeit/Energie/Geld, um die letzten 20 Prozent des Ergebnisses zu erreichen, was aber in den allermeisten Fällen gar nicht nötig ist.

Dieses wichtige Prinzip stammt vom Ökonomen Vilfredo Pareto (1848–1923). Er hat festgestellt, dass sich viele Aufgaben mit einem Mitteleinsatz von rund 20 Prozent erledigen lassen, sodass 80 Prozent aller Probleme gelöst werden (auch bekannt als das Pareto-Prinzip).

Du wirst lernen, wie du diese Erkenntnis nutzt, um deine Zeit und Energie effizient im Beruf und im Privatleben einzusetzen und die gewonnene Zeit für den Aufbau deiner Selbstständigkeit zu nutzen.

Es gibt stets nur wenige (wirklich) wichtige Aufgaben.

Bei jeder Unternehmung gibt es zu jedem beliebigen Zeitpunkt immer nur eine kleine Menge von Aufgaben, die dringend und wichtig sind. Gleichzeitig gibt es immer beliebig viele Aufgaben, die noch nicht oder überhaupt nicht nötig sind, aber die man gerne macht, um das befriedigende Gefühl des „Beschäftigt-seins" zu haben.

Denke mal kurz über deine Arbeit nach: Wenn du all die Zeit zusammenzählst, die du an einem Tag wirklich produktiv bist – auf wie viele Stunden oder Minuten kommst du? Wie viel Zeit verschwendest du dagegen mit Dingen, die weder wichtig noch dringend sind und dein Unternehmen und deine Kunden kein bisschen weiterbringen? Meetings, E-Mails lesen, beantworten und sortieren, Dokumente suchen, Berichte lesen etc. Was ist das Ergebnis am Ende des Arbeitstags? Wie oft denkst du am Abend: Dafür hat es sich gelohnt zur Arbeit zu gehen? Leider wird an zu vielen Tagen zu wenig erreicht. Das liegt zum Teil an dir selbst, in der Regel aber auch an der Arbeitsorganisation und Kultur deines Arbeitgebers.

Dein Handeln kannst du selbst verbessern. Deinen Arbeitgeber kannst du nicht ändern, aber du kannst ihn verlassen. Und genau in der Reihenfolge machen wir es in diesem 90-Tage-Programm, wenn du angestellt bist: dein Handeln auf der Arbeit und im Alltag so zu verbessern, um mehr Effektivität im Job und im Alltag für dich und deine eigene Geschäftsidee zu gewinnen. Und – sofern du unglücklich angestellt bist – erst zu kündigen, wenn du dich sicher genug fühlst, um mit deiner Selbstständigkeit voll durchzustarten.

Wie du dir Freiräume im Alltag schaffst

Im Alltag sollte es dir etwas leichter fallen, Zeit für deine Geschäftsidee freizuschaufeln. Wenn deine Wohnung oder dein Haus aussieht, wie bei 98 Prozent deiner Mitmenschen, dann gibt es dort einen Fernseher, einen Computer, ein Smartphone und vielleicht auch noch eine Spielekonsole.

Die Menschen in Europa schauen zwischen zwei (Schweiz) und fünf Stunden (Rumänien) am Tag fern. In Deutschland nutzen die Menschen das Internet täglich drei (alle Menschen über 14 Jahre) bis sechs Stunden (14- bis 29-Jährige). Dazu kommen oft weitere Zeiten für Computerspiele und Nutzung von Social Media auf dem Smartphone.[13] Die Chance ist also groß, dass du mit etwas Disziplin und völlig ohne Kosten zwei Stunden am Tag im Privatleben freimachen könntest, ohne aktive Zeit mit deiner Familie oder für dich zu opfern.

Wenn du dein Leben ändern möchtest – und nichts anderes ist dein Entschluss, dich selbstständig zu machen – dann ist das ein guter Zeitpunkt, auch ein paar andere Dinge anzugehen, die dich schon lange belasten. Dabei solltest du dich nur auf solche Dinge konzentrieren, die sich praktisch leicht ändern lassen. Anderes ist später dran (es ist z. B. bekanntlich sehr schwer, mit dem Rauchen aufzuhören. Dergleichen solltest du besser erst angehen, wenn du das 90-Tage-Programm erfolgreich abgeschlossen hast).

Es erwarten dich auch einige Aufgaben, die dir helfen, dein Leben aufzuräumen und zu vereinfachen, deinen Medienkonsum zu reduzieren, um dir Energie und Fokus für dich und deine Geschäftsidee zu geben.

Wie du dir Freiräume auf der Arbeit schaffst

Falls du aktuell angestellt bist, gibt es verschiedene Möglichkeiten, dir die nötigen Freiräume auf der Arbeit zu schaffen:

- Urlaub
- Krankheit
- Sabbatical
- Teilzeit
- Homeoffice
- bestehende Freiräume rund um die Arbeit nutzen (z. B. Pendelstrecken)
- mehr Effektivität, um neue Freiheiten rund um die Arbeit zu schaffen

Urlaub

Am einfachsten ist es, wenn du dir Urlaub nehmen kannst, um an deiner Geschäftsidee zu arbeiten. Vor allem, wenn du bereits genug Urlaub angesammelt hast und du ihn nicht für deine Familie benötigst. Häufig gibt es weitere Optionen, die du prüfen solltest, wie zum Beispiel Bildungsurlaub.

Krankheit

Aufgrund der hohen Arbeitsbelastung und manchmal schlechten Unternehmenskulturen werden immer mehr Menschen von der Arbeit krank und fallen dann wochen- oder monatelang aus. Ich spreche aus eigener Erfahrung. Ich hatte einen Burn-out und es dauerte fast ein ganzes Jahr, bis ich wieder psychisch gesund war. In einer solchen Situation braucht man zunächst viel Zeit und Hilfe, um wieder auf die Beine zu kommen. Eine solche Zeit ist aber auch häufig die Chance, eingeschliffene Wege zu verlassen und sich neu zu orientieren. Das heißt, auch eine längere Krankheit kann dazu genutzt werden, um zu beginnen, den eigenen Traumberuf zu erschaffen. Allerdings sollte dies dann auf jeden Fall unter professioneller Begleitung durch einen Psychologen oder einen Psychiater erfolgen, damit man nicht wieder krank wird.

Sabbatical

Immer mehr Unternehmen bieten ihren Mitarbeitern nach einigen Jahren Betriebszugehörigkeit an, für einen längeren Zeitraum eine Auszeit zu nehmen. In dieser Zeit erhält man in der Regel kein Gehalt, hat aber seinen Arbeitsplatz sicher. Das ist eine sehr gute Grundlage, um ohne Risiko eine eigene Geschäftsidee zu entwickeln. Wenn es funktioniert, kommt man nicht mehr zurück. Und falls sich der Erfolg nicht wie gewünscht einstellt, kann man in seinen alten Job zurück und zu einem späteren Zeitpunkt den nächsten Versuch starten.

Wichtig ist, dass man sich rechtzeitig von seinem Arbeitgeber eine Einwilligung zu einer Nebentätigkeit einräumen lässt. In der Regel hat der Arbeitgeber damit keine Probleme, wenn dies nicht die eigene Arbeit negativ beeinflusst und sich daraus keine Konkurrenzsituation ergibt.

Teilzeit

Nach meiner Erfahrung ist ein Teilzeit-Job die ideale Variante, um eine eigene Geschäftsidee umzusetzen, ohne gleich auf ein regelmäßiges Einkommen zu verzichten. In Teilzeit verdient man zwar weniger, hat dafür aber auch planbar und regelmäßig Zeit, um an der eigenen Geschäftsidee zu arbeiten. Manche Menschen sind bereits in Teilzeit, zum Beispiel um die Kinder zu betreuen. Wenn der Bedarf an Kinderbetreuung nachlässt, ist dies eine gute Möglichkeit, eine eigene Idee während der Teilzeit zu entwickeln, statt im angestellten Job wieder mehr zu arbeiten.

Vielleicht kannst du auch eine Teilzeitregelung mit deinem Arbeitgeber vereinbaren? Auch darum wirst du dich im 90-Tage-Programm systematisch kümmern, wenn das eine Option für dich ist.

Homeoffice

Gerade in Unternehmen, in denen viel mehr darauf geachtet wird, wie viele Stunden die Mitarbeiter arbeiten und wie geschäftig sie dabei wirken, kann es unheimlich befreiend sein, im Homeoffice zu arbeiten. Während der Corona-Pandemie haben viele Unternehmen und Mitarbeiter unfreiwillig erlebt, wie es ist, von zu Hause zu arbeiten. Es hat einige Nachteile, aber auch viele Vorteile. Häufig bekommt man hier in wenigen Stunden mehr erledigt als an einem ganzen Tag im Büro, weil es viel weniger Ablenkungen gibt. Die gewonnene Zeit kannst du nutzen, um an deiner Idee zu arbeiten.

Ich werde dir einen effektiven Weg zeigen, um deine Vorgesetzten davon zu überzeugen, dich einen oder mehrere Tage pro Woche zu Hause arbeiten zu lassen.

Bestehende Freiräume nutzen

Im 90-Tage-Programm wirst du auch untersuchen, welche freien Zeiten es rund um deine Arbeit gibt, die du für deine Geschäftsidee nutzen kannst. Es gibt da viel mehr Potenzial, als du denkst! Geh doch mal mental deine Arbeitstage der Woche durch: Da gibt es die Fahrt zur Arbeit im Auto oder mit dem ÖPNV, die sich nutzen lässt, ggf. auch Dienstreisen. Am Arbeitsplatz gibt es Warte- oder Leerzeiten, die du heute vielleicht mit trivialen Dingen, wie Internetsurfen ausfüllst. Bei Weiterbildungen gibt es Leerzeiten, vor allem wenn sie an einem anderen Ort sind und du auswärts übernachtest.

Neue Freiräume schaffen

Ich weiß nicht, ob du aktuell einen Beruf ausübst und – wenn ja – wie du deinen Arbeitsalltag eingerichtet hast. Aber die Chancen stehen sehr gut, dass du durch das 90-Tage-Programm deutlich effektiver auf der Arbeit wirst und du nur noch die wichtigen Dinge machst. Die freigewordene Zeit nutzt du für dich und die Umsetzung deines Traums.

Was ist der Unterschied zwischen Effektivität und Effizienz? Effizient bedeutet etwas *richtig* machen, das heißt ein bestimmtes Ziel mit möglichst wenig Ressourceneinsatz zu erreichen. Etwas konkreter: Wenn du es schaffst, deinen täglichen Berg von 50 E-Mails in einer Stunde abzuarbeiten, statt in zwei, dann bist du doppelt so effizient. Klingt gut, oder? Ist es aber nicht unbedingt. Denn wenn dich das Erledigen der E-Mails deinem eigentlichen Arbeitsziel nicht näherbringt, warst du zwar effizienter, aber nicht effektiv. Effektiv bedeutet nämlich die *richtigen* Dinge tun. Und wenn dein Job zum Beispiel das Akquirieren neuer Kunden ist, ist es vermutlich besser, du rufst potenzielle Kunden an, als die vielen internen E-Mails durchzugehen, auf denen du überflüssigerweise in Kopie gesetzt wurdest.

In vielen Unternehmen zählt leider nicht der Output, sondern die Anwesenheitszeit und wie sehr jemand „beschäftigt" wirkt. Das ist doppelt problematisch: Erstens werden weniger Ergebnisse erzielt und zweitens werden neue Mitarbeiter ebenfalls dazu erzogen, „beschäftigt" zu sein statt effektiv. Genug Menschen verbringen den ganzen Tag in Meetings und hetzen gestresst von einem Termin zum anderen, kommen aber kaum dazu, irgendetwas umzusetzen und konkrete Ergebnisse zu produzieren. Vor, nach und während der Meetings produzieren sie dann eventuell noch eine Menge E-Mails mit möglichst vielen Personen auf dem Verteiler, um den Eindruck zu verstärken, sie „arbeiteten" viel. Ich übertreibe bewusst, aber Arbeit wird so zum Arbeitstheater.

Die Kunst besteht darin, nicht mehr, sondern *viel weniger* zu tun und sich dafür nur auf die Aktivitäten zu konzentrieren, die dich und deine Aufgaben voranbringen (insbesondere auch die deines Arbeitgebers, wenn du noch angestellt bist). Während und nach dem 90-Tage-Programm wirst du in deutlich weniger Zeit viel mehr schaffen.

Das oben erwähnte Pareto-Prinzip wird sich auch in deiner Arbeit widerspiegeln. Wenn du deinen Arbeitsalltag genauer analysierst, wirst du feststellen, dass du mit 20 Prozent deiner Kollegen 80 Prozent der Kommunikation hast, dass du in 20 Prozent deiner Arbeit 80 Prozent deiner Ergebnisse erzielen wirst und die restlichen 80 Prozent der Arbeit entweder unproduktiv sind oder dein Ergebnis von 80 Prozent um ein klein wenig erhöhen. Dein Ziel ist es also, dich auf die 20 Prozent (Zeit, Kunden, Aufgabe, Produkte etc.) zu fokussieren, die richtig viel bringen und den Rest nicht weiter zu beachten, sofern dies keine kritischen Konsequenzen für dich hat. Dadurch gewinnst du enorm viel Zeit, die du sinnvollerweise in andere Bereiche deiner Arbeit steckst, wo es noch 20 Prozent Effektives zu tun gibt. Oder du nutzt die Zeit für deine Geschäftsidee.

Ich möchte deine Produktivität nicht nur erhöhen, damit du direkt mehr Zeit hast für deine Idee. Du verbesserst zugleich deine Verhandlungsposition im Betrieb, um mehr Flexibilität auszuhandeln, insbesondere die Möglichkeit zu Hause zu arbeiten, sofern das bei deiner Arbeit möglich ist.

Im 90-Tage-Programm bekommst du Aufgaben, um dir systematisch mehr Zeit im Berufsalltag und zu Hause freizuschaufeln, ohne auf die Menschen und die Dinge zu verzichten, die dir wirklich wichtig sind.

Arbeit, Familie und Work-Life-Balance

Ich denke, mittlerweile sind meine Überzeugungen klar geworden: Viel Geld wird einen nie lange glücklich machen, man braucht jedoch genug davon, um zu leben. Das Wertvollste sind jedoch Zeit und die Freiheit, diese mit den Menschen zu genießen, die einem wichtig sind und guttun.

Dieser Aspekt wird häufig mit dem Begriff Work-Life-Balance zusammengefasst. Ich finde diesen Begriff irreführend, denn für mich ist die Arbeit („Work") ein wichtiger und auch schöner Aspekt meines Lebens („Life"). Es klingt fast so, als wären Arbeit und Leben Gegensätze. Ich würde es eher als „Work-Family-Balance" oder „Work-Private-Balance" bezeichnen, um zu betonen, dass das eine der Erzielung von Einkommen dient, um dieses für das andere sinnvoll zu verwenden.

Bei zu vielen Menschen ist diese Balance nicht gegeben: nicht wenige arbeiten zehn bis 14 Stunden am Tag und manchmal auch am Wochenende.

Wenn bei dir Privat- und Arbeitsleben nicht in guter Balance sind, wird sich das durch das 90-Tage-Programm zum Positiven ändern.

Mit Freude deine Zukunft gestalten.

Schritt 3:
Finde deine Geschäftsidee

„Nur wer sein Ziel kennt, für den kann der Wind auch günstig stehen."
Seefahrer-Sprichwort

Nachdem du deine Motivation und Stärken kennst und dir genug Zeit freigeschaufelt hast, geht es im 90-Tage-Programm nun ans Eingemachte: die Ausarbeitung deiner ganz persönlichen Geschäftsidee, die dir ein Leben erlaubt, wie du es dir wünschst.

Auch hier bekommst du wieder jeden Tag eine Aufgabe, um die richtigen Schritte in der richtigen Reihenfolge zu gehen. Es geht um die Frage, was, wie, wann und für wen du arbeiten möchtest.

Wie viel Einkommen brauchst du?

Das ist eine wichtige Frage, damit du weißt, wie viel deine Geschäftsidee mindestens abwerfen muss. Das nötige Einkommen hängt von vier Faktoren ab:

1. Wie viel Vermögen hast du bereits angespart?
2. Wie hoch sind deine laufenden Kosten für Nahrungsmittel, Miete, Ausbildung der Kinder, Auto, Hobbys, etc.?
3. Welche Pläne hast du für deine Zukunft (z. B. Kinder, Eigenheim, Reisen)?
4. Wie sieht deine Altersvorsorge aus?

Dieses Buch ist natürlich nicht der richtige Ort, um über alle Details der Altersvorsorge zu sprechen. Dafür gibt es genügend Literatur und Ratgeber.[14]

Im 90-Tage-Programm wirst du aber konkret ausrechnen, wie viel Geld deine Geschäftsidee verdienen muss, um das Leben zu führen, das du dir wünschst.

Wie, wo und wann möchtest du arbeiten?

Ganz wichtig für deine Geschäftsidee und die damit für dich verbundene Freiheit und Flexibilität sind der Ort, an dem du arbeiten möchtest und wie mobil du sein willst:

- **Flexibilität:** Welche unveränderbaren Verpflichtungen hast du? Als Single hast du andere Freiheiten, als wenn du eine Familie mit mehreren Kindern ernähren musst. Vielleicht bist du auch gebunden, weil du Angehörige pflegen oder andere Verbindlichkeiten hast, die du nicht aufgeben kannst oder möchtest? Aus solchen Verpflichtungen ergeben sich Anforderungen an deine zeitliche Flexibilität (um z. B. kurzfristig für ein krankes Kind da zu sein) oder die Möglichkeit, von zu Hause zu arbeiten (um z. B. ein Elternteil zu pflegen).
- **Arbeitszeiten:** Wann wäre eine gute Zeit für dich zum Arbeiten und wie viele Stunden möchtest du für deine Arbeit einsetzen? Wenn du dich um deine Kinder kümmern möchtest, nachdem diese aus dem Kindergarten oder der Schule zurück sind, beschränkt sich deine mögliche Arbeitszeit vermutlich auf vier bis fünf Stunden am Vormittag und etwas Zeit am Abend.
- **Reisen:** Viele Menschen möchten ihrem Job entkommen, um Zeit für lange Reisen zu haben. Andere möchten möglichst wenig reisen und nicht pendeln. Egal, ob du davon träumst, in einem ganz anderen Erdteil zu arbeiten und dort Land und Leute kennenzulernen oder lieber in deinem Heimatort bleiben möchtest: Es ist wichtig zu wissen, wie mobil du sein willst.

Im 90-Tage-Programm wirst du dich systematisch mit diesen Rahmenbedingungen für deinen Traumberuf beschäftigen, bevor du ihn dann systematisch entwickelst.

Wie wird aus deiner Berufung ein Geschäft?

In diesem Buch geht es darum, deine ganz individuelle Berufung (wieder) zu finden, wertzuschätzen und als Geschäftsmodell auszuarbeiten, so dass du sie testen und – wenn sie trägt – schrittweise umsetzen kannst. Für mich „trägt" sie nur dann, wenn du von ihr auch leben kannst und sei es im Zusammenspiel mit dem Einkommen deines Partners.

Bei deiner Berufung und dem daraus folgenden „Beruf" sind also zwei Aspekte zu unterscheiden:

1. *Was* du für *wen* **machen möchtest:** Das ist das, was du anbietest, also der eigentliche Inhalt deiner Tätigkeit, und wer deine Kunden sind. Zum Beispiel Yogakurse für Manager, leckere Gerichte für andere Menschen kochen, die wenig Zeit haben, oder im Internet Strickmuster für Kinderkleidung vertreiben.
2. *Wie* **du damit Geld verdienst:** Damit ist das Geschäftsmodell gemeint, das deine Berufung zu deinem Erwerbseinkommen macht, also die Frage, wie dich deine Kunden bezahlen. So kann das Unterrichten von Yoga mit verschiedenen Geschäftsmodellen realisiert werden, zum Beispiel in einem eigenen **Yoga-Studio** mit einer 10er-Karten-Abwicklung oder als **Online-Yoga-Kurs** mit einem monatlichen Abonnement und Einnahmen aus Online-Werbung. Du kannst dir vorstellen, wie unterschiedlich die Anforderungen an diese beiden Geschäftsmodelle sind, auch wenn du in beiden Fällen das Gleiche „machst", nämlich Yoga-Kurse anbieten.

Was für Geschäftsmodelle könnten das nun grundsätzlich sein? Um dir eine Übersicht über die Vielfalt zu geben, beschreibe ich nachfolgend die häufigsten Geschäftsmodelle und veranschauliche sie anhand eines realen Beispiels.

Nicht alle Geschäftsmodelle sind für alle Tätigkeiten gleich gut geeignet, aber in der Regel kannst du für eine Tätigkeit verschiedene nutzen.

Freiberufliche Tätigkeit („Freelancer")

Die freiberufliche Tätigkeit ist eines der beliebtesten Geschäftsmodelle, um sich selbstständig zu machen und ist relativ schnell und günstig umzusetzen. Unternehmen nutzen Freiberufler gerne, weil sie spezielles Wissen auf Zeit günstiger einbringen als Vollzeitangestellte. Wenn du besonderes Fachwissen hast, zum Beispiel aus deinem bisherigen Job, kannst du je nach Branche recht hohe Honorare dafür verlangen.

BEISPIEL

Stefan war bereits lange Jahre bei einem großen Softwarehaus als Entwickler und Berater angestellt, als seine Frau nach der Elternzeit wieder zurück in ihren Beruf bei einer Airline wollte. Sie entschieden sich, die Rollen zu tauschen, das heißt er würde in seinem Job etwas kürzertreten und sich mehr um die Kinder kümmern, damit sie sich auf ihre Karriere konzentrieren könne. Er hatte schon lange mit dem Gedanken gespielt, als selbstständiger Berater zu arbeiten, um freier bei seiner Projektauswahl und seiner Zeiteinteilung zu sein. Hier ist eine Zusammenfassung seiner Erfahrung nach knapp vier Jahren Selbstständigkeit:

„Ich bin froh, damals den Schritt gewagt zu haben, auch wenn das natürlich einen Gehaltseinschnitt bedeutete und ich seitdem das Auftragsrisiko selbst trage. Das geringere Einkommen wurde durch die neue Stelle meiner Frau kompensiert. Probleme mit genug Aufträgen hatte ich – entgegen meinen Befürchtungen – eigentlich nie, da ich bereits über ein gutes Netzwerk von Kunden verfügte. So gelang der Start besser als erwartet. Ich habe stets darauf geachtet, genug langfristige Wartungsverträge zu haben, die mir eine gewisse Planungssicherheit geben. Und wenn doch mal eine Auftragslücke drohte, konnte ich über Portale wie www.gulp.com immer recht schnell neue Aufträge bekommen.

Es gibt natürlich auch einige Herausforderungen: Wenn mich nicht gleich am Anfang schon zwei größere Kunden aus meinem Netzwerk beauftragt hätten, wäre der Marketing- und Verkaufsprozess als Neuling schwer gewesen, denn es gibt viel Konkurrenz aus dem In- und Ausland. Ich musste auch erstmal lernen, ein angemessenes Honorar zu ermitteln und dieses bei den Kunden durchzusetzen. Auch will ich nicht verschweigen, dass es manchmal stressig wird, wenn Abgabetermine näher rücken und ich nicht so schnell vorankomme wie geplant. Da tanze ich dann schon mal auf zwei Hochzeiten. Natürlich ist mein Wachstum als Ein-Mann-Beratungsunternehmen beschränkt, aber uns reicht das Einkommen und ich arbeite zurzeit eher daran, mehr Zeit zu haben als mehr Geld zu verdienen."

Für eine freiberufliche Tätigkeit solltest du also entweder schon über ein hohes Fachwissen oder besondere Fähigkeiten verfügen, die auf dem Markt gefordert sind. Oder du planst dir genügend Zeit ein, eine neue Fähigkeit aufzubauen, die am Markt noch nicht ausreichend angeboten wird. Wie wäre es zum Beispiel mit Hygiene-Experte für Unternehmen für die Post-Corona-Zeit?

Ladengeschäft

Obwohl der Aufbau eines Ladengeschäfts eine Menge Arbeit ist, lieben manche die Idee, einen eigenen Laden zu eröffnen. Für den Erfolg ist die Lage entscheidend und – vor allem wenn die Lage nicht optimal ist – ein einzigartiges Angebot zu bieten, für das Kunden auch weitere Wege gehen.

BEISPIEL

Reik war lange Jahre als Vertriebsleiter eines weltweiten Weinhandels tätig. Er merkte, dass er aus der Welt der großen Unternehmen herauswollte und machte sich selbstständig. Er wusste viel über Wein und eröffnete eine Weinstube mit einem ganz speziellen Konzept: Es gab überdurchschnittlich gute Weine und eine kleine Karte an regionalen Speisen. Die Bestellung gab man bei ihm am Bartresen auf, bekam die Weingläser zum Mitnehmen direkt befüllt und bezahlte bereits. Das Essen wurde dann kurze Zeit später von der einzigen Bedienung an den Tisch gebracht. Um Punkt 21:45 Uhr ging Reik mit einer kleinen Glocke von Tisch zu Tisch, klingelte kurz und erklärte den Gästen in ganz freundlichen Worten, dass er gleich schließen würde, da er auch ins Bett müsse und er sich freue, wenn die Gäste bald wiederkommen. Beim Gehen räumten die Gäste ihre letzten Gläser auf ein bereitgestelltes Tablett. Dass die Gäste so stark in den Bestell- und Servier-Prozess mit einbezogen waren, hatte zwei Vorteile: Erstens war Reik beim Bestellen und beim Schließen mit jedem Kunden wenigstens für ein paar Worte im Kontakt. Zum anderen sparte er Mitarbeiterkosten und konnte einen Teil der Einsparungen durch günstige Preise für den hochwertigen Wein an die Kunden weitergeben. Das Konzept kam sehr gut an, und obwohl die Tische recht eng gestellt waren, war es meistens bis auf den letzten Platz ausgebucht. Das Klientel waren eher ältere, gesellige Menschen, die sich leicht einen guten Wein gönnen und nicht zu viel trinken. Reik hatte also nie mit Gästen zu kämpfen, die an einer Bar versumpfen und bei Ladenschluss hinauskomplimentiert werden müssen. Durch sein Konzept mit der Klingel konnte er in der Regel um kurz nach 22 Uhr den Laden schließen und war zu einer menschlichen – und gesunden – Zeit im Bett.

Er eröffnete mit seiner Frau nach einiger Zeit noch einen Laden, in dem er regionale Produkte anbot und eine eigene kleine Kaffeerösterei betrieb, die von den Kaffeeliebhabern in der Stadt sehr geschätzt wurde. Als ich ihn zu den Vor- und Nachteilen von Ladengeschäften befragte, sagte er Folgendes:

„Bei einem Laden kann ich meine Gäste individuell beraten und sie können die Produkte anfassen. Das ist insbesondere bei meinen hochwertigen Produkten aus der Region für viele Kunden wichtig. Das kann ein Online-Shop so nicht bieten. Gerade bei Produkten wie Wein oder regionale Erzeugnisse schätzen es die Kunden, wenn sie

---

etwas über den Hintergrund der Produkte erfahren können. Wenn man dann noch gute Qualität liefert und ein authentisches und einzigartiges Konzept hat, macht die Mund-zu-Mund-Propaganda den Rest. Ich brauchte kaum Werbung zu bezahlen, da ich so viele Stammkunden hatte, die immer mal wieder jemand Neues mitgebracht haben, der dann auch Stammkunde wurde usw.

Da ich mich im Weingeschäft bereits gut auskannte, war es mir besonders wichtig, ein Konzept zu entwickeln, womit ich nicht mit der Zeit vor die Hunde gehe, was Wirten leider wegen langer Arbeitszeiten zum Teil mit Alkohol leider öfters passiert. Ich habe festgestellt, dass es die Kunden auch schätzen, wenn ich sie beizeiten „rausschmeiße", da es ihnen auch guttut, nicht zu lange dem Wein zu frönen, auch wenn sie mich natürlich oft gefragt haben, ob ich nicht mal eine Ausnahme machen könnte.

Die größten Nachteile eines Ladengeschäfts sind aus meiner Sicht die langen Arbeitszeiten, das finanzielle Risiko, vor allem durch die Anfangsinvestitionen für Renovierung, Einrichtung etc., und die geringe Flexibilität. Du musst halt immer da sein, wenn die Kunden kommen. Normalerweise hat man noch die Herausforderung, gutes Personal zu finden und die damit verbundenen Kosten zu stemmen. Kollegen von mir haben sich immer wieder beklagt, dass sie ständig neue Mitarbeiter einstellen und einlernen müssen. Das war für mich kaum ein Thema, da ich nur eine Bedienung und einen Koch hatte, die viele Jahre bei mir gewesen sind. Es lohnt sich halt, gut und wertschätzend mit ihnen umzugehen."

Wenn dir eine Idee mit einem Ladengeschäft vorschwebt, ist es wichtig, dir die vielen Kostenfaktoren, die häufig langfristige Bindung und – falls du Mitarbeiter brauchst – die Personalthemen realistisch vor Augen zu führen. Gerade wenn du ein besonderes und einzigartiges Produkt anbietest (z. B. besondere Gerichte, selbst erzeugte Lebensmittel oder Produkte), ist es für den Erfolg fast unvermeidlich, dass du viel präsent bist. Denn die Leute werden auch wegen dir und deiner Begeisterung in den Augen kaufen, auch wenn die Produkte deutlich teurer sind als bei einem Discounter. Sobald du aber jemanden anstellst, der für ein festes Gehalt verkauft, geht dieser Effekt verloren. Du bist also in gewisser Weise durch deine authentische Leidenschaft für dein Angebot auch Teil deines Angebots.

Online-Shop

Der Verkauf von Produkten über einen Online-Shop ist heute wohl jedem bekannt. Es ist ein Geschäftsmodell, das sich relativ leicht und schnell realisieren lässt und in der Regel deutlich weniger Anfangsinvestitionen bedarf als ein Ladengeschäft.

Obwohl hier bereits ein hoher internationaler Wettbewerb herrscht, sind für Selbstständige bei einer wohl gewählten Nische noch einträgliche Geschäfte möglich.

In einem Online-Shop kannst du **selbst erstellte Waren** verkaufen oder als Händler die Produkte von anderen anbieten. Durch die starke Marktposition der großen Online-Versandhändler, wie Amazon, Otto, Zalando oder Alibaba, ist es nur schwer möglich, ein erfolgreiches Online-Geschäft zu starten, ohne sich voll auf eine ganz bestimmte Kunden- und/oder Warengruppe zu fokussieren. Nur wenn die Kunden bei dir etwas bekommen, was ihnen die Großen nicht anbieten können, besteht eine Chance auf Erfolg.

BEISPIEL

ZOÉ LU ist ein schönes **Beispiel für selbst erstellte Waren**. ZOÉ LU ist ein Start-up aus München, deren drei Gründerinnen sich dem treuesten Begleiter der meisten Frauen verschrieben haben: der Handtasche. Die Gründerinnen kannten selbst das Problem, das viele Leidensgenossinnen teilen, nämlich zu wenig Platz für die vielen verschiedenen Taschen für unterschiedliche Anlässe. Außerdem muss bei jedem Taschenwechsel der gesamte Inhalt umgeräumt werden.

Ihre Lösung konnte bisher noch kein anderer Online-Shop anbieten: eine wandelbare Tasche, mit den unterschiedlichsten auswechselbaren Klappen. Diese Kombination aus praktischem Nutzen und kreativem Ausdruck wurde ein voller Erfolg und verkauft sich sehr gut.

Merkwürdig, dass noch niemand vorher auf diese geniale Idee gekommen ist, oder? Und die Welt ist noch voller solcher Möglichkeiten für Menschen, die ein Problem aus ihrem Alltag besser lösen als zuvor. Ein Kennzeichen guter Ideen ist, dass sie einfach sind. Wenn du dich also fragst: Warum ist da noch keiner darauf gekommen?, bist du vermutlich auf einem guten Weg ...

Dieser Weg von der Idee bis zum verkaufbaren Produkt war auch bei ZOÉ LU natürlich nicht ohne Hindernisse. Sie brauchtes viele Tests, bis das Produkt ihren Anforderungen entsprach. Um sicherzugehen, dass das Produkt auch hält, was es verspricht, haben die Frauen von ZOÉ LU ihre Lieblingstaschen selbst wochenlang getragen und Freundinnen zum Testen gegeben. Erst dann wurde die erste große Lieferung bestellt.

Eine weit verbreitete Form für den **Verkauf von Waren Dritter** wird als „Dropshipping" bezeichnet. Hier spezialisiert sich der Online-Händler auf bestimmte Produkte, die er an das passende Kundensegment verkauft, die gesamte Logistik und Lagerhaltung überlässt er aber dem Hersteller der Produkte. Das heißt, die Produkte gehen direkt vom Produzenten zum Käufer und der Online-Händler selbst hat weder eigene Produkte noch Lagerbestände. So spart er viel Kapital und muss sich um die komplexen Produktions-, Lagerungs- und Distributionsprozesse gar nicht erst kümmern. Die Leistung des Online-Händlers ist es, gute Produkte und die dazu passenden Kundensegmente zu identifizieren, erfolgreiches Marketing zu machen und die Bezahlung abzuwickeln.

BEISPIEL

Als Markus im Jahr 2005 nach Kanada zog, war er noch angestellt, wollte aber eigentlich schon immer etwas Praktisches mit Holz machen. Da der Job in Kanada nicht lief wie geplant, machte er sich bald selbstständig und gründete den Möbel-Onlineshop www.ontaria.de.[15]

Er spezialisierte sich auf kanadische und amerikanische Möbel von höchster Qualität, zeitlosem Design und wertvollen Materialien, die er in Europa verkaufte. Begonnen hatte er mit amerikanischen Jugendstilmöbeln von Gustav Stickley, die seit 120 Jahren in New York hergestellt werden, aber in Europa nicht zu kaufen waren. Eine Nische für Kenner also. Es folgten kanadische Gartenmöbel und kanadische Fass-Saunen, jeweils aus Rot-Zeder, einem Holz, dessen Eigenschaften anderen europäischen Holzarten überlegen sind.

Viele seiner Kunden sind selbst in diesen Ländern gewesen, wissen die Qualität zu schätzen und sind gerne dazu bereit, den entsprechenden Preis zu bezahlen. Er hatte zunächst einen Laden aufgemacht, aber festgestellt, dass er Anfragen aus ganz Europa bekam und die Kunden gar nicht in seinen Laden kommen wollten. Also hat er den Laden wieder geschlossen und sich voll auf den Online-Shop konzentriert.

Die Vorteile eines Online-Shops sind die potenziell hohen Umsätze und Renditen, wenn man genügend Reichweite hat, denn über das Internet erreicht man deutlich mehr Kunden als über ein Ladengeschäft.

Durch das Dropshipping sind der Aufwand und der Investitionsbedarf gering, das Geschäftsmodell ist gut etabliert und für die Kunden leicht verständlich. Auch die Marketingkanäle stehen durch Online-Werbung leicht und schnell zur Verfügung, allerdings können hier auch schnell sehr hohe Kosten entstehen, so dass das Management der Marketing-Aktivitäten eine der wichtigsten und anspruchsvollsten Aufgaben ist.

Nicht zu unterschätzen sind auch der Aufwand für Service, Reklamationen, Retouren und der potenziell hohe und internationale (Preis-)Wettbewerb.

E-Books und andere digitale Medien

Das Verkaufen von digitalen Medien, wie E-Books, Hörbüchern, Fotos etc., über das Internet ist seit jeher ein beliebtes Geschäftsmodell, das im Prinzip jedem offensteht, der einen wertvollen Inhalt erstellen kann. E-Books sind eine der einfachsten Möglichkeiten, damit zu beginnen. Du kannst sie über bestehende Kanäle anbieten, zum Beispiel über Amazon für den Kindle verkaufen oder dich entscheiden, sie direkt über deine eigene Website zu vertreiben.

Ein großer Vorteil ist, dass du bei einem erfolgreich etablierten E-Book über einen recht langen Zeitraum ein kontinuierliches Einkommen generieren kannst, ohne weiter viel Zeit reinzustecken. Dies bezeichnet man als „passives Einkommen".

BEISPIEL

Birgit aus Kaiserslautern zur Selbstständigkeit mit E-Books:

„Ich las schon seit meiner Kindheit ständig Bücher und bin dann auch im Verlagswesen gelandet. Die ersten acht Jahre hat mir meine Arbeit sehr gut gefallen, als ich aber 2017 nach Kaiserslautern zog und mich als Mutter versuchte zu bewerben, wollte es einfach nicht klappen. Ich habe dann notgedrungen eine Teilzeitstelle über eine Personalvermittlung angenommen, war aber unglücklich im Job und dadurch auch privat sehr frustriert. Eine Freundin kam auf die Idee, dass ich doch meine Kurzgeschichten, die ich schon lange schrieb (und Verlage nicht wollten) als E-Book im Selbstverlag veröffentlichen sollte. Im Herbst 2018 stellte ich meinen ersten Titel ein, was dank ADP (Amazon Direct Publishing) in wenigen Minuten geht. Der erste Titel verkaufte sich besser als ich erwartet hatte, und so veröffentlichte ich vier weitere Titel. Heute habe ich über 20 Titel online und verdiene mit denen zwischen 3.500 und 5.000 Euro im Monat und bin überglücklich, dass ich vom Schreiben leben kann. E-Books haben als Einkommensquelle viele Vorteile: Sie sind relativ einfach zu erstellen, die Kosten für den Vertrieb sind sehr gering, es gibt viele etablierte Vertriebskanäle und per Direktvertrieb über eine eigene Webseite sind auch gute Margen möglich. Ich kriege manchmal richtige Fanpost, muss mich aber kaum um Kundenservice kümmern, da dies alles die Plattformen wie ADP übernehmen.

Als Nachteile sind vielleicht zu erwähnen, dass ein gutes Buch schon einige Zeit kostet und die Preise für E-Books – und damit die Erlöse – teilweise sehr klein sind.

Die größte Herausforderung ist meistens, das richtige Thema zu finden, das passende Publikum zu erreichen und dazu werbewirksam Texte zu verfassen."

Falls du eine künstlerisch-kreative Ader hast und Inhalte wie E-Books, Hörbücher, hochwertige Fotos oder Illustrationen erstellen möchtest, solltest du diese Möglichkeit in Erwägung ziehen. Aber auch für andere Geschäftsideen kannst du E-Books nutzen. Sie sind mittlerweile eine beliebte Form, um Kunden im Internet etwas zu schenken und sie langfristig als Kunden zu binden. Wenn du zum Beispiel als selbstständiger Berater arbeitest, kannst du deinen Kunden damit deine Expertise demonstrieren.

Online-Kurse

Online-Kurse sind heute ein beliebtes Geschäftsmodell, mit denen einflussreiche Blogger und Online-Persönlichkeiten Geld verdienen.

> **BEISPIEL**
>
> Auch dieses 90-Tage-Programm gehört in diese Kategorie von Geschäftsmodellen. Ich habe mich für diesen Weg entschieden, da ich so möglichst viele Menschen erreichen und unterstützen kann.
>
> Eine Alternative wäre gewesen, dass ich Menschen persönlich coache und ein Honorar pro Stunde verlange. Mir war es aber wichtig, dass ich zeitlich und räumlich unabhängig bleibe, da ich mehr Zeit mit meinen heranwachsenden Kindern verbringen möchte. Durch das Online-Coaching-Angebot kann ich die Zeit, in der ich arbeite, frei einteilen und arbeite zum Beispiel, wenn meine Kinder im Kindergarten bzw. in der Schule sind, oder abends, wenn sie schon schlafen.

Um einen Online-Kurs zu erstellen, brauchst du Wissen, das selten und wertvoll ist, und du musst einige Zeit für die Erstellung investieren. In der Regel brauchst du dafür Partner, zum Beispiel für Ton- oder Videoaufnahmen, Webseitenerstellung, Online-Marketing etc. Den Kurs kannst du online über eine eigene Webseite anbieten und/oder bestehende Kurs-Plattformen nutzen, wie www.udemy.com. Die größten Herausforderungen liegen darin, Inhalte zu finden, die es in der Form noch nicht gibt, und sich im Wettbewerb zu differenzieren.

Bloggen

Bloggen ist eine beliebte und weit verbreitete Geschäftsidee, deren Misserfolgsquote – zumindest auf finanzieller Ebene – recht hoch ist. Die meisten erfolgreichen Blogger haben irgendwann mal zum Spaß und aus eigenem Interesse angefangen und dann nach und nach ein Geschäftsmodell daraus gemacht. Wenn du also keine Erfahrung mit Bloggen hast und dies nur zum Geldverdienen anfangen möchtest, ist die Chance auf finanziellen Erfolg meiner Erfahrung nach gering.

Wenn du aber tatsächlich ein Vordenker in einem Thema oder sehr interessiert und aktiv in einer gewissen Nische bist, kannst du grundsätzlich damit deinen Lebensunterhalt verdienen, vor allem wenn deine Lebenshaltungskosten (noch) nicht so hoch sind. Eine Familie mit Kindern allein davon zu ernähren, schaffen nur wenige.

Wichtig ist, dass du dir ein Netzwerk aus Kontakten mit anderen Bloggern und Vordenkern aus deinem Bereich aufbaust, um Unterstützung in den relevanten Communities zu bekommen.

BEISPIEL

Jochen Mai betreibt seit acht Jahren den erfolgreichen Karriereblog „Karrierebibel" und sagt:[16] *„Für einen erfolgreichen Blog brauchst du ein stimmiges Geschäftsmodell, eine lukrative Nische und in der Regel weitere Geschäftsfelder. Die wenigsten Blogger leben allein von dem, was ihnen ihr Blog einbringt. Das sind in der Regel Werbeeinnahmen, die aber selten reichen. Deshalb bieten die meisten weitere Dienstleistungen an: Sie arbeiten als Berater, halten Vorträge und Seminare, die sich über das Blog vermarkten lassen."*[17]

Er betrieb den Blog zunächst als Hobby und war noch als Journalist für die Wirtschaftswoche tätig. Bis sein Blog die ersten Gewinne abwarf, dauerte es einige Jahre.

Was rät Jochen Mai angehenden Bloggern? *„Sie sollten ruhig Mut haben, aber zugleich das unternehmerische Risiko abschätzen. Ich konnte meinen Blog über Jahre hinweg neben gut bezahlten Führungspositionen aufbauen und hatte das Geld, um in mein Projekt zu investieren. Ich bin aber auch davon überzeugt, dass das Netz Gründern und Bloggern zahlreiche Chancen bietet. Wer eine gute Idee hat und sich richtig reinhängt, hat gute Chancen, erfolgreich zu sein."*

Das Bloggen ist definitiv eines der schwierigeren Geschäftsmodelle, das du nur in Erwägung ziehen solltest, wenn du ein echter Überzeugungstäter bist und viel Wissen über und Begeisterung für eine Nische hast. Du brauchst viel Zeit, um genügend Leser und Leserinnen zu gewinnen und rentabel zu werden. Auch die Monetarisierung, etwa durch Affiliate Marketing, ist schwierig. Hier ist Kreativität gefragt, um weitere Erlösquellen zu entwickeln.

Immobilien

Angeblich hat nichts mehr Millionäre geschaffen als Immobilien. Das mag zwar zutreffen, aber ich bezweifele, dass Millionäre glücklicher sind als „Normalverdiener". Es gibt viele Möglichkeiten, mit Immobilien Geld zu verdienen, darunter das Reparieren und Umbauen von Häusern, das Vermieten von Grundstücken oder die Tätigkeit als Immobilienmakler oder -vermittler.

BEISPIEL

Sabine wurde eher durch Zufall Immobilienmaklerin, als die Kinder groß genug waren und sie nicht mehr zurück in ihre alte Stelle im Produktvertrieb gehen wollte. Sie fing an, in ihrer Freizeit die Eigentumswohnung ihrer Freundin zu verkaufen. Das klappte so gut und machte ihr Spaß, dass sie weitermachte und weitere Immobilien für die Vermittlung suchte. In Deutschland sind die Einstiegshürden für Makler relativ gering und nur sechs Monate später verlegte sie ihr Büro vom Küchentisch in ein kleines Ladengeschäft.

„Mir war klar, dass ich nicht ein weiterer Makler sein wollte, der Interessenten nur die Wohnung aufschließt und wartet, bis sie unterschreiben. Das funktioniert aktuell tatsächlich, da die Nachfrage so viel höher als das Angebot ist. Aber ich wollte meine Kunden beraten und Spaß an der Zusammenarbeit mit Verkäufern und Käufern haben. So spezialisierte ich mich auf schöne Objekte in guter Lage, investierte viel Zeit, dass diese so gut wie möglich zur Geltung kommen, und zeigte diese nur wenigen handverlesenen Interessenten, bei denen ich das Gefühl hatte, dass sie auch echtes Interesse haben. Meine Verkäufer wissen das zu schätzen und empfehlen mich an ihre Freunde und Bekannte weiter, die in der Regel selbst Eigentümer von eher hochwertigen Immobilien sind. So komme ich gut aus und muss nur sehr wenig Geld in Werbung investieren. Ein großer Vorteil im Vermarkten von Immobilien ist ganz klar, dass diese sehr lukrativ sein können, wenn man entsprechende Kenntnisse hat. Der Einstieg in dieses Geschäft ist technisch sehr einfach. Leider, möchte ich manchmal sagen, da sich hier oft auch dubiose Gestalten tummeln, die dann – oft zu Recht – den schlechten Ruf der Makler bestätigen. Auch der Handel mit Immobilien auf eigene Rechnung bietet große Chancen, vorausgesetzt man hat das entsprechende Kapital und die notwendige Bonität. Hier sind gute Beziehungen zu Banken, Handwerkern und anderen Dienstleistern sehr wichtig, um erfolgreich zu sein.

Auf der anderen Seite gibt es leider sehr viel Wettbewerb und seit Jahren nur wenige Immobilien, die überhaupt auf den Markt kommen. Dadurch trennt sich schnell die Spreu vom Weizen. Die Herausforderung ist es, an Objekte ranzukommen, das Verkaufen ist in der aktuellen Marktsituation in vielen Städten weniger das Problem."

Franchise

Über 130.000 Franchisenehmer gibt es laut Franchiseverband (DFV)[18] in Deutschland, der Umsatz liegt aktuell bei knapp 130 Milliarden Euro. Beim Franchising verleiht ein bereits bestehendes Unternehmen ein Geschäftskonzept gegen Entgelt an Neuunternehmer.

Franchisenehmer sind selbstständige Unternehmer, die gegen Gebühren das Recht erwerben, die Marke und das Know-how eines Franchisesystems nutzen zu dürfen.

Als Franchisenehmer kannst du eine Geschäftsidee in einem bereits etablierten Markt viel schneller aufbauen, da viele Aspekte wie das Marketing, die Produkte, der Vertrieb und die Geschäftsprozesse bereits definiert und der Kundenbedarf belegt ist.

Allerdings bist du in deinem Entscheidungsspielraum in der Regel durch die Vorgaben des Franchisegebers deutlich eingeschränkt. Auch sind die Einstiegskosten häufig relativ hoch, so dass du einiges an Kapital mitbringen solltest.

Eine Herausforderung ist, den richtigen Franchisegeber auszuwählen, denn alleine in Deutschland gibt es fast 1.000 Franchise-Konzepte, unter denen für fast jeden etwas dabei ist: von Auto, Gastronomie über Fitness und Möbel bis zum Nachhilfeunterricht. Trotzdem kann es schwierig sein, genau für dein Interesse eine passende Franchise zu finden.

Teste deine Ideen so früh wie möglich an Kunden.

Schritt 4:
Entwickle und teste deine Geschäftsidee

Der klassische Businessplan hat ausgedient

Früher wurden neue Geschäftsideen im stillen Kämmerlein wie ein großes Projekt geplant. In einem umfangeichen Businessplan wurden die Geschäftsidee, der Projektplan zu deren Umsetzung und die erwarteten Umsätze und Gewinne über einen Zeitraum von fünf Jahren zusammengefasst. So ein Dokument umfasste häufig zwischen 50 bis 100 Seiten und ist über mehrere Monate unter strenger Geheimhaltung entstanden.

Die Umsetzung der Idee orientierte sich dann am Projektplan und es wurde so lange am Unternehmen und den dazugehörigen Produkten und Services gearbeitet, bis man der staunenden – oder leider eben häufig doch leider uninteressierten – Öffentlichkeit das Ergebnis mit großem Tamtam präsentierte. Erst dann zeigte sich, ob sich wirklich genug Kunden fanden und sich das Unternehmen rentierte.

Natürlich wurde in der Regel vorher Marktforschung betrieben und eine Wettbewerbsanalyse gemacht, um im Businessplan mit Zahlen zu zeigen, dass die Idee erfolgreich sein wird. Leider stellt sich häufig heraus, dass das Angebot doch nicht so begehrt ist, nachdem die motivierten Gründer/innen bereits sehr viel Zeit und Geld in die Umsetzung gesteckt hatten.

Häufig ist es dann zu spät für einen zweiten Anlauf und die Unternehmer/innen mussten sich wieder eine reguläre Anstellung suchen, um die Wunden zu lecken und ihre finanziellen Polster wieder aufzufüllen.

In Abbildung 2 sind exemplarisch die Schritte bis zum ersten Kundenkontakt dargestellt: Links ist das Beispiel für die Eröffnung eines Yoga-Studios aus einem der bekanntesten deutschen Bücher für die berufliche Neuorientierung[19] dargestellt, rechts die drei Schritte bis zum ersten Kundentest im 90-Tage-Programm.

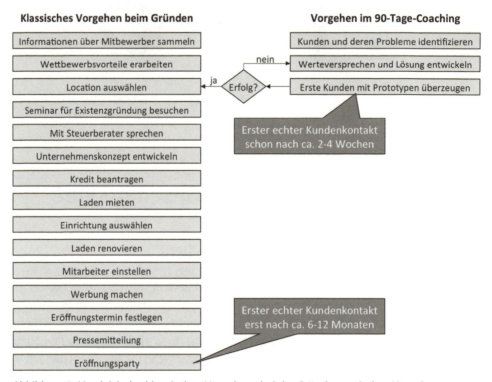

Abbildung 2: Vergleich des klassischen Vorgehens bei der Gründung mit dem Vorgehen im 90-Tage-Programm

Hier ist schön zu sehen, wie alles der Reihe nach abgearbeitet wird, was für die Errichtung eines Unternehmens gebraucht wird, bevor sich erst ganz am Ende der Kunde am Angebot erfreuen kann – oder eben nicht, falls man die Bedürfnisse des Kunden doch nicht richtig getroffen hat. Dann ist der Laden schon nach wenigen Monaten wieder zu.

Im 90-Tage-Programm wird dieser Prozess auf den Kopf gestellt: Du wirst so früh wie nur irgend möglich versuchen, deine Idee an Kunden zu verkaufen. Und zwar nicht in Form einer Marktforschung, in der man potenzielle Kunden fragt, ob sie Produkt X gerne hätten und ob sie bereit wären, Y Euro dafür auszugeben. Viel zu oft sagen Menschen bei solchen Fragen nämlich einfach aus Verlegenheit: „Ja". Sie wissen, dass es das Produkt noch nicht gibt und sie es folglich gar nicht kaufen können/müssen.

Der Kunde braucht ein erlebbares Angebot

Stattdessen wirst du während des 90-Tage-Programms deine Idee schnellstmöglich „erlebbar" machen und sie tatsächlich „zum Kauf" anbieten. Den potenziellen Kunden wird suggeriert, dass es das Angebot/Produkt schon gibt und sie werden dazu aufgefordert, eine reale Kaufentscheidung zu treffen. Erst nachdem sie ihr Portemonnaie schon gezückt oder den Kauf-Button geklickt haben, erfahren sie, dass das Angebot/Produkt erst noch in der Entstehung ist. Du erläuterst die Hintergründe und bietest ihnen ggf. eine kleine »Entschädigung" oder auch Belohnung an, weil sie als Versuchskaninchen gedient haben. Diese Kompensation macht sie später wahrscheinlich zu deinen ersten Kunden, zum Beispiel indem du ihnen anbietest, das Produkt oder die Dienstleistung später als Erste/r und/oder zu einem bevorzugten Preis zu bekommen. Schließlich wollten sie es ja tatsächlich kaufen und sind jetzt mit dir und der Entstehungsgeschichte des Angebots verbunden.

An dieser Stelle haben einige Menschen – nachvollziehbarerweise – ein moralisches Problem, denn sie möchten Menschen nicht belügen. Das geht mir auch so und das finde ich auch grundsätzlich richtig für unser Zusammenleben und meinen persönlichen Seelenfrieden. Daher sind hier viel Fingerspitzengefühl und eine wertschätzende Einstellung nötig.

Die Frage ist: Warum „belüge" ich an dieser Stelle bewusst Menschen? Möchte ich ihnen schaden? Oder möchte ich ihnen etwas Gutes tun und sie schützen? Meine Einstellung dazu ist wie folgt: Ich möchte ein Angebot entwickeln, das Menschen gefällt und die Welt hoffentlich ein kleines bisschen besser macht. Aber was gefällt den Menschen wirklich? Möchten sie mein Angebot? Das kann ich nur herausfinden, indem ich sie mit meinem Angebot in einer realistischen Situation konfrontiere. Was ich aus dieser „Simulation" lerne, nutze ich, um dem Kunden zukünftig das zu liefern, was er gerne haben möchte, und es auf Basis seiner Rückmeldungen zu verbessern. Ich arbeite also nicht *gegen* den Kunden, *sondern* für ihn. Ich mache das natürlich aber auch, um mich vor hohen Investitionen in eine Idee zu schützen, die sich ggf. nicht auszahlt. Auch das ist im Interesse der Allgemeinheit.

Diese Argumente verstehen unsere „Versuchskaninchen" in der Regel sehr gut. Es ist aber wichtig, dass du so schnell wie möglich zugibst, dass es sich (noch) um einen Test handelt und du dich ehrlich entschuldigst, dass du den Kunden/die Kundin für eine gewisse Zeit in die Irre führen musstest. Wenn du freundlich kommunizierst, gut zuhörst und die Reaktion ernst nimmst, wird das für dein Gegenüber und dich eine positive Erfahrung.

Wenn zu wenig potenzielle Käufer/innen interessiert sind, wirst du sehr froh sein, dass du nicht viel Zeit und Zehntausende Euros in diese Idee gesteckt hast. Stattdessen hast du nun noch genug Zeit und Geld, um die Idee auf Basis des Feedbacks der Gesprächspartner zu verbessern, oder dir eine ganz neue Idee zu überlegen.

Da der Prozess so schnell ist, kannst du verschiedene Ideen bzw. Varianten einer Idee ausprobieren, bis du ein überzeugendes Angebot gefunden hast. Und *erst dann* baust du das dafür notwendige Unternehmen drumherum auf, denn nun weißt du, dass die Kunden/Kundinnen auch wirklich kaufen werden.

Diese Vorgehensweise wird als Lean Startup[20] bezeichnet und ist so leichtgewichtig, dass du sie auch neben deiner regulären Arbeit anwenden kannst. Dies wirst du im zweiten und dritten Drittel des 90-Tage-Programms intensiv tun. Die Methode macht Spaß, weil kreative Kniffe nötig sind, um die Idee für Kunden erlebbar zu machen.

Und es braucht Mut. Du kannst dich nicht monatelang hinter Beschäftigungen verstecken, wie Finanzierung suchen, Immobilie suchen, Steuerberater sprechen etc., denn es geht gleich ans Eingemachte: Kunden von deiner Idee zu überzeugen. Das kann auch schon mal wehtun, zum Beispiel wenn du erfährst, dass deine Idee doch (noch) nicht so gut ist, wie du gehofft hattest. Bedenke aber: „Hope is not a strategy" („Hoffnung ist keine Strategie"). Aber genau dafür ist das Programm konzipiert: Um vage Hoffnungen durch Lernen mit echten Kunden zu ersetzen und jeden Tag konkrete Ergebnisse zu erzielen, mit denen du schnell vorankommst.

Nachdem der Kern deiner Ideen nun Konturen angenommen hat, geht es als Nächstes darum, die Details deiner Idee weiter auszuarbeiten und die Umsetzung vorzubereiten. Auch hier werden wir wieder möglichst schlank vorgehen, das heißt mit wenig Investitionen an Zeit und Geld ein Ergebnis erzielen, das du an deinen (potenziellen) Kunden/Kundinnen testen kannst.

Von Kunden, Angeboten und Märkten: Der Extended Canvas

Um deine Idee zu konkretisieren, habe ich für das 90-Tage-Programm den sogenannten „Extended Canvas" entwickelt, der eine Synthese des Lean Canvas von Ash Maurya[21] und dem „Business Model Canvas" von Alexander Osterwalder[22] ist.

Der „Extended Canvas" ist in Abbildung 3 dargestellt. Er ist ein praktisches Hilfsmittel, um deine Geschäftsidee auf nur einer Seite kompakt zu entwickeln, zu beschreiben und bei neuen Erkenntnissen – zum Beispiel nach den ersten Kundentests – schnell und einfach zu aktualisieren.

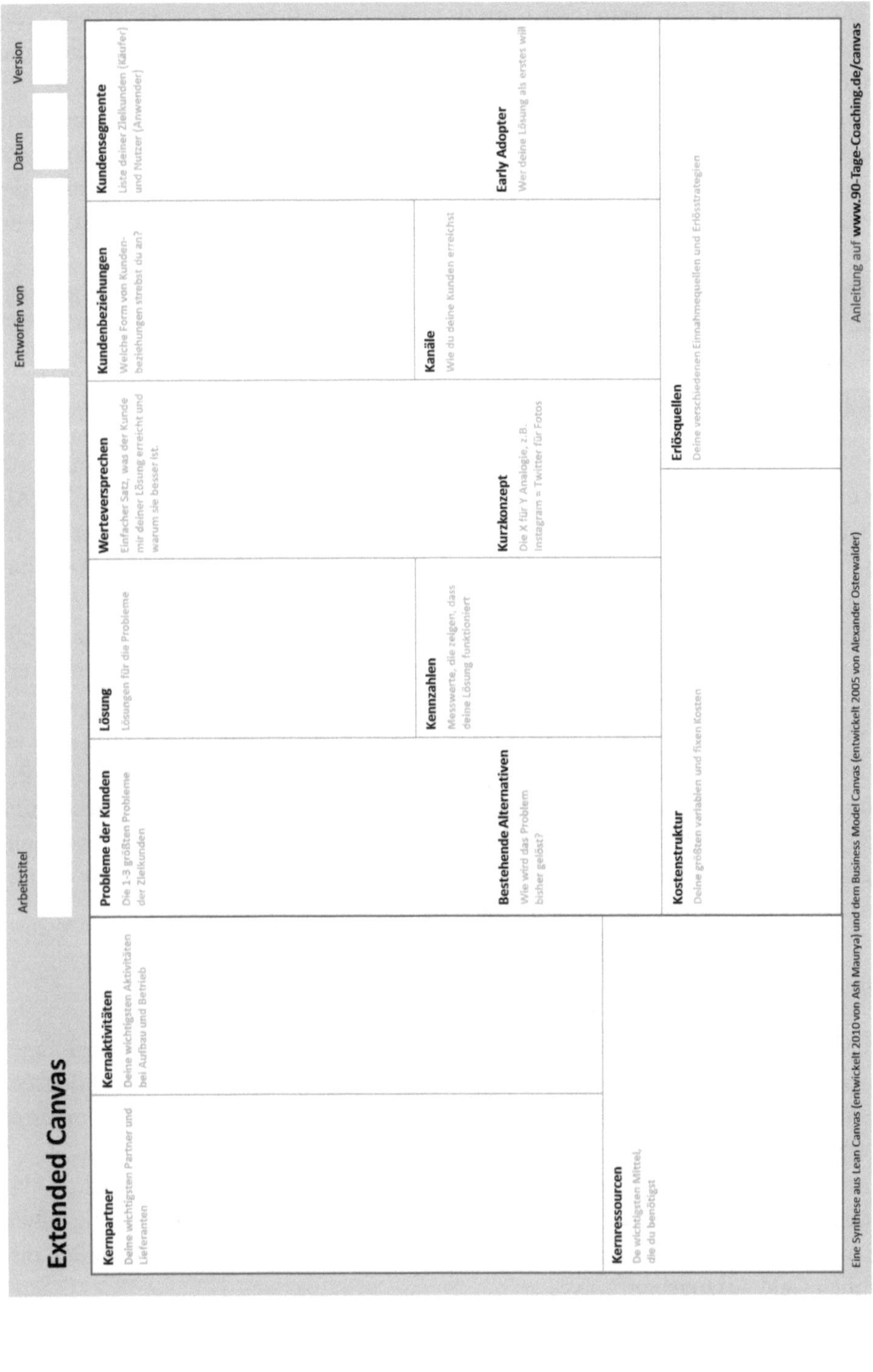

Extended Canvas

| Arbeitstitel | | Entworfen von | | Datum | | Version |

Kernpartner
Deine wichtigsten Partner und Lieferanten

Kernaktivitäten
Deine wichtigsten Aktivitäten bei Aufbau und Betrieb

Kernressourcen
Die wichtigsten Mittel, die du benötigst

Probleme der Kunden
Die 1–3 größten Probleme der Zielkunden

Bestehende Alternativen
Wie wird das Problem bisher gelöst?

Lösung
Lösungen für die Probleme

Kennzahlen
Messwerte, die zeigen, dass deine Lösung funktioniert

Werteversprechen
Einfacher Satz, was der Kunde mit deiner Lösung erreicht und warum sie besser ist.

Kurzkonzept
Die X für Y Analogie, z.B. Instagram = Twitter für Fotos

Kundenbeziehungen
Welche Form von Kundenbeziehungen strebst du an?

Kanäle
Wie du deine Kunden erreichst

Kundensegmente
Liste deiner Zielkunden (Käufer) und Nutzer (Anwender)

Early Adopter
Wer deine Lösung als erstes will

Kostenstruktur
Deine größten variablen und fixen Kosten

Erlösquellen
Deine verschiedenen Einnahmequellen und Erlösstrategien

Eine Synthese aus Lean Canvas (entwickelt 2010 von Ash Maurya) und dem Business Model Canvas (entwickelt 2005 von Alexander Osterwalder)

Anleitung auf **www.90-Tage-Coaching.de/canvas**

Abbildung 3: Der Extended Canvas zur Entwicklung deines Geschäftsmodells

87

Du kannst dir den Extended Canvas unter www.90-tage-programm.de/canvas jetzt herunterladen. Nachfolgend gebe ich dir schon mal einen Eindruck, wie das funktioniert.

Wo man früher über 50-seitige Businesspläne geschrieben hat, arbeiten moderne Start-ups heute mit solchen Canvas, um ihre Idee zu visualisieren, zu diskutieren und effizient weiterzuentwickeln. Die Inhalte werden dann mit bunten Post-its in die Felder geklebt, so dass sie sich leicht und flexibel verändern, ergänzen, verschieben oder wieder entfernen lassen.

Das 90-Tage-Programm führt dich dabei Schritt für Schritt durch die einzelnen Felder, beginnend mit deinen Zielkunden.

1. Kundensegmente (Customer Segments)

Du wirst dir systematisch überlegen, wer genau deine zukünftigen Kunden sind. Sind das eher Frauen (z. B. Yoga-Studio) oder eher Männer (z. B. Sports Bar)? Welche Altersgruppe interessiert sich am meisten für dein Angebot? Welche besonderen Eigenschaften hat deine Zielgruppe (z. B. sportinteressiert, gesundheitsbewusst, wohlhabend, geringes Einkommen, wenig Zeit).

Es ist essenziell für alle weiteren Schritte, dass du deine Zielgruppe genau definierst. Denn nur, wenn du sie und ihre Bedürfnisse richtig einschätzt, wirst du sie erfolgreich ansprechen und ihnen etwas verkaufen können.

Vielleicht freust du dich, dass bei deiner Idee im Prinzip jeder dein Kunde ist, weil du denkst, so höhere Erfolgsaussichten zu haben. Es ist erfahrungsgemäß leider genau umgekehrt: Wenn jeder dein Kunde ist, ist keiner dein Kunde. Das Geheimnis liegt also darin, sich auf eine spezifische Kundengruppe zu fokussieren (z. B. ein Yoga-Studio für gestresste Büroarbeiter, ein Kinder-Essen-Lieferservice für ernährungsbewusste Mütter, ein Singkurs für vermeintlich Unmusikalische).

2. Probleme

Nachdem du dein Kundensegment definiert hast, ist der nächste Schritt im 90-Tage-Programm herauszufinden, welche Probleme die Menschen in deinem Kundensegment haben, die a) noch nicht hinreichend gelöst sind und b) für deren Lösung diese Menschen auch bereit sind, Geld zu bezahlen.

Solche Probleme bezeichne ich als „belastbare Probleme". Punkt a) ist wichtig, damit du dich vom Wettbewerb differenzierst und b) ist wichtig, denn Probleme haben die Menschen viele, aber nur für wenige sind sie bereit, für deren Lösung auch tatsächlich Geld auszugeben.

Meiner Erfahrung nach ist die größte Herausforderung für eine erfolgreiche Selbstständigkeit nicht die zündende Geschäftsidee zu finden, sondern ein wirklich belastbares Kundenproblem, also eines, das hinreichend groß und bisher nicht ausreichend gelöst ist. Wenn du ein solches Problem gefunden und klar umrissen hast, ergibt sich die Lösung häufig fast von selbst.

3. Werteversprechen (Unique Value Proposition)

Dann kannst du überlegen, auf welche einzigartige Weise du das identifizierte Problem dieser Kunden löst. Dies wird als Werteversprechen (Unique Value Proposition) bezeichnet. Hier geht es noch nicht darum, wie das konkrete Angebot aussieht, sondern welchen Wert du für den Kunden erzeugen möchtest. Wenn du zum Beispiel über ein Yoga-Studio nachdenkst, das *in einem Gewerbegebiet gestressten Büroarbeitern (= Kundensegment)* hilft, *trotz hoher Arbeitsbelastung gesund und leistungsfähig zu bleiben (= zu lösendes Problem)*, könnte ein Werteversprechen beispielsweise sein:

> *„Wir helfen Büroarbeitern mit nur 90 Minuten pro Woche gesund, fit und leistungsfähig zu bleiben."*

Das Werteversprechen sagt dem Kunden, welches positive Ergebnis er bekommt, wenn er dein Angebot wahrnimmt. Es ist deine „Vision" oder dein Richtstern, an der/dem sich alle folgenden Entscheidungen und Tätigkeiten orientieren.

4. Lösungsidee (Solution)

Im nächsten Schritt geht es um die konkrete Lösungsidee (Solution), die dein Werteversprechen einlöst. Um das Yoga-Beispiel fortzuführen, könnte eine Lösung sein:

> *„Wir bieten Arbeitnehmern/Arbeitnehmerinnen in Büronähe einen Raum, in dem sie für eine Stunde vom Arbeitsalltag abschalten und zu sich selbst kommen können, um gesund und leistungsfähig zu bleiben."*

Dieser Lösungsansatz umfasst dann beispielsweise ein Yoga-Studio in einem dichten Gewerbegebiet, mit Kursen nur an Werktagen morgens, in der Mittagszeit und nach Büroschluss. Zusätzlich könnte man kleine Snacks und Erfrischungen anbieten, um für die Kunden im Arbeitsalltag das Schöne (Erholung) mit dem Nützlichen (eine gesunde Kleinigkeit zu sich nehmen) zu verbinden.

Ein anderer Lösungsansatz für das gleiche Werteversprechen – aber dieses Mal ohne eigenes Studio – könnte sein:

*„Wir bieten **in Ihrer Firma auf Sie zugeschnittene Yoga-Kurse** exklusiv für Ihre Mitarbeiter an, in denen sie vom Arbeitsalltag für eine Stunde abschalten und zu sich selbst kommen können, um gesund und leistungsfähig zu bleiben."*

Auch wenn die Lösungen unterschiedlich sind und ganz andere Anforderungen an dich und deine Selbstständigkeit stellen, lösen sie beide dasselbe Werteversprechen ein.

Jetzt kennst du die vier wichtigsten Dinge, die du am Anfang klären musst: Dein Kundensegment, die „belastbaren" Probleme dieser Kunden, dein Werteversprechen, um diese Probleme zu lösen und die Lösung (dein Angebot), die dein Werteversprechen einlösen soll.

Bevor du dich nun im 90-Tage-Programm intensiv mit den nächsten Feldern im Lean Canvas beschäftigst, wirst du die bisher gemachten Annahmen überprüfen und verifizieren. Denn wenn dein Kundensegment gar nicht das von dir unterstellte Problem hat, oder deine Lösungsidee das Problem nicht oder nicht effektiv genug löst, ist es sinnlos, über die weitere Umsetzung der Idee nachzudenken. Ist das nachvollziehbar?

Wir gehen im 90-Tage-Programm beim Testen deshalb zunächst in drei Schritten vor, die nachfolgend erläutert werden:

1. Das Produkt-Risiko reduzieren
2. Das Kunden-Risiko reduzieren
3. Das Markt-Risiko reduzieren

Das Produkt-Risiko reduzieren

Im ersten Schritt geht es darum zu überprüfen, ob dein Kundensegment wirklich das von dir unterstellte Problem hat und ob du es mit deiner Lösungsidee wirklich wirksam lösen kannst. Wir bezeichnen das Risiko, dass diese beide Annahmen falsch sein könnten, als „Produkt-Risiko".

Am Beispiel des Yoga-Studios: Ist der Besuch eines Yoga-Studios in Arbeitsplatznähe für genug Mitarbeiter eine adäquate Lösung, um deren Erholungs-, Sport- und Gesundheitsbedarf zu befriedigen?

Da die Chance erfahrungsgemäß hoch ist, dass die ersten Ideen über Probleme/Lösungen nicht ins Schwarze treffen und wir folglich diesen Schritt mehrmals wiederholen müssen, ist es wichtig, dass wir hier mit wenig Aufwand und sehr schnell zu einer Antwort kommen. Dies ist im nachfolgenden Diagramm an der noch sehr niedrigen Aufwandskurve (Kosten & Zeit) dargestellt.

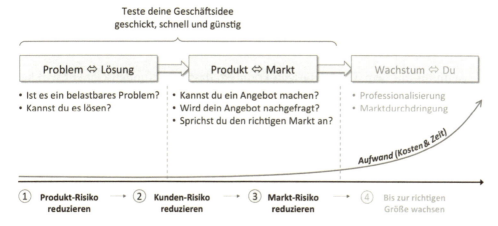

Abbildung 4: Die Schritte bei der Lean Start-up-Methode mit zunehmendem Aufwand (Kosten & Zeit) im Zeitverlauf[23]

Das Kunden-Risiko reduzieren

Als Nächstes geht es darum, wie bzw. wo du an dein Kundensegment herantreten kannst. Die Chance, hier falsch zu liegen, bezeichnen wir als „Kunden-Risiko". Es geht also um folgende Fragen:

- Wo verkehren diese Personen?
- Woran kannst du sie erkennen?
- Über welche Kanäle kannst du sie ansprechen?
- Wie kannst du sie motivieren, sich mit dir und deiner Idee zu beschäftigen?

Wir wollen nicht nur überprüfen, ob dein Angebot „grundsätzlich interessant" ist. Vielmehr müssen wir einen Weg finden, dem potenziellen Kunden zu suggerieren, dass es dein Angebot schon gibt und ihn zu einer Kaufentscheidung drängen, bei der er sein Portemonnaie zückt oder eben dankend ablehnt.

Das klingt nach einem Henne-Ei-Problem: Wir brauchen ein Produkt, um Kaufbereitschaft abzufragen, aber wir wollen nicht in das Produkt investieren, bevor wir sicher sind, dass die Kaufbereitschaft da ist. Wie oben bereits beschrieben, hilft hier nur: Fake it till you make it (auf Deutsch: Suggeriere es so lange, bis du es erschaffen hast). Wir müssen auf eine überzeugende, günstige und nicht verletzende Weise so tun, als würde es das Produkt geben und unseren Gesprächspartner erst NACH seiner Kaufentscheidung aufklären, dass das Produkt noch in der Planung ist. Im 90-Tage-Programm wirst du das Schritt für Schritt lernen.

Nachdem du den Bedarf in deinem Kundensegment wie beschrieben getestet hast, gibt es drei Optionen:

1. Wenn du mit dem Test **bestätigen** konntest, dass dein Kundensegment wirklich das angenommene Problem hat und dein Angebot mit dem Werteversprechen dazu geführt hat, dass reale Menschen dafür Geld bezahlen wollten, gehst du an die weitere praktische Umsetzung deiner Idee.

2. Wenn du dein Kundesegment und deren Probleme **nur zum Teil bestätigen** konntest, wirst du als Nächstes überprüfen, ob und wie du die oben genannten Punkte verändern kannst, um eine tragfähigere Geschäftsidee zu bekommen. Hast du vielleicht die falschen Kunden angesprochen? Oder sind es die richtigen Kunden, aber du hast ihre Probleme falsch eingeschätzt? Oder sind auch die Probleme korrekt, aber du hast die Zahlungsbereitschaft überschätzt? Dann musst du an diesen Stellschrauben drehen und einen neuen Versuch starten, bis du ein tragfähiges Geschäftsmodell gefunden hast oder die Idee vollständig verwirfst.

3. Wenn sich dein Kundensegment und/oder deren Probleme gar **nicht bestätigen** lassen, ist es an der Zeit, sich eine ganz andere Idee vorzunehmen und von vorne anzufangen. Da dieser Prozess so leichtgewichtig ist, wirst du nicht viel Zeit und Geld investiert, aber viel gelernt haben – gute Voraussetzungen, um dir eine neue Idee vorzunehmen.

Nehmen wir an, du hast nun ein paar Versuche gebraucht, um eine passende Problem-Lösungs-Kombination für eine hinreichend große Zielgruppe zu finden. Bist du jetzt schon am Ziel?

Noch nicht ganz, denn bisher weißt du nur, dass deine Zielgruppe das Produkt annehmen wird, aber noch nicht, ob das für dich auch ein lukrativer *Markt* ist. Es könnte sich herausstellen, dass die Erzeugung des Produkts oder die Erbringung der Dienstleistung zu teuer ist, um mit dem bisher unterstellten Preis genug Gewinn zu machen. Oder der Markt existiert zwar, ist aber nicht groß genug, um dir auch langfristig dein Einkommen zu generieren.

Das Markt-Risiko reduzieren

Das Risiko, dass der Markt nicht ausreicht, bezeichnen wir als „Markt-Risiko". Um dieses zu reduzieren, wirst du im 90-Tage-Programm konkretisieren, wie dein Angebot erbracht wird und welchen Ertrag, das heißt welchen Umsatz abzüglich aller Kosten, zum Beispiel für Miete, Mitarbeiter, Material, Strom, Wasser, Heizung, Versicherung, Steuern etc., dir deine Idee bringt.

Vielleicht ergibt sich aus diesen Überlegungen auch ein höherer Preis und eventuell sind deine potenziellen Kunden nicht mehr bereit, diesen zu bezahlen. In diesem Fall hättest du zwar ein Kundenproblem und eine Lösung gefunden, aber keinen Markt. Denn von einem Markt sprechen wir erst dann, wenn die Nachfrage hoch genug ist, dass Anbieter wie du auch langfristig gedeihen können.

Kostenstruktur und Umsatzströme

Um deine „Kostenstruktur" zu ermitteln, wirst du im 90-Tage-Programm alle einmaligen und regelmäßigen Kosten zusammentragen, die du entweder recherchierst (z. B. Was kostet der Druck von 10.000 Flyern?) oder schätzt (z. B. Was wird mich die Ladenmiete ungefähr kosten?).

Für die Ermittlung des möglichen Umsatzes und Gewinns werden die Umsatzströme für die verschiedenen Wege geschätzt, mit denen du Umsatz generieren möchtest. In einigen Fällen gibt es (zunächst) nur einen Umsatzstrom, zum Beispiel der Verkauf von Weinflaschen. Häufig gibt es aber verschiedene Leistungen (z. B. Verkauf von Wein und Veranstaltungen wie Weinverkostungen) oder gar verschiedene Weisen, wie sie bezahlt werden, zum Beispiel für ein Yoga-Studio ein Mitglieds-Abo für 490 Euro/Jahr, eine 10er-Karte für 120 Euro und ein einmaliger Schnupperkurs für 15 Euro). In diesem Fall wären es drei verschiedene Erlösströme, die es abzuschätzen gilt.

Wie du deine Leistung erbringst

Nachdem du dein Angebot, deine Zielkunden und deinen Markt definiert und validiert hast, wirst du im 90-Tage-Programm spezifizieren, wie du das Angebot konkret erbringen willst und welche Leistungen du dafür von Dritten brauchst. Dazu nutzen wir im Extended Canvas die drei Felder, die auf der linken Seite stehen, sowie die zwei Felder auf der rechten Seite, wie in Abbildung 5 markiert.

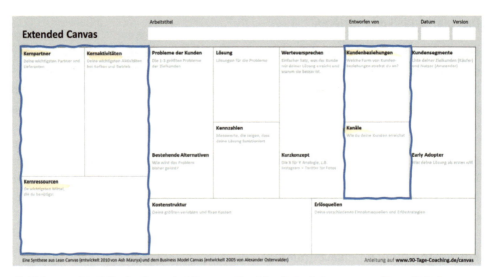

Abbildung 5: Die Teile des Extended Canvas, die sich mit der Leistungserstellung (links) und der Kundenbeziehung (rechts) beschäftigen.

Was auf der linken Seite jetzt in den Blick kommt, sind die Dinge, die du brauchst, um dein Angebot zu erstellen (also eher der Blick nach innen). Dies umfasst die wichtigsten **Kernaktivitäten,** um deine Leistung zu erbringen, die **Kernressourcen,** die du dafür brauchst, sowie deine **wichtigsten Partner und Lieferanten („Kernpartner")**, die dir dabei helfen.

Der rechte Bereich deckt den Blick nach außen ab, also welche Art von **Kundenbeziehungen** bei Werbung, Verkauf, Service und Kundenbindung du anstrebst (z. B. individuelle Betreuung in einer Boutique vs. anonymes Massengeschäft bei einem Discounter), und welche **Kanäle** du wozu verwendest (z. B. einen Flyer, um Aufmerksamkeit zu erzielen; eine Webseite, um dein Produkt/deinen Service zu verkaufen, Paket-Dienstleister für die Auslieferung; Service per E-Mail und Telefon).

Im 90-Tage-Programm wirst du dich Schritt für Schritt mit diesen Feldern beschäftigen und die für deine Geschäftsidee notwendigen Informationen erarbeiten. Im Ergebnis hast du dann alle wesentlichen Aspekte deines Geschäftsmodells definiert und auf einer Seite übersichtlich zusammengefasst. Das hat verschiedene Vorteile:

- Es gibt dir ein gutes Gefühl von **Übersicht und Kontrolle**, wenn du deine Geschäftsidee mit all ihren Facetten so kompakt und übersichtlich zusammengestellt hast.

- Du kannst dein Geschäftsmodell anderen Personen **schnell und leicht verständlich erläutern** und gut mit ihnen über die verschiedenen Aspekte diskutieren, ohne das Gesamtbild aus den Augen zu verlieren.
- Wenn du neue Erkenntnisse hast, kannst du dein Geschäftsmodell **schnell und flexibel anpassen**, indem du das entsprechende Post-it ersetzt, ergänzt oder entfernst.

Der nächste Schwerpunkt ist die Frage, welche Aufgaben du anderen übertragen solltest, um dich auf das für dich Wesentliche zu konzentrieren, und dafür die richtigen Partner zu gewinnen.

Jedem/jeder die Aufgabe, die ihn/sie erfüllt. Auch dir.

Schritt 5:
Mach nur, was dir liegt, und outsource den Rest

Wenn du weißt, was du für wen und wie anbieten möchtest, geht es um die Frage, auf welche Aufgaben du dich beschränken möchtest. Dies ergibt sich aus deiner Berufung, die du in den ersten zwei Wochen des 90-Tage-Programms (wieder-)entdeckt hast.

Wir nutzen dafür die „Aktivitäten" aus dem Extended Canvas und prüfen, welche Aufgaben einmalig anfallen (z. B. Bankkonto eröffnen, Immobilie suchen, Webseite entwickeln) und welche regelmäßig (z. B. Rechnungen stellen, Serviceanrufe entgegennehmen, Newsletter versenden). Für jede dieser Aktivitäten wirst du im 90-Tage-Programm entscheiden, ob du sie selbst machen kannst/möchtest, oder ob du dir dafür lieber einen Partner suchst.

Dafür zeige ich dir für die typischen Bereiche (z. B. für Marketing, Buchführung, Webseiten, Callcenter, Firmenanschrift) bewährte Anbieter, die dir gerne und für erstaunlich wenig Geld ungeliebte und/oder schwierige Aufgaben abnehmen.

Wusstest du zum Beispiel, dass es im Internet Anbieter für folgende Leistungen gibt:

- Künstler, die dir ein schickes **Firmenlogo** designen (ab 5 Euro)
- Designer, die dir deine gesamten **Marketingmaterialien** erstellen (ab 90 Euro), die du dann online für wenig Geld drucken lassen kannst (z. B. ab 15 Euro für 1.000 Flyer)
- Moderne **Büro-Arbeitsplätze** mit kompletter Infrastruktur (Drucker, Internet, Getränke etc.) in schöner Umgebung in Co-Working-Spaces (ab 4 Euro pro Tag)
- Web-Entwickler, die dir deine **Webseite** erstellen (ab 200 Euro)
- **Persönliche Assistenten**, die dir alles abnehmen, was man online delegieren kann, zum Beispiel Internet-Recherchen, Telefonate, Einkäufe, Präsentationen (ab 10 Euro pro Stunde)
- **Büro-Adressen,** teilweise in namhaften Toplagen, die du als Anschrift nutzen kannst (ab 10 Euro pro Monat)
- **Sekretariatsdienste**, die in deinem Namen professionell Telefonate annehmen (ab 79 Euro pro Monat)
- Und noch viele Dinge mehr, die du wahrscheinlich nicht im Traum für möglich gehalten hast!

Im 90-Tage-Programm wirst du solche Dienstleister nutzen, die dir helfen, schnell, günstig und erfolgreich an dein Ziel zu kommen. Auch wenn ich die Idee zu diesem Buch und dem 90-Tage-Programm schon viele Jahre mit mir herumtrage, habe ich für die eigentliche Umsetzung (Buch schreiben, 90-Tage-Programm ausarbeiten, Cover gestalten, alles testen, Webseite aufbauen, Werbung machen, etc.) unter 90 Tage gebraucht und weniger als 2.500 Euro ausgegeben. Das ging nur, weil ich mich voll auf das Schreiben und das Testen der Idee fokussiert habe und den Rest Partnern in der ganzen Welt überlassen habe.

Entscheide bewusst, wo dein „Genugpunkt" liegt.

Schritt 6:
Bringe dein Geschäft auf die für dich richtige Größe

Eine Aufgabe im 90-Tage-Programm besteht darin, auszurechnen, wie viel Geld du *mindestens* zum Leben brauchst und wie viel du *maximal* brauchst.

Was, wieso maximal!?

Sich eine obere Grenze für sein Einkommen zu überlegen, ist in unserer Gesellschaft unüblich und auch für dich vielleicht ungewohnt, geht es doch meistens darum *so viel wie möglich* zusammenzuraffen. Aber wie im Kapitel „Reich ist nicht, wer viel hat, sondern wer wenig braucht" ausgeführt, macht Geld nur bis zu einer bestimmten Höhe glücklicher und ab einem gewissen Punkt sogar unzufriedener. Selbst Lotto-Millionäre sind nach etwa einem Jahr so zufrieden (oder unzufrieden) wie vor ihrem großen „Glück".

Erinnere dich an die Geschichte von dem Fischer, der nicht mehr Geld verdienen wollte, selbst wenn er es könnte. Er kannte seine Obergrenze für sein Einkommen, nämlich so viel, dass er *„lange schlafen, ein wenig fischen, mit seinen Kindern spielen und mit seiner Frau Siesta machen kann, so dass er abends noch Zeit hat, um mit seinen Amigos im Dorf Wein zu trinken und Gitarre zu spielen".*

98

Wir sind nicht alle so klug wie dieser Fischer. Wenn deine Geschäftsidee erst erfolgreich ist – und das wird sie, wenn du das tust, was du wirklich liebst –, dann ergeben sich häufig weitere Wachstumschancen. Sei vorsichtig, dass du nicht gierig nach immer mehr Geld und „Erfolg" wirst und darüber deine Zufriedenheit und dein Glück vergisst. Lass stattdessen lieber anderen auch die Gelegenheit, das Einkommen zu verdienen, was sie zum Leben und Glücklichsein brauchen.

WIE GEHT ES NACH DEM 90-TAGE-PROGRAMM WEITER?

Wie wird es mit deiner Selbstständigkeit und deinem Leben weitergehen, wenn du das 90-Tage-Programm erfolgreich abgeschlossen hast?

Das hängt natürlich zunächst einmal davon ab, wie weit du bis dahin bereits gekommen bist.

In den 90 Tagen hast du viel über dich, deine Berufung, deine Geschäftsidee und deine Kunden gelernt und weißt, ob du mit deiner Idee erfolgreich sein kannst, und ob die Selbstständigkeit wirklich etwas für dich ist.

In der Regel gibt es an dieser Stelle drei Möglichkeiten:

1. Es kann sein, dass die **Arbeit als Selbstständiger doch ganz anders und weniger attraktiv ist, als du erwartet hattest**. Vielleicht siehst du deinen bisherigen Job oder deine bisherige Situation jetzt differenzierter, erkennst Vorteile, die dir vorher gar nicht klar waren und möchtest doch nicht (gleich) so einen radikalen Schritt gehen?

    Wenn dies der Fall ist, dann war das 90-Tage-Programm sehr wertvoll für dich, denn du hast etwas Neues über dich erfahren und mehr Klarheit gewonnen. Falls du angestellt bist, stellt sich jetzt die Frage, ob du die Situation in deinem Job so weit verbessern kannst, dass du dort zufrieden bist. Vielleicht ist aber auch die Suche nach einer anderen Stelle der richtige Weg für dich (vgl. dazu Abbildung 6).

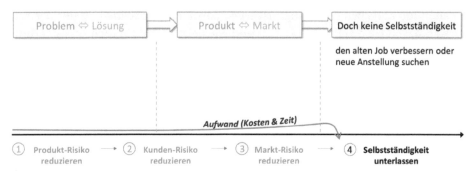

Abbildung 6: Ausstieg aus dem Lean Start-up-Vorgehen, wenn du merkst, dass die Selbstständigkeit doch nicht das Richtige für dich ist

2. Vielleicht hast du festgestellt, dass **dir die Arbeit als Selbstständiger viel Spaß macht, aber deine bisherige Geschäftsidee nicht trägt**. Dann wirst du vermutlich weiter überlegen, wie du dich mit einer anderen oder veränderten Idee selbstständig machen kannst. Den Weg kennst du jetzt und wirst ihn mit mehr Routine gehen können. Wiederhole dafür die Teile des Programms, die nun anstehen: Wenn du bestätigen konntest, dass dein Kundensegment das identifizierte Problem hat, brauchst du eine bessere Lösung. Ansonsten musst du ggf. ein anderes Problem deiner Zielgruppe angehen oder dir eine andere Zielgruppe aussuchen (vgl. dazu Abbildung 7). Du hast und weißt jetzt alles, was du dafür brauchst.

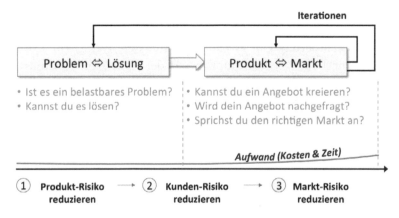

Abbildung 7: Iterationen, wenn das richtige Geschäftsmodell noch nicht gefunden ist

3. Wenn dir die Arbeit als Selbstständiger gefällt und die Kundentests ergeben haben, **dass deine Idee gute Aussichten auf Erfolg hat**, wirst du jetzt den Weg weitergehen und – sofern du noch angestellt bist – vielleicht in einiger Zeit deinen alten Job aufgeben. Das hängt natürlich davon ab, wie schnell du mit der Selbstständigkeit Geld verdienen kannst und wie belastend es für dich ist, weiterhin auf beiden Hochzeiten zu tanzen.

Abbildung 8: Der nächste Schritt in die erfolgreiche Selbstständigkeit erfordert deutlich mehr Arbeitseinsatz und Aufwand

Nach dem 90-Tage-Programm beginnt also eine neue Phase in deiner Gründung und dein „Baby" wird nun langsam zu einem richtigen Unternehmen. Jetzt stellen sich die Fragen der Professionalisierung (z. B. Rechtsform, Finanzierung des Wachstums, Buchhaltung und Steuerfragen) und der weiteren Marktdurchdringung. Damit steigt auch der Aufwand in Form von Kosten und Zeit und es wird immer schwieriger sein, dies noch nebenberuflich zu bewerkstelligen.

Für diese Professionalisierung gibt es gute Literatur, viele Webseiten, Seminare und Unterstützungsangebote von Institutionen wie der IHK. Zum Abschluss des Programms erhältst du weiterführende Informationsquellen für die administrativen Themen einer Gründung.

Egal, in welcher Situation du nach Abschluss des 90-Tage-Programms bist: Auf der Webseite www.90-tage-programm.de findest du weiterführende Hilfe, das Angebot dort baue ich kontinuierlich aus. Als Absolvent des 90-Tage-Programms stehen dir viele Angebote weiterhin kostenlos zur Verfügung.

Du wirst merken, dass du dir nach dem anfänglichen Erfolg neue Ziele setzt. Sei vorsichtig, dass die alten Muster nicht wieder mit dir durchgehen, sondern dass du dich auf deine ursprüngliche Motivation besinnst.

Du wolltest mehr Zeit mit deinen Kindern verbringen? Dann tu das auch, selbst wenn dadurch der Umsatz vielleicht weniger steigt als möglich. Du wolltest mehr Zeit für deine Hobbys? Nimm sie dir und erliege nicht der Versuchung, mit deiner neuen guten Idee wieder nur dem Geld oder der Anerkennung nachzujagen.

Alles hat seinen Preis. Und wenn du reich und berühmt sein willst, dann ist der Preis, dass du viel weniger ruhige und entspannte Zeit mit deinen Lieben verbringen kannst, um einfach nur im Hier und Jetzt zu sein. Und wenn du in Ruhe die Zeit mit deiner Familie oder deinen Hobbys genießt, ist der Preis, dass du weniger Einkommen hast. Aber ich bin überzeugt: Das ist es allemal wert.

So, jetzt wünsche ich dir weiterhin viel Spaß und Erfolg bei deiner Selbstständigkeit. Und falls du bis hierhin gelesen und noch immer nicht angefangen hast, dann lege spätestens jetzt los. Wie, das steht auf Seite 19.

Ich danke dir für dein Vertrauen und dein Engagement. Wenn du das 90-Tage-Programm erfolgreich abgeschlossen hast, wirst du auch noch viel, viel weiterkommen!

Falls du Ideen, Anregungen oder Kritik hast, freue ich mich auf eine E-Mail von dir an: moritz@90-tage-programm.de

Herzliche Grüße
Moritz

TEIL II
DIE 90 AUFGABEN

Aufgaben

Der zweite Teil dieses Buches enthält die Aufgaben für die 90 Tage.

Zu jeder Aufgabe findest du folgende Informationen:[24]

Die **Lesezeit** und die **Bearbeitungszeit** sind Schätzungen, wie lange du zum Lesen bzw. die anschließende Umsetzung der Aufgabe benötigst.

Über die **URL** bzw. den **QR-Code** kannst du die Aufgabe im Internet ansehen. Auf der Webseite findest du die Aufgabe auch in Form eines Videos sowie alle weiterführenden Links und Hilfsmittel zum Download.

Schritt 1:
Erkenne deine Motivation und Stärken

Tag 1 – Erforsche dein Fremdbild

 5 Minuten 20 Minuten *www.90taco.de/1*

Heute ist dein 1. Tag im 90-Tage-Programm, herzlich willkommen!

In der ersten Woche beschäftigen wir uns intensiv mit deinen Stärken und deiner inneren Motivation. Heute bittest du zunächst mal die Menschen um dich herum um ihr Feedback zu dir. Das sind die Menschen, die dich sehr gut und schon lange kennen, und denen du vertraust. Typischerweise sind das dein/e Partner/in, deine Eltern oder Großeltern, Geschwister, alte Freunde, Onkel und Tanten, Nachbarn, Kollegen, usw.

Wir starten mit dieser Aufgabe, da es ein paar Tage dauern wird, bis du die Antworten bekommst. Die restlichen Tage der ersten Woche nutzen wir dann für Aufgaben, die du allein durchführen kannst.

Hier nun deine erste Aufgabe:

Schreibe eine Mail an fünf Menschen aus deiner Gegenwart und Vergangenheit und bitte sie um Feedback. Dafür kannst du folgenden Text verwenden, ihn bei Bedarf abändern oder eine ganz eigene Mail (oder einen Brief) schreiben:

Liebe/r xxx,
ich denke zurzeit über meine berufliche Zukunft nach und ich möchte dich gerne um einen Gefallen bitten. Du kennst mich sehr gut und ich vertraue dir. Könntest du mir helfen, indem du mich mit deiner Einschätzung zu folgenden Fragen unterstützt?

- *Was sind aus deiner Sicht meine größten Stärken und Begabungen?*
- *Was habe ich in der Vergangenheit besonders gut gemacht?*

111

- *In welchen Themen kenne ich mich besonders gut aus, zu was würdest du mich um Rat fragen?*
- *Was für eine Art von Beruf/Beschäftigung könntest du dir für mich vorstellen, wenn ich ganz unabhängig von Zeit, Ort und Geld entscheiden könnte?*

Fallen dir vielleicht noch weitere Punkte ein, die dir wichtig sind und die du mir mitteilen möchtest?

*Es wäre nett, wenn du mir **bis XXX** Nachmittag (Datum von heute in sechs Tagen) antworten könntest.*

Ich freue mich sehr auf dein Feedback und melde mich gerne danach bei dir.

Herzliche Grüße

…

Ich kann mir vorstellen, wie neugierig du auf die Antworten bist, aber lese sie bitte erst einen Tag nach dem in der Mail genannten Stichtag.

Das Ziel dieser Übung ist, dass du ein sogenanntes „Fremdbild" von dir erhältst, das du dir erst ansiehst, nachdem du in den nächsten Tagen dein „Selbstbild" erarbeitet hast. Du kannst dich gerne schon direkt bei den Absendern bedanken, aber besprich das Thema möglichst erst in der nächsten Woche mit ihnen.

Viel Spaß beim Schreiben!

Tag 2 – Erinnere dich an deine Kindheitsträume

 5 Minuten   40 Minuten   *www.90taco.de/2*

Gestern hast du den ersten Schritt gemacht und dir gleich schon mal Unterstützung von Menschen geholt, die dir wichtig sind. Gut gemacht!

Heute und die nächsten drei Tage beschäftigst du dich mit dir selbst, das heißt wir schauen uns dein „Selbstbild" an. Wir beginnen mit den Träumen und Wünschen deiner Kindheit. Erinnerst du dich noch, was du als Kind werden wolltest?

Hier kommt der erste Teil der heutigen Aufgabe:

Notiere dir die Frage „Was wollte ich als Kind werden?" in dein Notizbuch und erstelle eine Liste der Tätigkeiten bzw. Berufe, die du als Kind werden wolltest.

Es ist nicht ungewöhnlich, dass Kinder ganz typische Kinder-Berufswünsche haben, wie Pilot, Busfahrer, Müllmann, Schaffner, Fußballspieler, Tänzerin, Erfinder, Krankenschwester, Millionär, etc. Kinder kennen viele Berufe einfach noch nicht, aber die Berufswünsche sagen etwas über die tieferliegenden Motivationen aus. Zum Beispiel möchten „Piloten" und „Zugführer" gerne reisen und/oder Technik beherrschen. Der „Schaffner" hat zusätzlich das Bedürfnis mit Menschen zu tun zu haben, während der „Pilot" lieber allein arbeitet und dafür Verantwortung auf sich nimmt.

Nun zum zweiten (optionalen) Teil der heutigen Aufgabe:

Wenn du fertig bist und es für dich passt und möglich ist, rufe deine Eltern, Geschwister oder Großeltern an. Frage sie, an welche deiner Berufswünsche sie sich erinnern, und lacht gemeinsam über die Vergangenheit. Ergänze im Anschluss diese Berufswünsche in deiner Liste.

Und dies ist der letzte Teil der Aufgabe:

Schau dir die Berufswünsche an und überlege, welche Gemeinsamkeiten diese Berufe haben, und schreibe diese in Stichworten auf (z. B. mit Menschen arbeiten, in der Natur arbeiten, anderen helfen, kreativ tätig zu sein).

Hier ein Beispiel der Kindheitsträume von einem meiner Kunden:

Berufswunsch	Eigenschaften des Berufs
Pilot	Verantwortung für andere übernehmen, Technik beherrschen, ein Team anführen
Tierarzt	Tieren helfen, mit Tieren arbeiten, verstehen, wie Leben funktioniert
Arzt	anderen Menschen helfen, Verantwortung übernehmen, mit Menschen arbeiten, verstehen, wie Leben funktioniert
Raumfahrer	Neues entdecken, Pionier sein, Technik beherrschen, Verantwortung übernehmen
Erfinder	Neues entwickeln, Technik entwickeln und beherrschen, kreativ sein

Markiere im Anschluss die zwei bis drei Eigenschaften, die besonders häufig auftauchen und/oder dir besonders wichtig sind. Bringe diese in Reihenfolge mit absteigender Bedeutung für dich.

Für unser Beispiel würde das so aussehen:
1. Technik beherrschen (3 x genannt)
2. Verantwortung übernehmen (3 x genannt)
3. Neues entdecken (2 x genannt)

Diese Übung dient dazu, dass du erste Ideen bekommst, was deine Berufung sein könnte, die du als junger Mensch noch ganz ungefiltert gespürt hast. Es folgen weitere Übungen, die dein Bild nach und nach vervollständigen. Du kannst aber jetzt schon beginnen, über Möglichkeiten nachzudenken oder mit anderen darüber zu reden, wie du diese Eigenschaften oder Tätigkeiten in deinem ganz persönlichen „Job" vereinen kannst.

Tag 3 – Betrachte deine Vorbilder

 8 Minuten   40 Minuten   *www.90taco.de/3*

Nachdem wir in deine Kindheit zurückgegangen sind, bewegen wir uns langsam vorwärts in deinem Leben und betrachten als Nächstes deine Vorbilder.

Wen hast du in deinem Leben bewundert und was hat diese Menschen ausgezeichnet? Wer waren deine „Helden" in der Kindheit und Jugend? Wen hast du als junger Erwachsener bewundert und wen findest du heute faszinierend? Welche Stärken haben deine Vorbilder?

Erster Teil der Aufgabe:

Schreibe nun die Vorbilder in dein Notizbuch und notiere zu jedem, welche Eigenschaften du an diesen Menschen besonders bewunderst oder was diese aus deiner Sicht auszeichnet.

Hier die Vorbilder eines Coachies von mir:
- Elon Musk (Unternehmer)
- Nachbar Harald (sehr netter Nachbar, der früher mit ihm als Kind immer gebastelt hat)
- Mahatma Gandhi (pazifistischer Anführer der indischen Unabhängigkeitsbewegung)
- Keith Harring (Künstler, Street Art)
- Richard Brandson (Unternehmer)

Lies bitte erst weiter, wenn du deine eigene Liste deiner Vorbilder erstellt hast.

Zweiter Teil der Aufgabe:

Untersuche jetzt, welche Gemeinsamkeiten deine Vorbilder haben und schreibe diese in Stichworten auf.

Fortsetzung des Beispiels:

Vorbild	Eigenschaften
Elon Musk	unternehmerisch, weitblickend, kreativ, erfolgreich
Nachbar Harald	kreativ, freundlich, zugewandt
Mahatma Gandhi	friedlich, verbindlich, vertritt seine Interessen, übernimmt Verantwortung, hartnäckig, geht Risiken ein, unternehmerisch
Keith Harring	kreativ, hat das Kind in sich bewahrt, Kunst für die Straße statt für Museen
Richard Brandson	übernimmt Risiken, genießt das Leben, macht verrückte Dinge, familienorientiert, unternehmerisch

Dritter Teil der Aufgabe:

Markiere im Anschluss die Top-3-Eigenschaften, die du auch gerne hättest (oder bereits hast und besonders an dir magst).

Fortsetzung des obigen Beispiels:
• Kreativität
• Hilfsbereitschaft
• Risikobereitschaft

Vergleiche die Ergebnisse dieser Übung mit den Eigenschaften und Tätigkeiten deiner Berufswünsche aus deiner Kindheit. Gibt es schon Gemeinsamkeiten? Unterhalte dich auch mit deinem Partner/deiner Partnerin, deinen Eltern oder guten Freunden über eure Vorbilder, wenn es für dich passt.

Mit dieser Übung beschäftigst du dich mit einem aufschlussreichen Thema, denn deine Vorbilder repräsentieren etwas, das auch in dir schlummert, aber eventuell noch nicht (ganz) ausgelebt wird. Was wir bewundern, tragen wir häufig in uns. Aber aus irgendwelchen Gründen leben wir es nicht so aus, wie wir könnten.

Das Gegenteil ist übrigens auch interessant: Wenn wir bestimmte Menschen oder Handlungen verabscheuen, kann es sein, dass die etwas ausleben, was wir uns selbst nicht trauen, aber eigentlich gerne hätten. Wenn du zum Beispiel Angeber besonders störend findest, kann es sein, dass du eigentlich auch gerne etwas mehr zeigen würdest, was du kannst oder wie toll du bist.

Tag 4 – Erkenne, was dir leichtfällt

 5 Minuten 20 Minuten + opt. 30 Min. *www.90taco.de/4*

Wir wenden uns heute deinen Stärken zu. Das Kuriose ist, dass den meisten Menschen ihre größten Stärken gar nicht bewusst sind, *gerade weil* sie ihnen so leichtfallen. Wenn sie dann dafür gelobt werden, sagen sie häufig: „Ach das!? Das ist doch nichts Besonderes, oder?" Doch! Für andere schon, nur für diese Person nicht, da es ihr so leichtfällt. Eben weil es eine große und tief verankerte Stärke ist.

Also, hier kommt deine heutige Aufgabe:

Welche Art von Aufgaben fällt dir besonders leicht? Schreibe diese in dein Notizbuch. Es ist sehr wahrscheinlich, dass dir das selbst nicht leichtfällt und nicht viele Punkte zusammenkommen. Das ist normal und völlig okay.

Hier noch ein zweiter (optionaler) Teil der Aufgabe:

Wenn es für dich und andere passt, sprich über die Frage „Was fällt mir besonders leicht?" mit mindestens einer Person, die dir nahesteht, zum Beispiel bei einem Spaziergang, bei einem Essen/Kaffee oder am Telefon und ergänze später die wichtigsten neuen Erkenntnisse in dein Notizbuch. Häufig kommen jetzt noch ein oder mehrere Punkte dazu, die dir gar nicht so bedeutsam vorkamen. Nimm diese aber ernst und freue dich darüber. Das sind die Dinge, die du so gut kannst, dass du es gar nicht mehr merkst! Falls du die Person deines Vertrauens nicht schon wieder „nerven" willst, bearbeite diese Übung einfach allein.

Diese Übung vervollständigt dein Bild von deinem inneren Selbst, so dass dir mit der Zeit immer klarer wird, was du kannst, wo du hinwillst, und das auch zunehmend mit Nachdruck vertreten kannst.

> **HINWEIS:** Falls du noch auf Antworten auf deine E-Mail von Tag 1 wartest, erinnere die Empfänger heute noch mal freundlich an deine Bitte. Vielleicht rufst du sie einfach an – das ist ein guter Anlass, wieder in Kontakt mit den Menschen zu kommen, die dir wichtig sind und die du vielleicht zu selten sprichst. Lass dir aber die Fragen nicht am Telefon beantworten, sondern bitte um die E-Mail, damit du es „schwarz auf weiß" hast.

117

Tag 5 – Erstelle deine Lieblings-Liste

 5 Minuten   30 Minuten   *www.90taco.de/5*

Die heutige Aufgabe ist eine wichtige Vorbereitung für die folgenden Wochen, insbesondere für die Wochenenden. Und es ist eine Aufgabe, die Spaß machen sollte!

Also, hier ist die Aufgabe:

Schreibe eine Liste von Dingen, die dir einerseits guttun und andererseits relativ leicht für dich zu organisieren sind (z. B. ein schönes Bad nehmen, Spazierengehen, etwas Leckeres kochen, ein Bild malen, schöne Musik hören, Sport machen, in die Sauna gehen). Wenn du magst, kannst du die Liste auch aufteilen nach Dingen, die du täglich machen könntest (z. B. eine schöne Tasse Tee kochen, ein gutes Buch lesen, spazieren gehen) oder eher wöchentlich (z. B. Joggen, in die Bibliothek gehen) oder sogar monatlich (z. B. mal alleine ins Kino gehen, etwas besonders Leckeres kochen, mit Freunden Sushi essen gehen).

Der zweite Teil der Aufgabe:

Hänge diese Liste an eine für dich täglich gut sichtbare Stelle in deiner Wohnung (z. B. an den Kühlschrank) und ergänze sie, wenn dir Weiteres einfällt.

Suche dir zukünftig an jedem Wochenende ein, zwei oder drei Dinge von deiner Liste aus, und mache sie, um dafür zu sorgen, dass es dir gut geht. Genieße die Wochenenden, schalte vom 90-Tage-Programm ganz bewusst mal ab, denn das wird dich montags bis freitags genug beschäftigen ...

Tag 6 – Setze das Fremdbild zusammen

 10 Minuten   50 Minuten   *www.90taco.de/6*

Bis heute solltest du das Feedback per E-Mail von den Menschen erhalten haben, die dir wichtig sind. Heute schaust du sie dir an!

Wenn du gleich die Antworten liest, stell dich darauf ein, dass du sehr schöne Gefühle und Dankbarkeit spüren wirst. Es können aber auch Trauer und Melancholie aufkommen, denn es werden vielleicht bewegende Worte dabei sein oder du wirst möglicherweise an Dinge erinnert, die du schon viel zu lange unterdrückst. Manchmal ist man auch enttäuscht, dass eine Person, auf die man große Hoffnung gesetzt hat, nur kurz und oberflächlich antwortet, während eine andere Person einen mit Einsichten und Einfühlungsvermögen positiv überrascht.

Hier nun der erste Teil der Aufgabe:

Lies in Ruhe deine Antworten – ruhig mehrmals. Wenn du bereit bist, konsolidiere die Ergebnisse, so dass du zu allen vier Fragen die Antworten zusammengefasst siehst. Schreibe dazu die vier Fragen und die entsprechenden Rückmeldungen in dein Notizbuch.

Zweiter Teil der Aufgabe:

Notiere dir nun alle wichtigen Punkte aus den Rückmeldungen, so dass du eine Liste deiner Stärken und Eigenschaften hast und prüfe sie dann: Gibt es viele Gemeinsamkeiten? Haben Menschen aus unterschiedlichen Epochen deines Lebens verschiedene Eindrücke von dir? Worin unterscheiden sich die Rückmeldungen zwischen Verwandten und Freunden? Sortiere nun die genannten Eigenschaften nach abnehmender Häufigkeit der Nennung. Wie lang ist die Liste? Die ersten drei bis fünf Punkte sind die größten Stärken und markanten Eigenschaften von dir, wie andere sie sehen.

Stimmst du mit allen Punkten überein? Oder gibt es Punkte, die dich überraschen, weil du nicht erwartet hattest, dass dies eine Stärke von dir ist? Verlasse dich darauf: Dies sind Dinge, die du gut kannst und für die du bekannt bist. Falls das Eigenschaften sind, die du selbst nicht magst, hast du vielleicht sehr lange entgegen deinen inneren Überzeugungen gelebt und es wird Zeit, dass du dich auf die Dinge konzentrierst, die du wirklich willst – unabhängig davon, was dein Umfeld vermeintlich von dir erwartet.

Vielleicht fehlen dir auch Eigenschaften, die du selbst an dir siehst? Haben andere diese vergessen oder ist diese Eigenschaft für andere (noch) gar nicht sichtbar? Befrage dazu heute jemanden, dem du vertraust, und höre genau hin.

Wozu war diese Übung gut? Du hast dein Selbstbild der letzten Tage um das Fremdbild der anderen ergänzt. Jetzt hast du schon mal eine solide Basis an Eigenschaften und Stärken, auf die du in Zukunft bauen kannst. Häufig bedeutet dies eine Neuorientierung, weil du vielleicht in den letzten Jahren eher etwas gemacht hast, von dem du dachtest, das müsstest du machen.

Eine solche Neuorientierung braucht Mut und das erfordert, dass du deine Komfortzone verlassen kannst. Deine Komfortzone hast du vermutlich am ersten Tag schon verlassen, als du die E-Mail oder den Brief geschrieben hast.

Morgen machen wir wieder eine Übung, die etwas ungewohnt ist, um dich und deine Mitmenschen langsam daran zu gewöhnen, dass sich bei dir etwas zu ändern beginnt. Macht das ein bisschen Angst? Klar, denn Veränderungen machen immer auch Angst. So ist das und so wird es immer sein. Aber von nichts kommt nichts und wenn du weitermachst wie bisher, wirst du zu den gleichen Ergebnissen kommen wie bisher. Also, nur Mut! Und sei neugierig und offen, was passiert!

Morgen wirst du dir eine Stunde Zeit nehmen, die du in einem Café, in einem Park oder einem anderen öffentlichen Ort verbringst. Plane dir das bitte schon mal ein. Falls das morgen bei dir gar nicht möglich ist, wirst du morgen erfahren, was zu tun ist.

Tag 7 – Verlasse deine Komfortzone: Die Langeweile nutzen

 5 Minuten   75 Minuten   *www.90taco.de/7*

Langeweile hat in unserer Gesellschaft ein mieses Image und sollte – so der Eindruck – unbedingt vermieden werden. Viele Menschen scheinen sich zu fürchten – oder dafür zu schämen – nicht ständig beschäftigt zu sein. Das ist schade und aus meiner Sicht sogar gesundheitsschädlich, denn wir brauchen auch Zeiten des Nichtstuns und der Muße, um auf sprichwörtlich neue Gedanken zu kommen.

Gerade das Smartphone hat sich zum Lückenfüller für jede Gelegenheit entwickelt. Irgendwo eine Minute Pause? Smartphone raus und checken, auch wenn es nichts zu checken gibt: in der Supermarktschlange, im Café, an der Haltestelle oder in der Bahn. Jeder schimpft darüber und doch machst auch du wahrscheinlich mit, oder? Doch damit ist zumindest für heute mal Schluss!

Hier kommt jetzt also deine Aufgabe:

Lass heute dein Smartphone zu Hause und nimm dir eine Stunde Zeit, in der du keine Termine hast. Suche dir für diese Stunde eine Parkbank oder einen ruhigen Ort außerhalb deines Hauses, an dem du schön sitzen kannst. Das kann bei schlechtem Wetter natürlich auch innen sein, zum Beispiel in einem Café.

> **HINWEIS:** Wenn es heute partout nicht passt, dann plane dir jetzt einen Termin in den nächsten maximal fünf Tagen für diese Aufgabe in deinem Terminkalender ein. Schreibe die Aufgabe in den Kalender und aktiviere eine Erinnerung, die dir genug Zeit lässt, die Aufgabe auch umzusetzen.

Bleib dort für 60 Minuten sitzen und mach nichts, außer zu beobachten, was um dich herum passiert. Vermeide es, ein Gespräch von dir aus zu beginnen, und lenke dich nicht ab, sondern sei einfach da, sitze und schaue, was passiert. Nimm die Impulse wahr, aber bewerte oder verurteile sie nicht, zum Beispiel: „Oh, jetzt wollte ich schon wieder in meine Tasche greifen, um mein Handy rauszuziehen. Na ja, es ist halt jetzt nicht da." Oder: „Was denken wohl die Leute, wenn ich hier so alleine sitze? Ob ich keine Freunde habe? Ob ich versetzt wurde? Ach, egal, was die anderen denken. Ich bin okay, so wie ich bin und sitze jetzt halt hier." Das Prinzip dahinter nennt man übrigens „Achtsamkeit" oder auch Im-Hier-und-Jetzt-sein.

121

Zweiter Teil der Aufgabe:

Notiere am Ende der Stunde deine Beobachtungen und Gedanken, die dir gekommen sind: Was ist dir aufgefallen? Hast du Erkenntnisse gefunden, die dir wichtig sind? War es angenehm oder unangenehm und warum? Hat sich dieses Gefühl eventuell über den Zeitverlauf verändert?

Achte an diesem Tag (und gerne auch an den folgenden Tagen) auf Gelegenheiten, in denen „Langeweile" entstehen kann, und fülle diese bewusst nicht aus, sondern sitze oder stehe einfach und nimm wahr, was passiert und wie es dir geht. Beispiele sind: im Wartezimmer sitzen, ohne eine der Zeitungen zu lesen; an einer Haltestelle oder in einem Bus/einer Bahn zu sitzen, ohne aufs Handy zu starren; an einer Kasse zu warten, ohne dich abzulenken; im Café auf jemanden zu warten, ohne zu lesen oder das Handy in der Hand zu halten, etc.

Dritter Teil der Aufgabe:

Notiere dir am Ende dieses Tages deine Erfahrungen in deinem Notizbuch und reflektiere sie gerne mit jemandem. Untersuche insbesondere auch, wie es sich angefühlt hat ohne Smartphone. Häufig ist damit eine gewisse Angst verbunden („Wenn jetzt was passiert!?!"), aber auch das gute Gefühl, wieder Kontrolle über sich zu haben („Ich bin nicht angewiesen auf das Ding.").

Diese Übung ist wichtig, um dir die vielen Einflüsse und die Informationsflut bewusst zu machen, die von außen auf dich einprasselt, und dich dieser Stück für Stück zu entziehen, um wieder (mehr) deine „innere Stimme" zu hören. Diese Stimme wirst du brauchen, um dein „Ding" zu finden und es dann auch konsequent für dich umzusetzen.

Daher wiederhole diese Übung während des 90-Tage-Programms immer wieder mal, wenn du kleine Pausen hast.

Tag 8 – Entdecke deine Motive

 10 Minuten   40 Minuten   www.90taco.de/8

Na, wie war die gestrige Erfahrung, als du dich der „Langeweile" ausgesetzt hast? Wie war es für dich, eine Zeit lang ohne dein Handy zu sein? Ganz schön erschreckend, wie sehr wir uns davon bereits abhängig gemacht haben, oder?

Ich empfehle dir, in den nächsten Tagen dein Handy öfter mal zu Hause zu lassen, wenn du aus dem Haus gehst und zum Beispiel jemanden triffst oder besuchst. Ihr werdet eine viel intensivere Zeit haben und wahrscheinlich wirst du leicht genervt feststellen, wie viel Aufmerksamkeit das Handy der anderen Person auf sich zieht. Berichte doch mal von deinem „Handy-Experiment", dein Gegenüber wird dir mit großer Wahrscheinlichkeit Recht geben und das Handy gleich wegpacken.

So, jetzt kommen wir zu deiner heutigen Aufgabe:[25]

Betrachte die folgenden 14 Begriffspaare, entscheide jeweils und spontan (ohne viel Abwägen und Nachdenken), welcher der beiden Begriffe dir *weniger zusagt*, und *streiche diesen durch*.

~~Macht~~	Freiheit
Neugier	~~Anerkennung~~
Ordnung	Sparen
~~Ehre~~	Gerechtigkeit
Beziehungen	~~Status~~
Familie	~~Eros~~
Erfolg	~~Genuss~~
~~Lebenskraft~~	Schönheit
Spaß	~~Ruhe~~
Reichtum	Harmonie
Herausforderung	~~Ruhm~~
Freude	~~Idealismus~~
Sicherheit	Abenteuer
~~Unabhängigkeit~~	Aktivität

Lies bitte erst weiter, wenn du in jeder Zeile einen Begriff durchgestrichen hast.

123

Zweiter Teil der Aufgabe:

Wähle von den übrig gebliebenen Begriffen nun die sieben aus, die dich am positivsten berühren, und schreibe diese Begriffe in dein Notizbuch.

Lies erst weiter, wenn du sieben Begriffe ausgewählt und notiert hast.

Und der dritte Teil der Aufgabe:

Nun markiere aus den sieben Begriffen die drei, die dich am meisten ansprechen und dir ein gutes Gefühl geben. Schreibe diese drei untereinander in dein Notizbuch, und zwar in der Reihenfolge der Bedeutung für dich, das heißt der wichtigste steht oben.

Diese drei Begriffe sind deine Lebensmotive, die vom Motivationsforscher Steven Reiss (2009) beschrieben wurden. Die Lebensmotive ändern sich in der Regel kaum, höchstens durch sehr einschneidende Erlebnisse.

Wenn du „Lebenskraft" unter deinen Top-3-Worten hast, suche dir bitte von den anderen Begriffen einen vierten aus. Lies bitte erst weiter, wenn du das gemacht hast.

Und der letzte Teil der Aufgabe für heute, falls du „Lebenskraft" unter den Top-3 hattest:

Der Wunsch nach Lebenskraft ist ein Zeichen dafür, dass du ziemlich erschöpft bist. Kümmere dich jetzt besonders gut um dich, du bist jetzt das Wichtigste in der Welt! Du kannst nur für andere da sein, wenn du für dich gut gesorgt hast. Also achte in der nächsten Zeit besonders gut auf dich, deinen Körper und deine Seele!

Diese Übung reichert dein Verständnis deiner selbst mit rationalen Aspekten an, die deine linke Gehirnhälfte gut versteht. Damit ergänzen wir die Übungen der ersten Tage, die eher deine kreative rechte Gehirnhälfte angesprochen haben.

Tag 9 – Wünsch dir was

 10 Minuten   50 Minuten   *www.90taco.de/9*

Die heutige Übung wird dir Spaß machen! Heute ist das Leben ausnahmsweise mal ein Wunschkonzert, denn an diesem Tag darfst du dir alles wünschen!

Stell dir vor, eine gute Fee erfüllt dir drei Wünsche. Alles ist möglich, so irrational es auch sein mag (außer noch mehr Wünsche natürlich). Das kann mit deinem Berufsleben zu tun haben oder auch mit ganz anderen Dingen.

Deine erste Aufgabe für heute:

Überlege dir, welche drei Wünsche das wären, und schreibe sie in dein Notizbuch. Formuliere die Wünsche bitte als kurzen Text, nicht nur als ein Stichwort. Sei spontan und denke nicht lange nach, sondern schreib einfach los.

Zweiter Teil der Aufgabe:

Wenn du fertig bist, schau dir die Wünsche noch mal genauer an und überlege, wofür sie jeweils stehen, zum Beispiel:

- Mehr Zeit? Wofür wünschst du dir mehr Zeit? Was würdest du mit der freien Zeit anfangen?
- Oder mehr finanzielle Freiheit? Wie würdest du diese nutzen?
- Ein glücklicher Beruf? Was würde den glücklichen Beruf ausmachen? Wie sieht der Arbeitsalltag aus? Wo und wie lange arbeitest du?

Welche Bedürfnisse stecken hinter deinen Wünschen? Notiere dir zu den drei Wünschen, was dir dazu einfällt, was sie für dich bedeuten und welche Bereiche in deinem Leben davon angesprochen werden (Familie, Beruf, Partnerschaft, Zeit für dich, Hobbys, Gesellschaft, etc.).

Wenn du das Gefühl hast, deine drei Wünsche ganz gut verstanden und ergänzt zu haben, dann mach eine kleine Pause, hole dir zum Beispiel einen Tee, einen Kaffee oder einen kleinen Snack. Du kannst auch nur kurz aufstehen, dich genüsslich strecken und dehnen, bevor es weitergeht.

Dritter Teil der Aufgabe:

Jetzt darfst du dir fünf verschiedene Leben wünschen, zusätzlich zu dem, das du heute schon führst. Stell dir vor, du könntest sein, was du willst: ein Filmstar, ein Mönch, ein Gärtner, ein Raumfahrer, ein Milliardär, der weltbeste Lehrer, eine Herzchirurgin, usw. Was wäre das?

Wir sollen hier nicht dein wahres Leben leugnen oder schlechtmachen. Es geht darum, deiner Fantasie freien Lauf zu lassen: Welche fünf Leben würdest du wählen? Schreibe diese fünf in dein Notizbuch.

Diese Übung dient dazu, dass du über deinen bisherigen Tellerrand blickst und „out of the box" denkst. Das ist wichtig, um kreative Ideen für deine zukünftige Beschäftigung zu finden. Für die Kreativität ist es wichtig, dass du weit über das Normale hinausdenkst, am besten bis in die Extreme. Das Ergebnis wird dann am Ende in der Mitte zwischen dem Status quo und den Extremen liegen.

Vierter Teil der Aufgabe:

Suche dir nun das Leben aus, das du unabhängig von allen Nebenbedingungen (Einkommen, Familie, Wohnort, deinem Körper, etc.) am attraktivsten findest, völlig egal, wie verrückt das klingt! Markiere dieses Leben mit einer 1. Welches wäre das nächstbeste? Schreibe dort eine 2 hin usw., bis du alle in die Reihenfolge deiner persönlichen Präferenz gebracht hast.

Bitte lies erst weiter, wenn die Liste fertig durchnummeriert ist.

Der letzte Teil der Aufgabe:

Das Leben, das du an erste Stelle gesetzt hast, beinhaltet das, was dir heute am meisten fehlt. Auch wenn das erstmal unmöglich klingt oder gar bedrohlich – keine Sorge! Du sollst dein altes Leben nicht gleich wegschmeißen.

Es geht vielmehr darum, den Aspekt, der dir in deinem Leben aktuell fehlt, (wieder) stärker zu integrieren und dafür Dinge, die du zwar noch machst, die dich aber nicht wirklich zufrieden machen, nach und nach loszulassen. Wenn du also gerade Bänker oder Bäcker bist, aber eigentlich am liebsten Rockstar wärest, dann such dir erstmal etwas, wo du auf der Bühne stehen kannst, vielleicht in einer Band oder in einer Theatergruppe. Wenn du Vater von drei Kindern bist und gerne als Archäologe die Geschichte der Welt erforschen willst, plane doch mal den nächsten Urlaub mit deiner Familie so, dass ihr auf Spurensuche geht. Wenn du anfängst, deiner Motivation zu folgen, werden sich daraus nach und nach neue und ganz unerwartete Möglichkeiten ergeben, mehr davon zu bekommen.

Tag 10 – Schreibe deine eigene Grabrede

 7 Minuten   50 Minuten   *www.90taco.de/10*

Die heutige Aufgabe klingt vielleicht etwas morbid, ist aber sehr erkenntnisreich. Das Leben gewinnt im Angesicht des Todes an Wert und Bedeutung. Leider ist der Tod in unserer Gesellschaft ziemlich ausgeblendet und spielt in völlig verfremdeter Form hauptsächlich in den Medien als Unterhaltung eine Rolle.

> *„Mich daran zu erinnern, dass ich bald tot sein werde, ist das wichtigste Werkzeug, um mir zu helfen, die großen Entscheidungen im Leben zu treffen. ... Sich daran zu erinnern, dass man sterben wird, ist der beste Weg, um den Trugschluss zu vermeiden, dass man etwas zu verlieren hat. Du bist bereits nackt. Es gibt keinen Grund, deinem Herzen nicht zu folgen."*
>
> Steve Jobs [26]

Deine Aufgabe für heute:

Nimm dir heute Zeit für dich allein und schreibe die Rede, die du gerne über dich hören würdest, wenn dein Begräbnis stattfindet. Wie sollte dein Leben gewesen sein, wenn es richtig gut gewesen wäre?

Wenn du das Gefühl hast, dass du das nicht kannst oder auch nicht möchtest, dann habe ich weiter unten eine Alternative für dich.

Stell dir dazu dein Begräbnis genau vor: Eine wunderschöne Zeremonie nach deinem Geschmack, alle Menschen, die dir in deinem Leben wichtig waren, sind gekommen, um von dir Abschied zu nehmen. Du liegst aufgebahrt da, mit vielen Blumen um dich herum, und alle denken wehmütig und voller Liebe an dich. Dann steht jemand auf, geht nach vorne und hält eine wunderschöne und zutreffende Rede über dich und dein Leben, wie du es dir wünschen würdest. Diese Rede enthält alles Gute, das du bisher geleistet hast, nennt auch in liebevollen Worten die Schwächen und die Fehler, die zu deinem bisherigen Leben gehören, und beschreibt insbesondere in den schönsten Farben, wie du den Rest deines Lebens ab heute warst. Weswegen sollten sich die Menschen an dich erinnern?

Schreibe die Rede und binde die positiven Eigenschaften, Stärken, Leistungen, Wissen, etc. ein, die du gerne über dich hören würdest. Lass deiner Fantasie freien

Lauf und beschränke dich nicht – weder räumlich, finanziell, noch was heute möglich erscheint. Es soll genau solch ein Leben sein, wie du es dir für dich wünschst, das in der Rede beschrieben wird. Viel Spaß!

Alternative Aufgabe:

Stell dir deinen 80. Geburtstag vor: Du bist gesund und fit. Deine Freunde und Familie haben eine wunderschöne Feier genau nach deinem Geschmack organisiert und alle Menschen, die dir in deinem Leben wichtig waren, sind gekommen, um dich zu feiern. Du sitzt am Ehrentisch mit lauter freundlichen Gesichtern um dich herum. Dann steht jemand auf und hält eine wunderschöne und zutreffende Rede über dich und dein Leben, so wie du es dir wünschen würdest. Diese Rede enthält alles Gute, das du bisher geleistet hast, nennt auch in liebevollen Worten die Schwächen und die Fehler, die zu deinem bisherigen Leben gehören, und beschreibt insbesondere in den schönsten Farben, wie du den Rest deines Lebens ab heute bis zum 80. Geburtstag gelebt und gewirkt hast. Vielleicht beschreibt die Person kurz die Veränderungen, die du durchgemacht hast, um dann zu erzählen, für was du dich bewusst entschieden und so für dich und andere alles Gutes erreicht hast. Wovon wünschst du dir, dass der Laudator in der Zukunft berichten wird?

Wozu ist diese Übung gut? In der Rede werden die Dinge stehen, die wirklich wichtig für dich sind. Das gelingt besonders gut bei der Grabrede, denn wenn du tot bist, macht es keinen Sinn, sich um Dinge zu kümmern, die andere von einem erwarten. Aber auch beim 80. Geburtstag bist du bereits in einer Lebensphase, in der du viele Dinge nicht mehr leisten musst, die dich heute vielleicht noch belasten. Das befreit.

So entsteht ein Leitbild, aus dem du intuitiv ableiten kannst, wie du dich verhalten sollst, was dir wichtig ist und was dir weniger wichtig ist, als es dir heute erscheint.

Tag 11 – Vereine deine Motivation, Stärken und Träume

 15 Minuten   60 Minuten   *www.90taco.de/11*

Schaue dir die Ergebnisse der letzten zwei Wochen noch mal in Ruhe und mit ein bisschen Abstand an: Das Fremdbild der Menschen, denen du vertraust; dein Selbstbild in Bezug auf Motivation und Stärken; deine Kindheitsträume und was du daraus gelernt hast; deine Lieblingsbeschäftigungen, die dir guttun, deine Motive, deine Traumleben und deine eigene Grab- oder Geburtstagsrede.

Deine Aufgabe für heute:

Im Folgenden findest du verschiedene Formen von Intelligenz, die in der Literatur beschrieben sind. Schau sie dir in Ruhe und ausführlich an und überlege, welche zu dir passen:[27]

- Verbal-linguistische Intelligenz (Wort und Schrift)
- Logisch-mathematische Intelligenz (abstrakte Logik und numerisches Denken)
- Räumlich-visuelle Intelligenz (Fähigkeit, in Bildern zu denken und genau zu visualisieren)
- Körperlich-ästhetische Intelligenz (Fähigkeit, den Körper zu kontrollieren und mit Objekten umzugehen)
- Musikalische Intelligenz (Fähigkeit zu musizieren)
- Zwischenmenschliche Intelligenz (Fähigkeit, andere zu verstehen und sich auf sie zu beziehen)
- Intrapersonales Bewusstsein (Selbstbewusstsein)
- Naturalistische Intelligenz (Natur verstehen)
- Existenzielle Intelligenz (Verständnis der tiefen Fragen des Lebens)

Über welche Formen von Intelligenz verfügst du, wenn du an die Erkenntnisse der letzten zehn Tage denkst? Markiere ein bis drei Formen von Intelligenz, die dich am besten beschreiben.

Zweiter Teil der Aufgabe:

Schau dir die folgende Liste von Fähigkeiten an und markiere die drei bis fünf Eigenschaften, die dir am besten entsprechen.

Kommunikationsfähigkeiten	Manuelle Fähigkeiten
Einfühlungsvermögen	Ehrlichkeit
Soziale Intelligenz	Integrität
Emotionale Intelligenz	Kreativität
Führungsqualitäten	Verlässlichkeit
Überzeugungskraft	Verantwortung
Fähigkeit zur Analyse	Künstlerische Fähigkeiten
Kritisches Denken	Schriftliche Fähigkeiten
Strategisches Denken	Öffentliche Redefähigkeiten
Fähigkeiten zur Problemlösung	Pädagogische Fähigkeiten
Planerische Fähigkeiten	Projektmanagement-Fähigkeiten
Organisatorische Fähigkeiten	Körperliche Koordination
Technische Fähigkeiten	Humor

Diese Übungen sind eine weitere Ergänzung für deine rechte, rationale Gehirnhälfte, so dass du eine ausgewogene Sicht entwickelst, die deinen ganzen Körper und dein ganzes Potenzial einbezieht.

Wenn es für dich passt, besprich das Ergebnis mit einer Person, die dir nahesteht, und überlege, wo sich bei dir sonst noch deine besonderen Formen von Intelligenz zeigen.

Dritter Teil der Aufgabe:

Nun konsolidierst du die Ergebnisse der letzten zehn Tage. Nimm dir dafür eine leere Seite im Notizbuch oder – falls es eher klein ist – eine leere DIN-A4-Seite.

Schreibe in die Mitte der Seite deinen Namen und schreibe die Ergebnisse der letzten zehn Tage in zehn Punkten um deinen Namen herum, so dass eine Mindmap entsteht. In Abbildung 9 siehst du ein Beispiel von Marcel, einem meiner Coachies.

Abbildung 9: Beispiel-MindMap von Marcel

Letzter Teil der Aufgabe:

Überlege dann allein oder gemeinsam mit deiner Vertrauensperson, welche Beschäftigungen mit deiner Kombination von Motivation, Stärken, Motiven, Wünschen, Intelligenz und Fähigkeiten besonders geeignet sind. Wenn du zum Beispiel über musikalische und zwischenmenschliche Intelligenz verfügst, wärst du vielleicht ein guter Musiklehrer. Wenn du räumliche und naturalistische Intelligenz hast, wärst du vielleicht ein guter Garten- und Landschaftsbauer usw.

Notiere dir alle Ideen, egal, wie verrückt sie sind, in deinem Notizbuch. In Abbildung 10 ist an dem Beispiel von Marcel hervorgehoben, wie gut sein Wunsch, sich als „freier Erfinder" selbstständig zu machen, zu seinen Stärken, Motiven und seinem Fremdbild passt.

Er hat sich dann tatsächlich selbstständig gemacht, zunächst allein, später kam dann noch ein Kollege von seinem alten Arbeitgeber aus der Prozessindustrie als Partner dazu. Er lebt jetzt von Entwicklungsprojekten, die er für Industriekunden selbstständig durchführt. Aufgrund seiner Erfahrung und seinen Kontakten aus seiner Karriere bei einem Mittelständler in Nordrhein-Westfalen verlief der Übergang in die Selbstständigkeit für ihn leichter, als er befürchtet hatte.

Abbildung 10: Beispiel-MindMap von Marcel mit Bezug zu seinem Traumjob

Wenn du fertig bist, klappe dein Notizbuch zu, mach etwas ganz anderes und schlaf eine Nacht drüber. Achte mal darauf, wovon du heute Nacht träumst – da kann etwas Interessantes kommen, muss aber nicht.

Schritt 2:
Schaffe dir Zeit für deine Geschäftsidee

Tag 12 – Zähme dein Smartphone

 10 Minuten   45 Minuten   *www.90taco.de/12*

Die bisherigen Aufgaben haben in der Regel pro Tag nicht viel mehr als 60 Minuten Zeit in Anspruch genommen, auch wenn du wahrscheinlich viel und immer wieder über das jeweilige Thema nachgedacht und/oder dich mit jemandem darüber unterhalten hast. Im Verlauf des 90-Tage-Programms wirst du später mehr Zeit brauchen, daher beginnst du jetzt damit, dir diese Zeit freizuschaufeln bzw. zu nehmen.

Wer sagt „Ich habe keine Zeit", drückt damit eigentlich aus: „Mir ist das nicht wichtig genug." Du wirst dir also die Zeit „nehmen" müssen, um dein Ziel zu erreichen.

Deine Aufgebe für heute:

Identifiziere deine Zeitfresser und mache sie unschädlich. Gehe dazu im Geiste deinen typischen Alltag durch und liste in deinem Notizbuch alle Punkte auf, die deine Zeit, Energie oder Aufmerksamkeit fressen:

- Welche Dinge kosten mich Zeit (ob sinnvoll oder nicht)?
- Welche Dinge ziehen meine Aufmerksamkeit ab (z. B. Nachrichten sehen/hören, Fernseher läuft – ggf. im Hintergrund, Benachrichtigungen, die „aufpoppen", etc.)?
- Was kostet mich viel Energie (z. B. Gespräche mit bestimmten Menschen, unerledigte Dinge, die an mir nagen, Verpflichtungen, die ich gar nicht will, etc.)?
- Welchen ggf. versteckten Nutzen habe ich von diesen Dingen (z. B. wenn ich Social Media-Nachrichten oder Likes sehe, fühle ich mich dadurch „gut" und „gefragt")?
- Was könnte ich tun, um die Zeitfresser ganz oder zumindest teilweise auszuschalten?

Lies bitte erst weiter, wenn dir keine weiteren Zeitfresser mehr einfallen und du dir zu jedem die fünf Fragen beantwortet hast.

133

In dieser Woche konzentrieren wir uns zunächst auf die Zeitfresser, die uns als nützliche Helferlein für die Arbeit und als Zerstreuung verkauft wurden: Smartphone, Social Media, Computer, Fernsehen, Computerspiele, etc.

Heute fängst du gleich mit dem ersten wichtigen Schritt an: dein Smartphone. Sind wir doch mal ehrlich: Im modernen Leben ist es die Geißel unserer Zeit!

Zweiter Teil der Aufgabe:

Nimm dir heute 20 Minuten Zeit und setze die folgenden Schritte um:

- Deinstalliere die App, die du am häufigsten nutzt, um dich abzulenken (häufig ist das Facebook, Instagram, YouTube, Spiegel-Online, etc. Keine Sorge, du kannst sie in ein paar Tagen/Wochen wieder installieren, wenn dir wirklich danach ist.)
- Deaktiviere die „Benachrichtigungen" für alle Apps und aktiviere in den nächsten Tagen die Benachrichtigungen ganz selektiv wieder nur für solche Apps, die dir im Alltag praktisch nutzen. Ich persönlich nutze zum Beispiel MyMüll, um mich daran zu erinnern, rechtzeitig die richtige Mülltonne rauszustellen.
  - Für Android: Einstellungen „Anwendungen" oder „Apps". Wähle dort die gewünschte App aus, von der du die Benachrichtigungen deaktivieren möchtest, und folge den weiteren Anweisungen.
  - Für Apple: Einstellungen „Mitteilungen" oder „Notifications". Dort für die gewünschten Apps die Einstellungen ausschalten.

Dritter Teil der Aufgabe:

Mache darüber hinaus als Wochenaufgabe täglich folgende Übungen:

- Lass bewusst dein Smartphone zu Hause, wenn du dich mit Leuten triffst, und genieße die neue Freiheit. Ihr verabredet vorher Ort und Zeit und dann geht es los. Falls du dein Smartphone unbedingt brauchst, beispielsweise für dein ÖPNV-Ticket, stelle es durchgehend auf Flugmodus.
- Für den Fall, dass du dein Smartphone tatsächlich mitnimmst, wenn du aus dem Haus gehst:
  - Mach keine Fotos mit deinem Smartphone, sondern genieße den Moment, so wie er ist.
  - Zeige deinen Freunden keine Fotos/Videos auf dem Smartphone, sondern erzähle ihnen lieber von dem, was du ihnen zeigen willst.
  - Achtung, hier musst du deine Komfortzone verlassen: Wenn dir jemand etwas

auf dem Smartphone zeigen will, sag ihm oder ihr, dass du dir vorgenommen hast, weniger auf diese Displays zu starren und er/sie solle dir doch lieber von dem Erlebnis erzählen. Viele werden sich wundern, aber auch beeindruckt sein und sich Fragen stellen, die sie bisher nicht hatten ...

Mit dieser Übung (und den folgenden Tagen) erfüllst du drei sehr wichtige Ziele:

1. Du schaffst dir die Zeit, die du benötigst, um deine Ideen zu entwickeln und umzusetzen, ohne die Leistungsfähigkeit in deinem aktuellen Job zu verlieren. Im Gegenteil: die sollte sogar im Verlauf des 90-Tage-Programms steigen!
2. Du entziehst dich vielen Einflüssen und Informationen, die dich von dir selbst ablenken und nicht guttun.
3. Du übernimmst wieder die Kontrolle über dein Leben, was dir die Kraft und das Durchhaltevermögen für die Umsetzung deiner Idee geben wird.

Tag 13 – Bändige die E-Mails

 10 Minuten   30 Minuten   www.90taco.de/13

Die heutige Aufgabe ist für dich nur relevant, wenn du beruflich mit vielen E-Mails konfrontiert bist. Falls dies nicht der Fall ist, hast du heute frei.

Der größte Zeitfresser während der Arbeit sind in der Regel die E-Mails. Was für eine wunderbare Erfindung, aber auch welch ein Fluch!

Das Problem ist, dass die meisten Menschen mehrmals täglich und immer wieder ihre E-Mails checken, um dann gleich darauf zu reagieren. So ist man beschäftigt und hat das (häufig trügerische) Gefühl, etwas erledigt zu haben. Weil fast alle so denken und arbeiten, entstehen immer mehr E-Mails, mit immer größeren Verteilern, auf die dann wieder Menschen reagieren, um sich beschäftigt zu fühlen.

Hier ist deine Aufgabe:

Ab heute steigst du aus diesem fragwürdigen Club aus! Halte dich bitte für zwei Wochen an folgende eiserne Regel:

E-Mails werden nur noch und ausschließlich um 11:00 Uhr und um 16:00 Uhr gecheckt und innerhalb von 30 Minuten beantwortet.

So beginnst du deinen Arbeitstag direkt mit deiner eigentlichen Arbeit und verbringst nicht den halben Vormittag damit, „nur mal kurz die E-Mails zu checken".

Erkläre deinen Kollegen, warum du das machst, indem du folgende automatische E-Mail-Antwort für eine Woche aktivierst:

Liebe Kolleginnen und Kollegen,
aufgrund der hohen Arbeitsbelastung lese und beantworte ich meine E-Mails täglich nur um 11:00 Uhr und um 16:00 Uhr.

Wenn Sie dringend Hilfe benötigen, die nicht bis 11:00 Uhr oder 16:00 Uhr warten kann, rufen Sie mich bitte an unter Tel. xxxx-xx xx xxx.

Vielen Dank für Ihr Verständnis für diesen Schritt zu mehr Effektivität. Er hilft mir, mehr zu erreichen, um Sie besser unterstützen zu können.

Herzliche Grüße,
[Dein Name]

Während deiner dedizierten E-Mail-Zeit (z. B. von 11:00 bis 11:45 Uhr und 16:00 bis 16:45 Uhr) markierst du zunächst alle Mails, die auf dem ersten Blick schon irrelevant für dich sind, als „gelesen" oder löscht sie sofort, dann werden sie in den Papierkorb verschoben.

Nun gehe die E-Mails durch und sortiere sie nach besonderen Kriterien, bevor du sie beantwortest:

- Bist du nur auf cc?
  - → Überfliege den Titel und ggf. den Inhalt, um einzuschätzen, ob es für dich relevant ist. Wenn Nein, dann als gelesen markieren, wenn Ja, dann lies sie und leite nur dann Aufgaben für dich ab, wenn diese wichtig sind.
- Wirst du nur informiert?
  - → Keine Antwort
- Wirst du was gefragt?
  - → Du bist der richtige Ansprechpartner. Überlege kurz, ob die Frage nicht schneller und besser mit einem kurzen Telefonat geklärt werden kann, und mach dir eine entsprechende Notiz. Fall du der richtige Ansprechpartner bist und die Frage in weniger als zwei Minuten per E-Mail beantworten kannst, dann tue das. Ansonsten plane die Beantwortung (bevorzugt per Telefon, um Gegenfragen gleich zu beantworten, andere Dinge „zwischen den Zeilen" mitzukriegen und die Beziehung zu pflegen).
  - → Du bist der falsche Ansprechpartner. Leite die E-Mail an die richtige Person weiter, mit dem ursprünglichen „Auftraggeber" in cc: und schreibe nur: „Hallo [Name], kannst du das bitte für [Auftraggeber] erledigen? Danke! Gruß, [dein Name]

Mit diesem Vorgehen wirst du schon ca. 80 Prozent der Zeit gegenüber vorher einsparen.

Übe diese Disziplin täglich. Was jetzt aber immer wichtiger wird: Du musst wissen, was du mit der Zeit anfängst, die du jetzt frei hast. Viele wissen das nämlich nicht und fangen an, diese mit „Beschäftigtsein" wieder zu füllen. Aber du weißt ja, wofür du deine Zeit nutzen möchtest: Um deine eigene Idee zu entwickeln, sie weiter voranzutreiben und dich um dich und dein Leben zu kümmern.

Diese Übung holt dich aus der E-Mail-Mühle, in der so viele Menschen stecken, weil es einem das trügerische Gefühl gibt, beschäftigt zu sein und etwas zu schaffen. Um deine eigene Geschäftsidee erfolgreich umzusetzen, musst du dich auf echten Nutzen für dich und deine Kunden fokussieren und nicht mehr nur auf „busy sein".

Tag 14 – Entsage dem TV-glotzen

 5 Minuten   30 Minuten   *www.90taco.de/14*

Schaust du viel Fernsehen oder nutzt du Videostreaming, wie Netflix? Sitzt du viel vor YouTube oder anderen Video-Webseiten? Dann hast du doch viel mehr Zeit, als du dir bisher eingestehst! Alle diese Zeitfresser fassen wir der Einfachheit halber nachfolgend mit „Fernsehen" zusammen.

Deine Aufgabe für heute:

Beginne damit, deinen Fernsehkonsum einzuschränken. Wenn du täglich schaust, entscheide dich jetzt, dass du dir nur noch maximal ein- bis zweimal pro Woche eine bis zwei Stunden „Berieselung" gönnst. An den anderen Tagen nutzt du die Zeit für dich und deine Geschäftsidee. Du wirst erstaunt sein, wie schnell du Fortschritte machst!

Heute und für die nächsten zwei Tage fällt Fernsehen schon mal aus. Nutze diese Zeit, um dich mit den Menschen, mit denen du zusammenlebst, darauf zu einigen, wie, wann und wie lange du noch beim Fernsehen dabei sein wirst.

Wenn du allein lebst, überlege dir, ob du nicht gleich Netflix, Sky & Co. ganz abbestellen möchtest. So hast du nicht nur mehr Zeit, sondern auch etwas mehr Geld.

Du weißt: Man hat für die Dinge Zeit, die einem wichtig sind. Und möchtest du, dass Fernsehen für dich wichtiger ist, als dein Leben aktiv zu gestalten und eine Aufgabe zu finden, die dich langfristig zufrieden und glücklich macht?

Übrigens: Das Gleiche gilt für Radio hören und Podcasts. Wenn dir das Radio als Hintergrundmusik guttut, kannst du es dabei belassen. Wenn du aber viel Nachrichten, Werbung etc. hörst, dann versuche ab heute mal eine Woche ohne zu leben. Diese Dinge ziehen mindestens deine Aufmerksamkeit ab, die du dann nicht mehr für andere – wichtigere – Themen hast. Außerdem kosten die vielen (häufig schlechten) Nachrichten deine Energie. Du kannst trotzdem ganz beruhigt sein: Wichtige Nachrichten bekommst du mit – und wenn nicht, dann sind sie wohl doch nicht so wichtig für dein Leben.

Diese Übung schaufelt dir weitere Zeit frei für dein wichtigstes Projekt und reduziert deine Informationsflut. Spüre mal nach, wie du dadurch in den nächsten Tagen mehr mit dir und deiner inneren Stimme bzw. Intuition in Kontakt kommst.

Tag 15 – Verlasse deine Komfortzone: Haltung zeigen

 10 Minuten   20 Minuten   *www.90taco.de/15*

Dir ist sicher bewusst, wie viel die äußere Haltung eines Menschen über seine innere Haltung aussagt: Er ist *aufrecht* und *standhaft*. Sie zeigt *Rückgrat*. Er sieht *geknickt* aus. Sie lässt den *Kopf hängen*. Er hat sich seinem Schicksal *gebeugt*. Du bist sehr *aufrichtig*.

Diese Ausdrücke und Redewendungen sagen etwas über den inneren Zustand der Person aus. Enttäuschungen und Niederschläge, die man nicht verarbeitet, drücken sich in der Körpersprache aus, zum Beispiel in hängenden Schultern oder leicht vorgebeugter Haltung.

Tatsächlich funktioniert das in beide Richtungen: Wenn wir unsere *körperliche* Haltung ändern, beeinflusst das auch unsere *geistige* Haltung. Wenn du deine Geschäftsidee umsetzen möchtest, brauchst du genügend Stehvermögen, Durchsetzungswillen, Selbstbewusstsein und eine klare Haltung. Und das wirst du jetzt und in den nächsten Wochen täglich üben.

Hier ist deine Aufgabe für heute:

Stelle dich vor einen Spiegel und verändere ganz bewusst deine Haltung: Erstmal den Rücken etwas rund, die Schultern hängen lassen, der Kopf hängt auch, die Knie sind ein bisschen eingeknickt. Bleibe einige Augenblicke in dieser Haltung und beobachte, wie du im Spiegel wirkst und wie du dich innerlich fühlst. Trauriger Anblick, oder? Auch wenn ich dir nicht aufgetragen habe, die Mimik in deinem Gesicht zu steuern, siehst du jetzt wahrscheinlich etwas reglos, traurig und mitgenommen aus.

Nun wechsle die Position und richte dich auf. Stell dir vor, dein Brustbein wird etwas nach oben gezogen. Automatisch biegst du deinen Rücken etwas ins Hohlkreuz (was nicht schlimm ist, wie fälschlicherweise oft behauptet wird) und die Schultern gehen nach hinten. Nun werden dein Kopf bzw. dein Kinn sich wahrscheinlich etwas hoch anfühlen, was „hochnäsig" und „von oben herab" wirkt. Ziehe dein Kinn etwas nach unten, als würdest du ein Doppelkinn machen wollen (keine Angst, das passiert nicht mehr als sonst). Dadurch streckt sich dein Nacken, was dem Hals guttut. Du kannst dir auch vorstellen, ein dünner, fester Faden ist am höchsten Punkt deines Kopfes angebunden und zieht dich in Richtung Himmel.

Laufe jetzt in dieser Position im Raum umher. Fühlt sich merkwürdig an, oder? Einerseits ganz gut, weil du so schön aufrecht stolzierst, wie ein Adeliger am Hof. Andererseits auch etwas ungewohnt und steif – und in deinen Augen vielleicht auch ein wenig arrogant oder *über*-heblich?

Selbstbewusstsein, Stolz, Aufrichtigkeit und Haltung wirst du für deine erfolgreiche Selbstständigkeit brauchen! Und das ist der Punkt, wo du dich jetzt körperlich und haltungstechnisch aus deiner Komfortzone bewegst: Darf ich wirklich so selbstbewusst sein? Bin ich dann nicht automatisch arrogant? Werden andere nicht sofort sehen, wie „künstlich" ich laufe? Ja und Nein!

Ja, die anderen werden wahrnehmen, dass du aufrechter bist und selbstbewusster und „gefestigt" wirkst. Nein, sie werden dich nicht als „künstlich" wahrnehmen. Im Gegenteil: Häufig werden sie sofort an ihre eigene schlechte Haltung erinnert und viele werden sich bewusst oder unbewusst ebenfalls besser aufrichten.

Gleiches gilt für das Sitzen. Nimm dir einen Stuhl und setze dich darauf, wie du es sonst auch immer tust. Vermutlich ist dein Becken etwas nach hinten gefallen und dadurch dein Rücken rund. Übertreibe diese Position noch etwas, indem du den Rücken noch etwas runder machst. Deine Schultern werden jetzt vermutlich auch sehr rund sein und dein Kopf hängt nach vorne.

Rutsche jetzt mit deinem Gesäß auf dem Stuhl bis zum vorderen Rand, so dass du nur auf dem ersten Drittel der Sitzfläche sitzt. Kippe deine Hüfte so weit nach vorne, bis du auf den beiden sogenannten Sitzhöckern sitzt und dein Rücken gerade bzw. in ein leichtes Hohlkreuz kommt. Nimm ruhig mal kurz deine Hände unter dein Gesäß, so dass du die Sitzhöcker spüren kannst. Diese aufrechte und aktive Sitzposition ist in der Regel auch ungewohnt, fühlt sich aber etwas weniger „überheblich" an als der aufrechte (und gesunde) Stand von vorher.

Deine Aufgabe ist, ab heute diese Haltung im Stehen und Sitzen so häufig wie möglich zu üben: Wenn du beim Bäcker „reinstolzierst", wenn du mit deiner Familie am Abendbrottisch sitzt, wenn du an deinen Arbeitsplatz kommst, beim Einkaufen, beim Kochen. Du wirst sicherlich drauf angesprochen und beim Essen werden vermutlich einige andere am Tisch es auch – zum Teil unbewusst – nachmachen, weil es so sehr heraussticht, wenn jemand (neuerdings) so aufrecht sitzt. Lasse dich dadurch nicht verunsichern. Das zu fühlen und zu akzeptieren ist genau die Herausforderung, denn dies befand sich bisher außerhalb deiner Komfortzone!

Wozu diese Übung? Wenn du dich selbstständig machen möchtest, ist deine Ein*stell*ung zu dir und anderen von zentraler Bedeutung. Du wirst den Erfolg ausstrahlen und zu dir und deiner Idee mit voller Überzeugung *stehen*. Dies übst du mit dieser Übung – nicht nur heute, sondern zukünftig möglichst jeden Tag! Es ist übrigens auch sehr förderlich für deine Gesundheit.

Tag 16 – Beschränke das Telefon

 15 Minuten   15 Minuten   *www.90taco.de/16*

Die heutige Aufgabe ist für dich nur relevant, wenn du beruflich viel telefonierst. Falls dies nicht der Fall ist, dann hast du heute frei.

Bereits seit vier Tagen hast du dich aus den Klauen deines Smartphones etwas befreit. Ich hoffe, du spürst schon den Unterschied und genießt deine zunehmende Unabhängigkeit. Wahrscheinlich merkst du auch, wie oft du an dein Smartphone denkst, gerne darauf schauen möchtest und wie schwer es dir fällt, daran zu denken, es NICHT mitzunehmen, wenn du es nicht unbedingt brauchst.

Gib diesen Impulsen mal NICHT nach. Das schaffst du nicht? Das kannst du nicht? Wie willst du es dann schaffen, erfolgreich selbstständig zu werden, wenn du dich nicht mal selbst beherrschst? Also, auch wenn es wie eine unwichtige Kleinigkeit klingt: Es ist eine Übung in Disziplin und Fokus – beides brauchst du auf deinem Weg zu mehr Freiheit, Unabhängigkeit und Selbstbestimmung.

So, heute und die nächsten Tage kommt jetzt noch das gute alte Festnetztelefon hinzu, das viele zu Hause oder im Büro haben.

Wir Menschen können es kaum ertragen, wenn unser Telefon klingelt und wir nicht drangehen. Wer mag das sein? Ist es vielleicht etwas Wichtiges? Oh, da will jemand mit mir sprechen, wie schön! Ist es vielleicht eine gute Nachricht? Oder doch eine schlechte?

Sicherlich spürst du auch den Ärger, wenn du an der Anmeldung beim Arzt stehst und die Person am Empfang durch einen Anruf davon abgehalten wird, die Patienten vor Ort weiter zu bedienen. Es ist ein bisschen so, als wenn sich da jemand vordrängelt, oder?

Lass es nicht mehr zu, dass sich ein Telefon vor die Dinge drängelt, die dir wirklich wichtig sind. Wenn der Anrufer ein wichtiges Anliegen hat, wird er sich garantiert wieder melden. Und wenn nicht, dann ist es auch gut.

Das ist deine Aufgabe für heute und die nächsten Wochen:

Schalte ab heute deine Telefone auf lautlos bzw. leite sie auf deinen Anrufbeantworter weiter, wenn du dich in einer Phase konzentrierten Arbeitens befindest. Höre danach den Anrufbeantworter ab und reagiere zeitnah auf die Anrufe, damit deine Gesprächspartner merken, dass sie sich auf dich verlassen können.

141

Falls du doch mal vergessen hast, dein Telefon auf lautlos zu schalten oder umzuleiten, lass es einfach klingeln. Dazu musst du vermutlich deine Komfortzone verlassen, aber es ist eine gute Übung, um dich auf dich zu konzentrieren und nicht immer und zu jeder Zeit für alle da zu sein.

Falls einige Minuten später ein etwas verärgerter Kollege in deiner Tür steht und dich fragt, warum du nicht ans Telefon gehst, sag ganz gelassen: „Ich war und bin gerade in die Arbeit vertieft und möchte das unterbrechungsfrei abschließen. Ich hätte dich im Anschluss zurückgerufen (oder: wäre vorbeigekommen). Um wie viel Uhr würde es dir gut passen?"

Grundsätzlich solltest du dir angewöhnen, Anrufer und Besucher richtig zu begrüßen, wenn du deine Dinge erledigt bekommen möchtest. Wenn du beschäftigt bist und mit einem „Hi, wie geht's?" anfängst, darfst du dich nicht wundern, wenn sich ein Gespräch entwickelt und du auf heißen Kohlen sitzt, weil du dich eigentlich gar nicht unterhalten, sondern „nur nett sein" wolltest. Das ist aber nicht nett, da du falsche Tatsachen suggerierst, nämlich: „Hallo, ich habe Zeit für dich." Heb dir das für die Momente auf, wenn du gerade das gute Gefühl hast, etwas Wichtiges erledigt zu haben und Lust auf einen Smalltalk hast.

Das Motto ist hier: Wenn dich die Antwort nicht interessiert, frag auch nicht! Hier ist wieder eine gesunde Chance, dich aus deiner Komfortzone zu bewegen, neue Angewohnheiten zu erlernen und verbindlicher zu sein!

Viel ehrlicher und produktiver ist: „Hi, was kann ich für dich tun?" Wenn der Anrufer/Besucher kurz und knapp seinen Wunsch äußern kann, notierst du ihn und verabschiedest ihn mit dem Versprechen, sich später darum zu kümmern. Falls dein Gegenüber weit ausholt, unterbrichst du ihn freundlich und sagst: „Du [Name], ich möchte mich gerne in Ruhe um dich und dein Thema kümmern, bin jetzt aber gerate mitten in einer Arbeit, die ich gerne abschließen möchte. Ist es okay, wenn ich mich danach bei dir melde?"

Zweiter Teil der Aufgabe:

Scheibe dir zum Abschluss dieser Übungsreihe die wichtigsten Vorsätze für effizienteres Arbeit mit Smartphone, E-Mail und Co. als Stichworte auf einen Zettel und lege diesen an deinen Arbeitsplatz. Hänge ihn nicht an die Wand oder als Post-it irgendwo hin, da siehst du ihn schon bald nicht mehr. Lasse ihn auf deinen Arbeitsplatz, auch gerade, wenn er dadurch manchmal „im Weg" ist…

Tag 17 – Organisiere dich selbst

 15 Minuten   30 Minuten   *www.90taco.de/17*

In den letzten Tagen hast du deine technischen Zeitfresser gezähmt. Heute beginnst du damit, deine Arbeitsorganisation zu verbessern, um dir Zeit freizuräumen und effektiver zu werden.

Hier ist deine Aufgabe für heute:

Schau dir zunächst die Zeitfresser in nachfolgender Tabelle an. Welche treffen wie stark auf dich und deinen Alltag zu? Alle Angewohnheiten, auch die schlechten, haben einen Nutzen für dich, auch wenn das vielleicht absurd klingen mag und auf den ersten Blick nicht leicht zu erkennen ist. Kannst du den Nutzen hinter deinen Zeitfressern verstehen? Die Tabelle gibt dir für jeden eine Anregung.

Zeitfresser	Nutzen
Mangelnde Konzentration/ zu vieles gleichzeitig machen	Mich unersetzlich fühlen?
Perfektionismus	Anerkennung bekommen? Von wem?
Unangenehmes aufschieben	Konflikten aus dem Weg gehen? Welche Konflikte? Mit wem?
Planloses Arbeiten ohne Prioritäten	Mich nicht um Prioritäten kümmern müssen? Mein Ziel nicht kennen?
Planlose Meetings, Treffen und Besprechungen	Mich wichtig fühlen? Wovor drücke ich mich mit diesem Beschäftigtsein?
Unordnung	Keine Disziplin brauchen? Wortlos ausdrücken, dass es mir nicht gut geht?
Aufgaben nicht zu Ende führen	Zeigen, wie beschäftigt ich bin?

Heute beschäftigen wir uns mit dem Problem mangelnder Konzentration bzw. fehlendem Fokus. Dieses Problem ist sehr verbreitet und ein Zeichen von fehlender Priorisierung. Es ist häufig besser und produktiver, nichts zu tun, als das Falsche zu tun (z. B.: „Bevor ich nichts mache, checke ich jetzt erstmal meine E-Mails.“). Denn das Nichtstun gibt dir Zeit nachzudenken und nachzufühlen, *was* du eigentlich machen willst oder solltest. Wenn du sofort mit dem Erstbesten loslegst, bist du schnell so damit beschäftigt, dass du dir gar nicht mehr die Frage stellst, ob das, was du gerade machst, überhaupt relevant für dich ist.

Zweiter Teil deiner Aufgabe:

Mach dir folgende Regeln zu eigen:
1. Notiere dir, **bevor** du mit deinem (Arbeits-)Tag beginnst, ein bis drei Dinge, die du heute erledigt haben möchtest (nicht nur anfangen!) und die dir das Gefühl geben, etwas Sinnvolles geschafft zu haben. Wenn du heute nur ein Ding schaffst – was wäre es, damit sich der Tag für dich lohnend und produktiv angefühlt hat?
2. Wähle aus den notierten Punkten den für dich wichtigsten aus. Im Zweifel wähle immer die unangenehmste Aufgabe aus, damit du diese schnell vom Tisch hast und sie dich nicht mehr belastet.
3- Stelle – wie in den letzten Tagen gelernt – alle Ablenkungen ab (Handy auf Flugmodus, Telefon auf lautlos oder Anrufbeantworter, Alerts am PC aus, etc.), um konzentriert und unterbrechungsfrei arbeiten zu können.
4. Setze dir jetzt eine möglichst kurze Frist (maximal 1,5 Stunden) und stelle einen Wecker dafür (z. B. den Timer auf deinem Smartphone, einen Wecker, eine Eieruhr oder einen Timer im Web auf www.90-tage-programm.de/timer). Falls die Aufgabe definitiv länger als 1,5 Stunden Zeit in Anspruch nimmt, definiere einen ersten Schritt, um der Erfüllung des Ziels so nah wie möglich zu kommen, das in weniger als 1,5 Stunden fokussierten Arbeitens umgesetzt werden kann.

Nun arbeitest du bis zum Signal des Weckers nur an diesem einen Ziel.

Wenn du vor Ablauf der Zeit fertig bist (was häufig vorkommt), mach eine kleine Pause, steh auf, hole dir vielleicht ein Glas Wasser oder schau ein bisschen aus dem Fenster. Nach einigen Minuten kehrst du zu deiner Arbeit zurück und nimmst dir den nächsten Punkt auf deiner Liste vor. Setze dir wieder eine feste Zeit, stelle deinen Wecker, aber sorge dafür, dass du nicht länger als 1,5 Stunden arbeitest, ohne eine Pause von zehn bis 15 Minuten zu machen.

Die 1,5 Stunden sind ein Richtwert. Vielleicht fühlt es sich für dich besser an, immer nur maximal 45 oder 60 Minuten zu arbeiten und dann eine kleine Pause zu machen. Beobachte die nächste Zeit, wann bei dir die Konzentration nachlässt, denn dann hast du deine „Aufmerksamkeitsspanne“ erreicht. Das Gleiche gilt für die kleinen und größeren Pausen. Diese sollen dir und deinem Körper guttun. Genieße also die Pause und schalte ab, nutze sie nicht, um „nur kurz noch was zu erledigen oder Mails zu checken"!

Wichtig: Halte dich ab jetzt jeden Arbeitstag an dieses Vorgehen. Schaffst du nicht? Dann vergiss das mit der Selbstständigkeit!

Wozu diese Übung? Mithilfe einer solchen Struktur bist du wesentlich fokussierter und hast auch nicht mehr so einen starken Impuls (zu viele) neue Dinge anzufangen, ohne die anderen abgeschlossen zu haben. Diese Eigenschaft brauchst du, um dich erfolgreich selbstständig zu machen und dein Leben so zu regeln, dass du dich wohl-fühlst.

Tag 18 – Bändige deinen Perfektionismus

 5 Minuten   30 Minuten   *www.90taco.de/18*

Perfektionismus ist ein zweischneidiges Schwert: Zum einen ist er hilfreich, wenn ein Ziel unbedingt in höchster Qualität erreicht werden soll. Zum Beispiel ist man sicherlich dankbar, wenn der Arzt bei der Herzoperation perfekt arbeitet. Perfektionismus kann einen aber auch davon abhalten, eine Sache überhaupt fertigzustellen und/oder dazu führen, dass man andere Dinge vernachlässigt, die ebenfalls wichtig sind.

Die Kunst ist also gut abzuwägen, wo sich Spitzenleistung wirklich lohnt und notwendig ist, und wo ein „gut genug" ausreicht. Ich behaupte: In 95 Prozent der Fälle reicht ein „gut genug", auch wenn wir das manchmal nicht wahrhaben wollen.

Um produktiver zu werden, hat das in Kapitel 6 beschriebene 80/20-Prinzip den größten Hebel: Demnach lassen sich 80 Prozent eines Ergebnisses bereits mit 20 Prozent des Mitteleinsatzes erzielen. Dies lässt sich gut anwenden, um einem übertriebenen Perfektionismus entgegenzuwirken. Wenn du zum Beispiel eine Hochzeit planst, wird dein Hochzeitsessen mit zwei Stunden Planung (= 20 Prozent) nur wenig „perfekter" sein, als wenn du zehn Stunden investierst (= 100 Prozent). Dafür kannst du aber mit den „gesparten" acht Stunden viele andere Dinge erledigen, die ebenfalls wichtig sind (z. B. Hochzeitseinladungen aussuchen und dich wieder bereits nach 20 Prozent Suchzeit entscheiden, um dich anderen Dingen zuzuwenden).

Wenn du mit Perfektionismus kein Problem hast, hast du heute frei.

Falls dir aber immer wieder mal gesagt wurde, dass du sehr gründlich oder sogar perfektionistisch bist, wird das so sein. Man empfindet es häufig selbst gar nicht als Perfektionismus, so wie man seine Stärken häufig selbst nicht wahrnimmt, weil sie einem so natürlich vorkommen.

Deine Aufgabe für heute:

Reflektiere darüber, in welchen Bereichen, in denen du es bisher perfekt machen möchtest, du zukünftig mit deutlich weniger Aufwand, Energie oder Zeit ein ebenfalls hinreichend gutes Ergebnis erzielen könntest. Nimm dir anschließend für einen Bereich deiner Wahl vor, hier in Zukunft „Fünfe gerade sein zu lassen" und mit „gut genug" zufrieden zu sein. Idealerweise findest du etwas, an dem du heute schon üben kannst. Ansonsten notiere es dir in deinem Kalender an der Stelle, wo du eine Aufgabe hast, an der du das 80/20-Prinzip üben möchtest.

Diese Übung dient dazu, pragmatisch zu werden, denn um künftig deine Kunden glücklich zu machen, wirst du immer wieder pragmatische und kreative Lösungen brauchen und wirst nicht die Zeit haben, alles perfekt zu machen.

Es kann auch sein, dass du feststellst, dass es dir Freude bereitet, bestimmte Dinge perfekt zu machen. Dann prüfe, ob du vielleicht – wie die meisten von uns – zu viele Dinge in dein Leben „eingebaut" hast, so dass du durch den Perfektionismus unter Stress gerätst. Dann ist es an der Zeit, dich von Dingen wieder zu trennen, die du im Laufe der Jahre in dein Leben und deinen Alltag hineingepackt hast. Dafür bekommst du morgen eine Aufgabe.

Tag 19 – Entschlacke deinen Alltag und dein Leben

 10 Minuten   50 Minuten + Zeiten i. d. Zukunft   *www.90taco.de/19*

Heute geht es darum, dein Leben zu vereinfachen und zu entschlacken. Vielleicht kennst du Bücher wie *Simplify your life!* oder die Ratgeber von Marie Kondo über das Aufräumen? Falls nicht, geh doch demnächst mal in die Buchhandlung deiner Wahl und blättere ein bisschen in diesen Büchern.

In unserem Haushalt, unserem Alltag, unserem Freundeskreis, aber auch in unserem Unterbewusstsein haben wir über die Jahre Dinge aufgenommen, die wir irgendwann mal haben wollten, gefunden haben oder uns geschenkt wurden. Einiges davon hat uns eine ganze Zeit lang Freude bereitet, über manches andere haben wir uns schon immer geärgert. Nutze das 90-Tage-Programm, um hier mal richtig aufzuräumen und auszumisten. Lass los, miste aus und entlasse Dinge aus deinem Leben.

Deine Aufgabe besteht heute aus drei Schritten:

1. Mach dir eine Liste der Dinge, Aufgaben, Aktivitäten und Menschen, die dich Zeit, Geld, Energie und/oder Aufmerksamkeit kosten und dir keine Freude bereiten. Solche Dinge aufzugeben, loszulassen oder zu kündigen tut dir gut und gibt dir mehr Freiheit für deine Pläne.
2. Priorisiere deine Liste in absteigender Reihenfolge, indem du jeweils eine Zahl an die Punkte schreibst.
3. Im Anschluss notierst du zu jedem Punkt den jeweils ersten Schritt, um den Punkt aus deinem Leben loszuwerden und trägst diesen Schritt in deinen Kalender ein. Es sollten in den nächsten fünf Arbeitstagen drei davon eingeplant werden, der Rest in den drei Wochen danach. Beginne mit dem Punkt, der dir am meisten „Freiraum" oder „Spielraum" geben würde, wenn du ihn loswirst, dann den mit dem zweitgrößten Nutzen bei Verzicht usw.

Hier sind einige Beispiele zur Inspiration:

- **Kündige Mitgliedschaften, die dir nichts mehr bedeuten.** Wenn es Dinge gibt, zu denen du dich verpflichtet hast (z. B. ein Verein), die dir aber nicht mehr am Herzen liegen, sondern dich sogar belasten, dann beende diese. Auch wenn es dir schwerfällt, weil du dadurch vermeintlich andere Menschen (z. B. Vereinsmitglieder) enttäuschst: Es wird dir ein stärkeres Gefühl von Freiheit und Selbstbestimmtheit geben.

- **Überlege dir, mit welchen Menschen du Zeit verbringst und wie gut diese dir tun.** Freunde sind sehr wichtig für Zufriedenheit und Gesundheit und deine guten Freundschaften solltest du pflegen und keinesfalls für deine Arbeit opfern. Aber oft haben sich Menschen in ein Leben geschlichen, die einem Energie rauben, belasten und einen immer mit einem schlechten Gefühl zurücklassen, wenn man sich mit ihnen getroffen oder telefoniert hat. Auch wenn es eine große Überwindung kostet: Trenne dich von ihnen und nutze die Zeit für dich oder für Menschen, die dir guttun. Häufig schaffen es diese „Energiesauger", dass man sich für sie verantwortlich fühlt oder ein schlechtes Gewissen bekommt, wenn man ihnen absagt. Lass dich davon nicht beirren. Es wird dir guttun und dir mehr Selbstvertrauen geben, wenn du für dich und dein Leben entscheidest, mit wem du deine Zeit verbringst.

- **Gib Aufgaben ab, die dir nicht am Herzen liegen.** Überlege, welche Aufgaben und Arbeiten du im Alltag übernimmst und ob diese vielleicht jemand anderes übernehmen kann. Zum Beispiel könnten Fahrgemeinschaften mit anderen Eltern gebildet werden, um die Kinder zur Schule oder zum Sport zu bringen. Stelle eine Putzhilfe ein, um dir diese Arbeit abzunehmen. Vielleicht gibt es andere Menschen, die Spaß an Arbeit haben, die du abzugeben hast (z. B. Gartenarbeit) oder das gerne für geringes Entgelt tun (z. B. Jugendliche in der Nachbarschaft). Sei kreativ und traue dich, um Hilfe zu fragen. Es geht besser als du denkst!

- **Miste deine Zimmer, Schubladen, Schränke, Tische usw.** aus. Das befreit ungemein. Nimm dir dafür erstmal nur einen Bereich vor (z. B. den Kleiderschrank, das Badezimmer, den Keller), besorge dir drei große, leere Kisten und setze dir ein Zeitfenster von 60 Minuten. In dieser Zeit gehst du alle Dinge durch, fragst dich, ob sie dir Freude machen, wenn du sie dir ansiehst. Wenn ja, dann kommen sie in die Kiste „Behalten", wenn nicht, dann kommen sie in die Kiste „Entsorgen". Wenn du dich nicht entscheiden kannst, packe sie in die Kiste „Mal sehen". Nach den 60 Minuten räumst du die „Behalten"-Dinge schön an ihren Platz und wirst die Dinge in der „Entsorgen"-Kiste los: Teile landen im Müll, den Rest stellst du an die Straße, damit sich andere daran erfreuen. Was 48 Stunden später nicht weg ist, kommt ebenfalls in den Müll. Das ist bei einigen Dingen Ressourcenverschwendung? Ja, das stimmt! Es ist aber auch Ressourcenverschwendung, wenn du dein Leben damit belastest, daher drücken wir jetzt mal die Augen zu und schmeißen es einfach weg.

Tag 20 – Gehe Unangenehmes sofort an

 5 Minuten   30 Min. + Zeiten i. d. nächsten vier Wochen   *www.90taco.de/20*

Die Beschreibung der heutigen Aufgabe ist kurz, das Prinzip dahinter aber sehr wichtig, um später deine Geschäftsidee erfolgreich umzusetzen: Gewöhne dir an, die unangenehmste Aufgabe morgens als Erstes anzugehen.

Das gibt dir ein gutes Gefühl für den Rest des Tages und verscheucht das schlechte Gewissen, das dich wegen der unerledigten Aufgabe ansonsten den ganzen Tag belasten würde.

Hier kommt nun deine Aufgabe:

Schreibe heute die wichtigsten fünf Dinge in dein Notizbuch, die du erledigen solltest, aber schon länger vor dir herschiebst. Typische Beispiele sind: Steuererklärung machen (dafür nutze ich seit Jahren erfolgreich www.lohnsteuer-kompakt.de), unnötige Verträge kündigen oder zu einem besseren Anbieter wechseln (nutze dafür Erinnerungs- und Kündigungs-App www.aboalarm.de und die Vergleichsportale von finanztip.de, die sind besser als Verivox und Check24), einen längst ausstehenden Zahnarzt-Termin vereinbaren, etwas Defektes zur Reparatur bringen, ein klärendes Gespräch führen, etc.

Zweiter Teil der Aufgabe:

Suche dir jetzt eine Aufgabe aus, die du heute erledigen kannst und trage dir die restlichen Aufgaben als To-do für die nächsten 21 Tage in deinen Kalender ein.

Setze dich danach an die Aufgabe, die du dir für heute vorgenommen hast. In den folgenden Tagen erledige die übrigen Aufschieberitis-Aufgaben, bevor du irgendeine andere Alltags- oder Arbeitsaufgabe an diesem Tag beginnst.

Diese Übung bereitet dich auf deine zukünftige Selbstständigkeit vor. Du wirst immer wieder auch unangenehme Dinge schnell vom Tisch kriegen müssen, um a) zufriedener mit dir zu sein und b) dich auf die Zufriedenheit deiner Kunden zu konzentrieren. Außerdem hast du mehr Energie, wenn du deinen Rucksack unerledigter Dinge endlich mal ausgeleert hast. Diese Energie wirst du in den nächsten Wochen zur Umsetzung deiner Geschäftsidee brauchen!

Tag 21 – Konzentriere dich auf das Wesentliche

 10 Minuten  30 Minuten
+ Zeiten i. d. Zukunft *www.90taco.de/21*

Um zufriedener zu werden, ist es sinnvoll, sich mal genau anzusehen, welche Dinge in deinem Leben dir eigentlich wie viel Ärger und Freude machen. Auch hier bewährt sich das 80/20-Prinzip: Demnach resultieren 80 Prozent deiner Freude aus nur 20 Prozent der Dinge in deinem Leben. Gleichzeitig kannst du 80 Prozent deines Ärgers reduzieren, indem du nur 20 Prozent deiner Dinge änderst oder abschaffst.

20 Prozent der Kunden generieren 80 Prozent des Umsatzes. Diese Erkenntnis ist immer wieder ernüchternd und extrem hilfreich: Wenn du die Energie und Mittel, die du bisher in die restlichen 80 Prozent gesteckt hast, deutlich reduzierst und in die 20 Prozent der Top-Kunden investierst, wirst du mit viel weniger Arbeit deutlich mehr Umsatz erzielen. Dazu kommt, dass häufig gerade die kleinen Kunden überproportional viel Arbeit und Ärger machen. Hier ein paar Beispiele:

- **20 Prozent der Produkte sind für 80 Prozent des Umsatzes verantwortlich.** Auch hier lohnt es sich genauer hinzuschauen, ob das Produktportfolio nicht deutlich verschlankt werden kann, um sich dann auf die lohnenden Produkte zu konzentrieren. Das reduziert die Komplexität – sowohl für den Anbieter als auch für die Kunden.
- **20 Prozent der Mitarbeiter sorgen für 80 Prozent des Ergebnisses.** Diese Erfahrung kennt jeder, der in einem großen Unternehmen arbeitet. Es gibt häufig ein paar wenige, die überproportional viel leisten, und viele, die mehr oder weniger ihre Zeit absitzen.
- **Es gibt unzählige weitere Beispiele:** 20 Prozent der Aktien in einem Portfolio sind für 80 Prozent der Rendite verantwortlich; 20 Prozent der Städte haben 80 Prozent der Gesamtbevölkerung als Einwohner, etc.

So, und nun kommen wir zu deiner Aufgabe für heute:

Setze dich hin und überlege, in welchen Bereichen deines Lebens die 20/80-Regel relevant sein könnte. Wo macht ein kleiner Teil der Dinge einen großen Teil des Wertes für dich aus? Es sind vielleicht wenige Freunde, die dir wirklich viel Freude bereiten?

Es sind wenige Dinge, die du kaufst, die dir den größten Anteil deiner Zufriedenheit durch Konsum ausmachen?

Schreib dir diese Punkte in dein Notizbuch. Untersuche im Anschluss, was du machen könnest, um dich nur auf die 20 Prozent zu fokussieren, die bereits 80 Prozent des Nutzens bringen, um den Rest ggf. wegzulassen.

Der zweite Teil der Aufgabe:

Fokussiere dich in Zukunft auf die 20 Prozent. Wenn du etwas tust (z. B. einen Text schreiben, etwas bauen, die Wohnung schön halten, etc.) und sich der Stand bzw. das Ergebnis „gerade so gut genug" anfühlt, bitte andere um Feedback und glaube ihnen, wenn sie sagen „ja, das reicht" oder „das ist gut genug".

Warum ist diese Übung wichtig? Dein Ziel sollte es sein, nicht nur selbstständig und selbstbestimmt zu arbeiten, sondern auch genug Zeit für dein Privatleben zu haben. Bloß kein (neues) Hamsterrad! Dafür ist es wichtig, dass du dich auf die wirklich wichtigen und wesentlichen Dinge fokussieren kannst und effektiv bist.

Tag 22 – Organisiere andere besser

 10 Minuten   50 Minuten   www.90taco.de/22

In den letzten Tagen hast du dich um deine *persönliche* Arbeitsorganisation gekümmert. Achte die folgenden Tage darauf, die neuen Vorsätze weiter regelmäßig zu befolgen und zu pflegen. Es dauert einige Zeit, bis sich neue Gewohnheiten „richtig" anfühlen. Aber es lohnt sich!

Heute und in den nächsten Tagen geht es darum, deine Zusammenarbeit *mit anderen* zu verbessern.

Deine Aufgabe für heute:

Schau dir die folgenden Zeitfresser genau an und überlege, welche wie stark auf dein Leben zutreffen. Überlege, ob es weitere Dinge gibt, die dich in der Zusammenarbeit mit anderen stören und die du gerne ändern würdest.

Zeitfresser	Nutzen
Verabredungen von Freunden, Verwandten, Kollegen werden nicht eingehalten	Ich bin tolerant?
Klatsch-und-Tratsch-Gespräche im Büro, zu viele Störungen durch Besucher	Mich dazugehörig fühlen?
planlose Meetings, Treffen und Besprechungen	Mich wichtig fühlen?
alles selbst tun	Mich unersetzlich fühlen?
Helfersyndrom oder „Nicht-Nein-sagen-können"	Mich wichtig fühlen?

Bring die Zeitfresser in eine Reihenfolge – den größten zuerst – und schreibe diese in dein Notizbuch. Wo hast du das Gefühl, am meisten Zeit unnütz zu vergeuden? Was tut dir gut und was würdest du gerne loswerden oder reduzieren? Mach das, *bevor* du weiterliest.

Zweiter Teil der Aufgabe:

Überlege dir zu jedem Punkt, wie du damit in Zukunft besser umgehen möchtest und was du machen kannst, um weniger Zeit zu verlieren und konzentrierter für dich zu sein. Mach das wieder, *bevor* du weiterliest.

Dritter Teil der Aufgabe:

Im Folgenden findest du einige Anregungen, um deine eigenen Ideen zu ergänzen. Was davon spricht dich an? Ergänze deine Notizen.

Zeitfresser	Lösungsansätze
Verabredungen von Freunden, Verwandten, Kollegen werden nicht eingehalten	Sofort Termin im Kalender eintragen und die anderen per E-Mail einladen; Feedback geben, wenn Leute zu spät kommen, da häufig viele Menschen im Meeting auf die Person warten müssen
Klatsch und Tratsch im Büro, zu viele Störungen durch Besucher	Beim konzentrierten Arbeiten verbindlich sein und am Telefon und bei Besuch nicht fragen „Hallo, wie geht's?", sondern „Hallo, was kann ich für dich tun?" und klar machen, dass du gerade „mitten in was drin bist" und dich später zurückmeldest; „Bitte nicht stören"-Schild nutzen
planlose Meetings, Treffen und Besprechungen	Meetings möglichst fernbleiben; klare Zielsetzung und Agenda einfordern bzw. vorher verschicken; starken Moderator festlegen; Time-boxing (Zeitfenster für das Meeting und pro Thema zu Beginn ankündigen); aus uneffektiven Meetings mit Begründung früh verabschieden
alles selbst tun	Delegieren lernen, auch bei kleinen Dingen im Haushalt; andere um Hilfe bitten; bei neuen Aufgaben zunächst klären, ob du wirklich der Richtige dafür bist: wenn ja, suche dir jemanden, der das schon gemacht hat, und nutze seine Erfahrung
Helfersyndrom oder „Nicht-Nein-sagen-können"	Mache dir klar, dass jedes „Ja" ein „Nein" zu etwas anderem bedeutet. Und jedes „Nein" gegenüber anderen ein „Ja" für *dein* Leben ist.

154

Letzter Teil der Aufgabe:

Wähle mindestens eine Sache aus, die du heute und am besten gleich umsetzen kannst (z. B. ein „Bitte nicht stören"-Türschild malen, um deiner Familie deutlich zu zeigen, wenn du konzentriert arbeiten möchtest).

Diese Übung bereitet dich darauf vor, mit anderen zusammenzuarbeiten, um deinen Traumberuf Realität werden zu lassen. Denn dazu wirst du die Unterstützung von und eine Zusammenarbeit mit Kunden, Partnern, Kollegen, Lieferanten, Behörden, etc. brauchen.

Tag 23 – Schaffe Ordnung am Arbeitsplatz

 5 Minuten   50 Minuten   www.90taco.de/23

Heute wirst du deinen Arbeitsplatz zu Hause oder im Büro mal so richtig auf Vordermann bringen, damit du eine positive und förderliche Arbeitsumgebung hast. Das Äußere beeinflusst unser Inneres und umgekehrt, deine Umgebung spiegelt die Ordnung in deinem Kopf und in deinem Leben wider. Herrscht um dich herum das Chaos, fließt dein Arbeitsalltag auch nicht so schön, wie er soll – und umgekehrt.

Deine Aufgabe für heute:

Räume heute mal deinen Arbeitsplatz so richtig auf! Nimm dir dafür zunächst 60 Minuten, in denen du ungestört räumen kannst, und stelle dir einen Wecker. Entsorge alle Dinge, die du nicht brauchst oder kaputt sind. Finde für jedes Teil einen festen Platz. Gehe deine Stifte durch und schmeiße alle weg, die nicht mehr 100 Prozent gut funktionieren. Mach dir eine Liste der Dinge, die du besorgen möchtest, um deinen Arbeitsplatz besser zu organisieren (Ordner, Ablagefächer, Locher, Tacker, Büroklammern, etc.).

Ich empfehle dir ein Whiteboard an die Wand zu hängen oder einen Flipchart mit Ständer zu kaufen. Es hilft sehr, Dinge im Stehen an die Wand zu schreiben und kleine Skizzen von Ideen zu machen, um kreativ zu werden und deine Gedanken zu strukturieren.

Deine Aufgabe für die Zukunft:

Räume ab heute deinen Arbeitsplatz am Ende jedes Arbeitstages auf und lege bereits die Dinge zurecht, die du am nächsten Tag brauchen wirst. Schreib dir die wichtigste Aufgabe für den nächsten Tag auf, die – wenn nur diese erledigt wird – den nächsten Tag zu einem erfolgreichen macht. Plane für das Aufräumen 15 Minuten deiner Arbeitszeit an. Also wenn du um 18:00 Uhr Schluss machen willst, endet deine Arbeit um 17:45 Uhr und die restlichen Minuten machst du Ordnung. Trage dir dafür einen täglichen, wiederkehrenden Termin mit Erinnerung in deinen Kalender ein.

Plane einmal im Monat eine Stunde vor Arbeitsende in deinem Kalender ein (z. B. jeder letzte Freitag im Monat), um auszumisten, Vorräte aufzufüllen, Ablagen zu priorisieren etc.

Diese Übung hilft dir, deine Produktivität, Fokus und Motivation an deinem Arbeitsplatz deutlich zu verbessern. Dies wirst du für die nächsten Wochen brauchen, um dein Ziel erfolgreich zu erreichen.

Tag 24 – Fordere Homeoffice ein

 15 Minuten  15 Minuten + zukünftige Zeiten www.90taco.de/24

Die heutige Aufgabe ist für dich nur relevant, wenn du im Büro arbeitest. Falls dies nicht der Fall ist, dann hast du heute frei.

Viele Menschen stellen fest, dass sie viel effektiver und effizienter sind, wenn sie nicht an ihrem Arbeitsplatz arbeiten (z. B. während einer längeren Zugfahrt oder im Homeoffice während der Corona-Zeit). Wenn man nicht am Arbeitsplatz ist, entkommt man automatisch vielen Zeitfressern und kann sich häufig besser konzentrieren (eine gute Arbeitsumgebung vorausgesetzt). Wenn es also für dich auch nur irgendwie denkbar ist, dass du teilweise von zu Hause (oder in einem Co-Working-Space) arbeiten kannst, solltest du versuchen, mit deinem Arbeitgeber eine Homeoffice-Regelung für einen oder mehrere Tage zu vereinbaren. Aufgrund der vielen positiven Erfahrungen auf Arbeitnehmer- und Arbeitgeberseite während der Corona-Pandemie sind die Chancen heute sehr gut. So kannst du bald nicht nur mehr von deiner Arbeit in kürzerer Zeit erledigen, sondern hast auch mehr Zeit, an deiner eigenen Geschäftsidee zu arbeiten.

Mittlerweile müssten dein(e) Vorgesetzte(r) und deine Kollegen gemerkt haben, wie viel effizienter und effektiver du durch die Maßnahmen aus der dritten Woche geworden bist. Damit hast du die perfekte Argumentationsgrundlage, um den nächsten Schritt zu gehen: Homeoffice beantragen!

Falls eine Homeoffice-Regelung also für deine Arbeit grundsätzlich möglich ist, wirst du heute damit beginnen, diese zu bekommen.

Deine Aufgabe für heute:

Plane heute einen Tag ein, an dem du dein Arbeitsmaterial (Laptop, Unterlagen, etc.) am Vortag mit nach Hause nimmst und deinem Chef und Kollegen sagst, dass du von zu Hause arbeiten musst. Das kann auch gerne morgen oder übermorgen schon sein.

Arbeite an diesem Tag besonders fokussiert, und versuche, so viel wie möglich zu erledigen. Schreibe – natürlich nur, wo inhaltlich sinnvoll – E-Mails, um zu zeigen, was du alles erledigt hast (ja, du darfst den ganzen Tag E-Mails schreiben, nur checken wirst du deine E-Mails wie gewohnt um 11:00 Uhr und 16:00 Uhr).

Damit verfolgst du zwei Ziele:

1. Du wirst feststellen, was du alles noch brauchst bzw. anpassen musst, um optimal von zu Hause zu arbeiten.
2. Du sammelst Unterlagen für deinen Chef, die belegen, wie viel produktiver du von zu Hause arbeiten kannst.

Fasse im Anschluss die positiven Ergebnisse deines Homeoffice-Experiments auf einer Seite zusammen und vereinbare dann ein Gespräch mit deinem Vorgesetzten. Erkläre ihm, dass du gemerkt hast, wie viel produktiver du für die Firma bist, wenn du zwei Tage die Woche von zu Hause arbeitest und dass die Zusammenarbeit mit den Kollegen prima funktioniert.

Bitte ihn, dies für zwei Wochen auszuprobieren mit dem Versprechen, den Versuch sofort abzubrechen, wenn es nicht die erwarteten Vorteile für die Firma bringt und die Erfahrungen spätestens im Anschluss an die zwei Wochen zu besprechen, bevor das weitere Vorgehen abgestimmt wird. Der Vorschlag „lass es uns doch mal für ein paar Tage versuchen, und dann gemeinsam entscheiden, ob das sinnvoll ist" funktioniert übrigens häufig.

Wenn du die Erlaubnis hast, für zwei Wochen einige Tage im Homeoffice zu bleiben, sorge dafür, dass dies die produktivsten Tage aller Zeiten werden. So überzeugst du deinen Vorgesetzten und erarbeitest dir ein Stückchen mehr Freiheit. Versuche dann nach und nach, den Anteil der Heimarbeit auszudehnen.

Tag 25 – Setze Prioritäten und schließe Aufgaben ab

 10 Minuten   50 Minuten   *www.90taco.de/25*

Die wenigsten Menschen nehmen sich bewusst Zeit, ihre Aufgaben zu priorisieren. Daher wurschteln sie an allem Möglichen rum, fühlen sich beschäftigt oder sogar überlastet, ohne wirklich große Ergebnisse zu erzielen.

Wenn du nicht selbst priorisierst, wird die Umwelt für dich priorisieren und dich nutzen, um die Dinge zu erledigen, die am lautesten „Hier!" schreien. Und das sind in der Regel nicht die Dinge, die dir helfen, deine Ziele zu erreichen und dich wohlzufühlen.

Mach dir zunächst mal klar, dass *Beschäftigt-sein* nichts mit *Effektiv-sein* zu tun hat. Im Gegenteil: Es kann sehr gut sein, dass sechs Stunden darüber nachzudenken, was du wirklich machen musst, mit anschließenden zwei Stunden Arbeit zehnmal so effektiv ist, wie dein üblicher Acht-Stunden-Tag voller „busy-ness".

Beginne ab heute damit, deine Aufgaben zu priorisieren und lege jetzt gleich los.

Deine Aufgabe für heute:

Erstelle dir eine Übersicht aller Themen, die dich aktuell beschäftigen (z. B. neuen Job entwickeln, Haushalt, Kinder, Ablage machen, Verein, etc.). Gib nun jedem Thema 0 bis 3 Punkte für deren jeweilige Wichtigkeit und Dringlichkeit für dich und dein Leben und schreibe diese zu jedem Thema dazu (3 Punkte = sehr wichtig/dringend, 0 Punkte = unwichtig/nicht dringend).

Male dir nun eine 2 x 2-Matrix wie in Abbildung 11 dargestellt in dein Notizbuch und trage die Themen an die entsprechende Stelle der Matrix ein:

Abbildung 11: 2x2-Matrix zur Einordnung von Aufgaben bezüglich Dringlichkeit und Wichtigkeit

Aus der Matrix ergibt sich nun die Priorisierung für deine Aufgaben:

I. **Wichtig und dringend:** *Sofort selbst erledigen* und in Zukunft solche Situationen durch stärkere Beachtung der Kategorie II-Aufgaben möglichst vermeiden.

II. **Wichtig, aber nicht dringend:** Diese Aufgaben im Kalender *terminieren und selbst erledigen*. Für ein entspannteres und erfolgreicheres Leben solltest du hier den Großteil deiner Zeit verbringen.

III. **Dringend, aber nicht wichtig:** Versuche diese Aufgaben so weit wie möglich an andere zu *delegieren*, um dich zu entlasten. Wenn die das nicht gut genug machen, ist das kein Beinbruch.

VI. **Weder dringend noch wichtig:** Diese Aufgabe *ignorieren*.

	dringend	nicht dringend
wichtig	**I. Sofort erledigen** • Krisen • Notfälle • Deadlines mit hoher Bedeutung	**II. Einplanen** • Planung • Prävention • Beziehungen • Trends • Weiterbildung
nicht wichtig	**III. Delegieren** • Meetings • E-Mails • Unterbrechungen • Anrufe	**IV. Ignorieren** • Triviale Routinen • Ablenkungen

Abbildung 12: Entscheidungsmatrix für anstehende Aufgaben

Setze dir für die priorisierten Aufgaben ein enges Zeitfenster, in welchem du konzentriert jeweils nur an diesen Aufgaben arbeitest.

Packe gleichartige Aufgaben einmal täglich (z. B. E-Mails beantworten), einmal wöchentlich (z. B. Post und Ablage abarbeiten) oder einmal monatlich (z. B. Rechnungen bezahlen) zusammen. Sammle gleichartige Aufgaben an einem festen Ort (z. B. E-Mail-Ordner, Fach für Rechnungen), ohne sie weiter zu bearbeiten.

Wozu dient diese Übung? Es ist sehr wichtig für dich zu lernen, Dinge auch NICHT zu tun und das auszuhalten. Hier gilt das Prinzip: Lass ruhig kleine Dinge unerledigt oder schieflaufen, um dafür die großen und für dich wichtigen Dinge erfolgreich umzusetzen. Du kannst und musst es nicht allen recht machen!

Tag 26 – Verlasse deine Komfortzone: Fremde ansprechen

 5 Minuten   120 Minuten   *www.90taco.de/26*

Wenn du dich selbstständig machen möchtest, ist es wichtig, dass du Menschen ansprechen kannst und formulierst, was du von ihnen möchtest. Das braucht Mut und etwas Übung und genau daran arbeiten wir jetzt.

Deine Aufgabe für heute:

Suche dir jetzt eine Veranstaltung aus, auf die du in den nächsten sieben Tagen gehen kannst. Und zwar allein! Richtig gelesen – nimm niemanden sonst mit. Melde dich – wenn nötig – zu dieser Veranstaltung an und trage sie in deinen Kalender ein.

Begib dich freiwillig in eine Situation, wo du sonst niemanden kennst. Ohne jemanden, mit dem du dich beschäftigen kannst, wirst du gezwungen, etwas aus dir herausgehen. Setze dich aber nicht zu sehr unter Druck. Wenn du dich nicht gleich mit jemandem unterhältst, ist das in Ordnung! Mache dir klar: So wie dir geht es allen Menschen.

Die meisten Menschen freuen sich, wenn sie freundlich angesprochen werden und ganz besonders, wenn sie um Rat gefragt werden. Beginne deine Übung damit, dass du auf dem Weg zur Veranstaltung zweimal Leute nach dem Weg fragst, auch wenn du ihn eigentlich kennst. Es geht nur um die Übung. Du warst unterwegs und unter Fremden – etwas, was du sonst nie gemacht hast.

Schau dich nach Veranstaltungen in deiner Stadt um, wo du mit anderen ins Gespräch kommen kannst (Kunstvorführungen, Buchlesungen, Musikkonzerte, etc.). Ideal ist ein Museum. Schau dir die Objekte oder Kunstgegenstände an und sprich einfach eine andere Person an, die das Gleiche betrachtet, indem du sagst, was dir auffällt oder gefällt. Versuche es einfach! Und lass dich überraschen, was für interessante Gespräche sich daraus ergeben. Und wer weiß – vielleicht kommst du durch dieses Programm am Ende nicht nur an deinen Traumjob …

Diese Übung bereitet dich darauf vor, später deine Geschäftsidee an potenziellen Kunden zu testen, die du ebenfalls ansprechen musst.

> **HINWEIS:** In sechs Tagen wäre es gut, wenn du eine/n Sparringspartner/in für die Aufgabe 31 hast. Ich sage dir heute schon Bescheid, damit du dich jetzt schon mit ihr/ihm für Tag 31 verabreden kannst.

Schritt 3:
Finde deine Geschäftsidee

Tag 27 – Ermittle dein Zieleinkommen

 20 Minuten   90 Minuten   *www.90taco.de/27*

Geld ist wichtig. Und mehr Geld macht auch glücklicher, jedoch nur bis zu einem gewissen Einkommen, wie verschiedene Studien belegen.[28] Selbst Lotto-Millionäre sind nach einem Jahr wieder ähnlich glücklich oder sogar unglücklicher als vor dem „großen Gewinn".

Wir sollten so viel Geld haben, dass wir uns keine großen Sorgen machen müssen. Gleichzeitig sollten wir nicht so viel Geld haben, dass wir uns gerade deswegen Sorgen machen müssten.

Es ist also hilfreich zu wissen, wie viel Geld du für dich und deine Familie brauchst, um glücklich zu sein. Denn ab diesem Niveau solltest du dafür sorgen, dass du mehr Zeit für die Dinge hast, die dir wichtig sind, statt zu versuchen, dein Einkommen weiter zu steigern.

Jean-Jacques Rousseau (1712–1778), der französische Schriftsteller und Philosoph der Aufklärung, sagte dazu: *„Das Geld, das man besitzt, ist das Mittel zur Freiheit, dasjenige, dem man nachjagt, das Mittel zur Knechtschaft."*

Hier nun deine Aufgabe für heute:

Schreibe in deinem Notizbuch auf, welche Anschaffungen du in deinem Leben wann ungefähr tätigen möchtest. Konzentriere dich dabei zunächst auf die unbedingt notwendigen. Vielleicht möchtest du auf ein Eigenheim ansparen? Dann überlege dir, wie viel Geld du brauchst, um dafür einen Kredit aufzunehmen und dafür ggf. Eigenkapitel einzubringen. Teile den Betrag für die Anzahlung durch die Anzahl der Monate, die bis zum geplanten Kaufdatum noch vergehen.

BEISPIELRECHNUNG FÜR GEPLANTEN IMMOBILIENERWERB

Heutiges Datum:	November 2020
Geplantes Kaufdatum:	Juni 2025
Geschätzter Kaufpreis:	250.000 Euro (davon 50.000 Euro Anzahlung)
Zeit November 2020 bis Juni 2025:	54 Monate
Monatl. nötige Sparrate für die Anzahl.:	50.000 / 54 = 926 Euro/Monat

Für den Kredit werden bei einem Zins von 1,5 Prozent nach dem Kauf pro Monat 750 Euro fällig, die ab dem Juli 2026 zu verdienen und für 27 Jahre abzubezahlen sind.

Berechne den Geldbedarf für alle deine anderen Pläne (z. B. Kauf eines Autos, Kosten für die Ausbildung von Kindern, etc.) und summiere deine Kosten des täglichen Bedarfs hinzu. Die Summe ist das Netto-Einkommen, das du pro Monat für das Leben deiner Wahl erzielen musst.

BEISPIELRECHNUNG FÜR AUSBILDUNG DER KINDER

Heutiges Datum:	März 2020
Geplanter Ausbildungsbeginn:	September 2032
Benötigtes Budget:	50.000 Euro (inflationsbereinigt)
Zeit März 2020 bis Sept. 2032:	151 Monate

Monatliche nötige Sparrate für die Ausbildung = 50.000 / 151 = 331 Euro/Monat

---

TIPP

Als Selbstständiger musst du viele Kosten im Blick haben, über die du dir als Angestellter wenig oder gar keine Gedanken machen musst.

- Das finanzielle Risiko trägst du allein und du musst dich selbst absichern, das heißt um Kranken-, Renten-, Pflege- und Sozialversicherungsbeiträge kümmern.
- Der Mindestbeitrag zur freiwilligen gesetzlichen Krankenversicherung ist hoch, private Krankenversicherungen werden im Alter oder mit Familie schnell teuer. Außerdem musst du Arztkosten oft vorstrecken, was deinen Cashflow belastet.
- Eine der häufigsten Stolperfallen von Selbstständigen ist eine Steuerzahlung, die häufig erst Jahre später kommt und viel höher ist, als erwartet. Ganz wichtiger Tipp: Richte dir ein eigenes Bankkonto für Steuerzahlungen ein, auf das du stets 30 Prozent des grob geschätzten Gewinns einzahlst. Außerdem solltest du Gewinnrückgänge direkt an das Finanzamt melden, denn die Finanzbehörde schätzt deine Steuerlast auf Basis des Gewinns der letzten Jahre.

BEISPIELRECHNUNG FÜR DEN LEBENSUNTERHALT

	pro Monat
Wohnkosten (monatliche Miete, Nebenkosten)	650 Euro
Lebensmittel (z. B. Nahrungsmittel, Getränke, Apotheke)	500 Euro
Kleidung	100 Euro
Mobilität (Kfz-Kosten, ÖPNV-Fahrtickets, Flugtickets)	350 Euro
Bildung (Ausbildungs- und Studiengebühren, Materialkosten)	0 Euro
Urlaubsreisen (ca. 2.400 Euro im Jahr)	200 Euro
Sport und Freizeit (Fitnessstudio, Kino, Theater)	20 Euro
Tierhaltung	0 Euro
Sonstiges (Telefon, Internet, Mobilfunk, GEZ, etc.)	80 Euro
Lebenshaltungskosten	**1.900 Euro**
Versicherungen	20 Euro
Rücklagen für Ausbildung der Kinder	331 Euro
Altersvorsorge	240 Euro
Sparen	93 Euro
Raten für bestehende Kredite	0 Euro
Rücklagen für Immobilie	926 Euro
Kosten für die Zukunft	**1.600 Euro**
Nötiges Nettoeinkommen	**3.500 Euro**
Nettoeinkommen des Ehepartners	**1.950 Euro**
Nötiges Einkommen aus Selbstständigkeit	**1.550 Euro**

Nachdem du die Berechnung gemacht hast: Ist es ungefähr so viel, wie du heute netto pro Monat verdienst?

Wenn es sehr viel mehr ist, prüfe zunächst einmal, ob deine Pläne wirklich in der geplanten Höhe und in so naher Zukunft nötig sind. Du solltest ein realistisches Einkommensziel haben, um die Latte für deine Selbstständigkeit nicht zu hoch zu schrauben. Wenn du nicht in einem hochbezahlten Beruf bist und dein bisheriges Einkommen für dein Leben genügt hat, peile für die nächsten zwei, drei Jahre zunächst ein Einkommen in der gleichen Größenordnung an.

Wenn du heute in einem sehr gut bezahlten Job bist, der von dir lange Arbeitstage,

Wochenendarbeit, viel Verantwortung und viel Stress abverlangt, beginne zunächst einmal damit zu überlegen, mit welchem geringeren Einkommen du leben könntest, wenn dafür die Belastung, der Stress, die Verantwortung und die Gefahren für deine Gesundheit deutlich geringer sind.

Mach dir auch klar, was es für dich bedeutet und dir „wert" ist, wenn du mehr Zeit für deine Familie, für dich und deine Hobbys hast. Im Leben hat alles einen Preis. Der Preis für den hohen Lohn war bisher die Belastung. Wenn du die loswerden möchtest, ist der Preis dafür, dass du zunächst mit einem niedrigeren Einkommen auskommen musst.

Wenn das nicht geht, weil du so viele finanzielle Verpflichtungen hast, empfehle ich dir dringend, erstmal zu prüfen, ob du diese nicht reduzieren kannst und willst, zum Beispiel indem du Immobilien verkaufst, um Schulden zurückzuzahlen. Auch wenn du dadurch vielleicht finanziell einen Verlust machst: Deine Gesundheit und deine Lebenszeit kannst du mit keinem Geld der Welt aufwiegen.

Wie viel Geld musst du pro Tag verdienen? Für die Berechnung der Arbeitstage pro Jahr, die du als Selbstständiger wirklich arbeitest, müssen wir – je nach deinem Geschäftsmodell – Feiertage, Fortbildung, Urlaube, Krankheitstage, etc. abziehen.

Nehmen wir mal an, dass du von den 365 Tagen im Jahr an Wochenenden (104 Tage), Feiertagen (zwischen neun und 16 Tage), im Urlaub (25 bis 30 Tage), bei Krankheit (ca. fünf Tage) und für Zeiten der Weiterbildung (ca. fünf Tage) nicht arbeitest. Dann bleiben 211 Tage pro Jahr oder im Durchschnitt 17,5 Tage pro Monat.

Damit ergibt sich ein benötigtes Nettoeinkommen pro Tag von:

1.550 Euro : 17,5 $\approx$ 89 Euro/Tag

Erhöhe nun den Betrag um deinen durchschnittlichen Steuersatz, um dein nötiges Brutto-Einkommen zu berechnen:

Bruttoeinkommen = Nettoeinkommen x (1 + Steuersatz in Prozent : 100)

BEISPIEL FÜR BENÖTIGTES NETTOEINKOMMEN (bei Steuersatz von 45 %):

pro Jahr	12 x 1.550 x 1,45	= 26.970 Euro
pro Monat	1.550 x 1,45	= 2.247,50 Euro
pro Tag	89 EURO x 1,45	= 129,05 Euro
pro Stunde	129,05 Euro : 4	= 32,26 Euro (bei vier Stunden/Arbeitstag)

Mit dieser Übung weißt du jetzt, wie viel Geld deine Geschäftsidee pro Stunde, pro Arbeitstag, pro Monat und pro Jahr abwerfen muss. Das ist eine wichtige Information für viele zukünftige Entscheidungen und für dein Geschäftsmodell, das du in Kürze im 90-Tage-Programm entwickeln wirst.

Tag 28 – Definiere, wann und wo du arbeiten möchtest

 15 Minuten   45 Minuten   *www.90taco.de/28*

In der heutigen Aufgabe geht es darum, wann, wo und wie flexibel du zukünftig idealerweise arbeiten möchtest. Es geht also um vier Bereiche: deinen Arbeitsort, deine zeitlich-räumliche Flexibilität, deine Arbeitszeiten sowie deine Reisebereitschaft.

Hier ist deine Aufgabe:

Lies dir für alle vier Bereiche die Erläuterungen durch und fülle die jeweils zur Verfügung gestellten Tabellen für dich aus.

1. Arbeitsort und räumliche Flexibilität

Ein entscheidender Einflussfaktor für deine Geschäftsidee ist der Ort, an dem du arbeiten möchtest. Wenn es dir zum Beispiel wichtig ist, an deinem Wohnort zu arbeiten, bist du eingeschränkter, als wenn du bereit bist zu pendeln oder sogar umzuziehen.

Überlege dir genau, was dir beim Arbeitsort wichtig ist. Bist du bereit zu pendeln? Ist es dir wichtig, bei der Arbeit auch andere Menschen zu treffen oder ist für dich das Homeoffice attraktiver? Möchtest du gerne in einem Büro arbeiten oder eher draußen? Möchtest du gerne stets an einem Ort sein oder möchtest du lieber für deinen Beruf reisen können? Soll das innerhalb deines Wohnlands sein oder reizen dich Auslandsreisen?

Nutze die nachfolgende Tabelle, um dir darüber klar zu werden, welchen Grad an räumlicher Flexibilität du für dich wünschst:

Räumliche Flexibilität beim Arbeiten	
keine	an einen Ort gebunden, keine Reisemöglichkeit
gering	an einen Ort gebunden, mit Reisemöglichkeit
mittel	an eine Region gebunden und bedingt reisewillig
hoch	an eine Region gebunden und sehr reisewillig
sehr hoch	nicht regional gebunden

167

2. Arbeitszeiten und zeitliche Flexibilität

Welche unverrückbaren Verpflichtungen hast du? Als Single hast du andere Freiheiten, als wenn du eine Familie mit mehreren Kindern ernähren musst. Vielleicht bist du auch gebunden, weil du Angehörige pflegen oder andere Verpflichtungen hast, die du nicht aufgeben möchtest. Aus diesen Verpflichtungen ergeben sich Anforderungen an deine zeitliche Flexibilität (um z. B. kurzfristig für ein krankes Kind da zu sein) oder die Möglichkeit von zu Hause zu arbeiten (um z. B. einen Elternteil zu pflegen).

Schätze mit der folgenden Tabelle deinen zeitlichen Flexibilitätsbedarf ein. Bedenke, dass es um die Arbeitszeiten geht, wenn du deinen alten Job bereits gekündigt hast, also nur noch selbstständig arbeitest!

Räumliche Flexibilität beim Arbeiten	
keine	< 15 Stunden und feste Arbeitszeiten
gering	< 15 Stunden aber flexible Arbeitszeiten
mittel	15–30 Stunden und feste Arbeitszeiten
hoch	15–30 Stunden und flexible Arbeitszeiten
sehr hoch	> 30 Stunden

Wann wäre eine gute Zeit für dich zum Arbeiten und wie viele Stunden möchtest du für deine Arbeit einsetzen? Wenn du dich um deine Kinder kümmern möchtest, nachdem diese aus dem Kindergarten oder der Schule zurück sind, beschränkt sich deine mögliche Arbeitszeit vermutlich auf vier bis fünf Stunden am Vormittag und etwas Zeit am Abend. Mach dir klar, wie viele Stunden du täglich oder wöchentlich minimal und maximal arbeiten möchtest. Nutze dafür folgende Tabelle, die du auch unter www.90-tage-programm.de/buchtabellen findest.

Beispiel für ein wöchentliches Arbeitszeitbudget:

	Montag	Dienstag	Mittwoch	Donnerstag	Freitag	Wochenende
Vormittags	3	4	3	4	3	
Nachmittags	2		2			
Abends						
Summe	5	4	5	4	3	
	Wochenarbeitszeit: 21 Stunden					

3. Reisen

Viele Menschen möchten ihrem Job entkommen, um Zeit für lange Reisen zu haben. Sie träumen davon, für ein halbes oder ganzes Jahr in einem ganz anderen Erdteil zu leben und dort Land und Leute kennenzulernen. Auch dafür gibt es Geschäftsideen für Selbstständige. Wenn du also zu den Globetrottern gehören möchtest, die ein entspanntes Leben in Asien, Südamerika oder sonst wo in der Welt führen, ist das eine der zentralen Nebenbedingungen für deine Geschäftsidee.

Reisebedarf	Bedeutung
keine beruflichen Reisen	keine
gelegentlich berufliche Reisen	mittel
ortsungebunden arbeiten	hoch

Durch die heutige Aufgabe hast du mehr Klarheit über die Rahmenbedingungen deiner Selbstständigkeit erhalten. Bei deiner nächsten Aufgabe geht es dann um weitere Details, wie du zukünftig arbeiten möchtest.

Tag 29 – Bestimme, was du arbeiten möchtest

 5 Minuten   30 Minuten   *www.90taco.de/29*

Wir werden heute die Bereiche weiter eingrenzen, in denen du arbeiten möchtest. Arbeitest du zum Beispiel gerne allein oder lieber im Team? Ist es dir wichtig, mit Kunden in Kontakt zu kommen oder möchtest du lieber im Hintergrund agieren? Die folgende Tabelle hilft dir bei diesen Fragen.

Hier nun deine Aufgabe:

Gehe von links nach rechts durch die Tabelle und suche in jeder Spalte ein bis zwei Begriffe, die dir am meisten zusagen. Daraus ergeben sich dann zum Beispiel folgende Arbeitsbereiche:

BEISPIEL

„Ich möchte gerne in meiner Stadt von zu Hause (= wo) für Privatkunden (= für wen) hochwertige (= Segment) Suppen kochen und ausliefern (= Tätigkeit aus deinem ‚Wunschleben' von Tag 9)."

Wo?	Mit wem?	Für wen?	Segment?	Was?
zu Hause	allein	Privatkunden	kostenlos	Hier kommt der
im Freien	im Team	Geschäftskunden	günstig	Inhalt deiner
im Büro	Patienten		mittelpreisig	Berufung hin:
im Geschäft	Kunden		exklusiv	dein „Wunsch-
am Computer	Partnern			leben" aus der
am Telefon	Unternehmen			Übung vom Tag 9
unterwegs	Privatpersonen			
in meiner Stadt	Tieren			
in meiner Region	*ggf. andere*			
in meinem Land				
weltweit				
ggf. anderswo				

Mit dieser Übung hast du die Rahmenbedingungen deiner Geschäftsidee weiter eingegrenzt und präzisiert.

In den folgenden Schritten geht es darum zu validieren, dass die Idee nicht nur dir gefällt, sondern auch deinen Kunden. In diesem Prozess wirst du viel über die Bedürfnisse der Kunden lernen und deine Idee sukzessiv so weit anpassen, dass die Erfolgswahrscheinlichkeit maximal ist.

Tag 30 – Bereite den Extended Canvas vor

 2 Minuten   45 Minuten   *www.90taco.de/30*

Deine heutige Aufgabe ist einfach und dient der Vorbereitung der nächsten Tage:

Drucke unter www.90-tage-programm.de/canvas den Extended Canvas in großem Format (mind. DIN-A2) in einem Copyshop in dreifacher Ausfertigung aus. Hänge ein Exemplar an eine Wand in deinem Arbeitszimmer, an der du gut mit dem Canvas arbeiten kannst. Du wirst dort Post-its einkleben, beschriften und immer wieder umhängen oder überarbeiten. Stelle also sicher, dass du an der Wand gut und bequem arbeiten kannst.

Für die morgige Aufgabe ist es ideal, wenn du eine/n Sparringspartner/in hast. Erinnere sie/ihn noch mal daran, dass es morgen losgeht.

Tag 31 – Bestimme deine Zielkunden

 10 Minuten   90 Minuten   *www.90taco.de/31*

Du wirst heute und in den folgenden Tagen Schritt für Schritt die einzelnen Felder des Extended Canvas befüllen. Heute beginnst du mit deiner „Zielgruppe". Bedenke, dass die Kunden, die dein Produkt kaufen werden („Käufer"), nicht immer auch die sind, die es nutzen („Nutzer"). Beide sind gleich relevant, um ein erfolgreiches Angebot zu entwickeln. Kunden und Nutzer können die gleiche Person sein, insbesondere im Konsumentengeschäft, müssen es aber nicht, vor allem wenn du mit Unternehmen oder Institutionen Geschäfte machen willst.

Und hier kommt deine Aufgabe:

Überlege dir – am besten mit deinem/deiner Sparringspartner/in –, wer genau deine zukünftigen Kunden und Nutzer sind:

- Sind das eher Frauen (z. B. Yoga-Studio) oder eher Männer (z. B. Sports Bar)?
- Welche Altersgruppe interessiert sich am meisten für dein Angebot?
- Welche besonderen Eigenschaften hat deine Zielgruppe (z. B. sportinteressiert, gesundheitsbewusst, wohlhabend, geringes Einkommen, wenig Zeit, etc.)?
- In welchen Preissegment bewegen sich deine Kunden (z. B. sehr kostenbewusst oder bereit für Premiumangebote auch Premiumpreise zu bezahlen)?

Schreibe jedes unterscheidbare Kundensegment auf ein Post-it, ohne bereits zu sehr in eine Bewertung oder Diskussion zu gehen.

Wenn dir keine weiteren Kundensegmente mehr einfallen, dann sortiere die Kunden nach deren Bedeutung für deine Idee, fasse Gruppen eventuell zusammen oder teile sie in Untergruppen auf. Am Schluss wählst du die wichtigsten zwei bis vier Kundensegmente aus und klebst sie in absteigender Reihenfolge ihrer Bedeutung in die „Zielgruppen"-Box.

Es ist essenziell für alle weiteren Schritte, dass du deine Zielgruppe kennst. Denn nur wenn diese klar definiert ist und du deren Bedürfnisse und Erwartungen richtig einschätzt, wirst du sie zielgerichtet ansprechen und ihnen etwas verkaufen können.

Vielleicht freust du dich, dass im Prinzip jeder dein Kunde ist, weil du glaubst, so höhere Erfolgsaussichten zu haben. Doch leider ist es genau umgekehrt: Wenn jeder dein Kunde ist, ist keiner dein Kunde. Die Wahrscheinlichkeit im übergroßen Angebot am Markt wahrgenommen zu werden, ist wesentlich höher, wenn du dich auf eine klar definierte Nische fokussierst. Also statt „alle Mütter" anzusprechen, ist es besser, sich auf „arbeitende Mütter, deren Kinder noch nicht in die Schule gehen", zu konzentrieren und für diese ein spezielles und einzigartiges Angebot zu kreieren.

Zweiter Teil der Aufgabe:

Versuche sinnvoll zu schätzen, wie viele potenzielle Kunden deine Zielgruppen enthalten. Schreibe deine Schätzung [von … bis … Kunden] auf die jeweiligen Post-its.

Schau dir zum Abschluss noch mal dein Ergebnis von heute an. Wie sieht es aus? Wie fühlt es sich an? Jetzt gilt es erstmal darüber zu schlafen …

HINWEIS: Falls möglich, verabrede dich am besten gleich morgen wieder mit deinem/deiner Sparringspartner/in.

Tag 32 – Finde heraus, was deinen Zielkunden fehlt

 10 Minuten   60 Minuten   *www.90taco.de/32*

Auch heute ist ein/e Sparringspartner/in hilfreich, aber nicht zwingend nötig.

Nachdem du gestern deine Zielgruppen definiert hast, gilt es nun im nächsten Schritt herauszufinden, welche Probleme diese Menschen haben, die noch nicht hinreichend gelöst sind und für deren Lösung diese Menschen auch bereit sind, Geld zu bezahlen.

Dazu konzentriere dich heute zunächst auf die Zielgruppe, die dir am attraktivsten für deine Selbstständigkeit scheint.

Hier ist deine Aufgabe für heute:

Schreibe auf weitere Post-its deine Annahmen über die Probleme deiner Zielgruppe, die du lösen möchtest. Sammle auch hier möglichst viele, bis dir keine weiteren mehr einfallen. Erst dann beginne diese nach Bedeutung zu sortieren, fasse einige bei Bedarf wieder zu übergeordneten Problemen zusammen oder teile Probleme in Teilprobleme auf.

Der zweite Teil der Aufgabe:

Wähle am Ende die aus deiner Sicht drei bis fünf wichtigsten Probleme aus und klebe die Post-its in deinen Extended Canvas. Nun fasse diese Top-Probleme zu einem allgemeinen Problem der Zielgruppe zusammen und schreibe dies auf ein gesondertes Post-it, das ebenfalls als Überschrift in die Box „Probleme der Kunden" kommt.

Falls du neben der eben betrachteten Zielgruppe am vorigen Tag weitere attraktive Zielgruppen identifiziert hast, dann wende den gleichen Prozess für diese an. Möglicherweise ergeben sich für diese Zielgruppen etwas anders geartete Probleme und Bedürfnisse, die gesondert betrachtet und behandelt werden müssen. So entstehen ein bis drei parallele Geschäftsideen und du kannst zu einem späteren Zeitpunkt entscheiden, welche du weiter vertiefst.

Tag 33 – Analysiere die bisherigen Lösungen

 30 Minuten 60 Minuten *www.90taco.de/33*

Heute beschäftigst du dich mit der Frage, wie deine Kunden das Problem lösen. Die Menschen leben, also irgendwie scheint es trotz des Problems weiterzugehen. Wie machen sie das?

Hier ist deine Aufgabe:

Recherchiere im Internet, denke nach, befrage Freunde und Bekannte:

- Wie gehen die mit dem Problem heute um?
- Welche Lösungsalternativen gibt es?
- Welche Wettbewerber tummeln sich auf diesem Markt?
- Welche Preise verlangen die?
- In welcher Form können die Kunden die bestehenden Lösungen kaufen (z. B. einmalige Zahlung, Abonnement, Mitgliedschaft, Mieten, etc.)?

Schreibe jede Lösungsalternative inklusive Preise und Zahlungsform auf Post-its, bis dir keine mehr einfallen. Konsolidiere nun die Ergebnisse (ggf. lassen sich einige zusammenfassen) und klebe die besten drei bis fünf Lösungsalternativen, die es heute gibt und mit denen du im Wettbewerb stehen wirst, in deinen Extended Canvas.

Zweiter Teil der heutigen Aufgabe:

Nun springst du nochmal zurück in das Feld „Zielgruppen". Überlege dir, welche Untergruppe in deinem Kundensegment diese Probleme ganz besonders hat und/oder von den bestehenden Alternativen nicht angesprochen werden und/oder typischerweise die ersten sind, die eine neue Lösung ausprobieren, selbst wenn diese noch nicht ganz fertig ist. Diese Teilgruppen werden als „Early Adopters" bezeichnet und sind aus dreierlei Gründen wichtig für dich:

1. Sie sind die ersten Kunden, die kaufen, das heißt sie generieren deine ersten Einnahmen.
2. Diese Teilgruppe ist ganz besonders gerne dazu bereit, neue und noch nicht ganz fertige Dinge auszuprobieren und detailliertes Feedback abzugeben. Diese Leute sind zum Teil an einer Lösung gar nicht mehr interessiert, wenn sie ausgereift und überall bekannt ist. Sie wollen gerne die allerersten sein.
3. Diese Teilgruppe spricht gerne über die neuen Dinge, die sie ausprobieren, und sorgen so für sehr glaubwürdige Mund-zu-Mund-Propaganda.

Die Probleme deiner Zielkunden richtig zu erfassen, ist ein kreativer und iterativer Prozess. Es lohnt sich hier gründlich zu sein, denn ein gut verstandenes und wohl beschriebenes Problem ist schon halb gelöst. Es gibt verschiedene Techniken, um die Problembeschreibung zu strukturieren. Eine davon wendest du jetzt an und formulierst deine Zielkundenproblem-Hypothese als kurzen, prägnanten Text.

Hier also nun der dritte und letzte Teil der heutigen Aufgabe:

Nutze den vorbereiteten Text unter www.90-tage-programm.de/text33 oder kopiere den folgenden Text und befülle die Lücken mit den Ergebnissen deiner bisherigen Arbeit:

Für [Zielgruppe] ist es eine ständige Herausforderung, das [allgemeine Problem] zu lösen. In jedem [Zeitraum] führen diese Menschen [eine Kernaktivität] aus, um [ein Hauptziel zu erreichen]. Dies gilt insbesondere dann, wenn man eine [Nische] ist.

BEISPIEL

Für *Angestellte im Gewerbepark X* ist es eine ständige Herausforderung, *neben dem beruflichen Stress Zeit für ihre Gesundheit zu finden*. In jeder *Woche* suchen die Angestellten nach *einem Weg, etwas regelmäßig für sich zu tun*, um *gesund und leistungsfähig zu bleiben*. Dies gilt insbesondere dann, wenn man *eine Familie hat, um die man sich neben seinem Beruf* kümmern muss.

Das Hauptproblem, mit dem sie konfrontiert sind, ist das [primäre funktionelle Problem in Bezug auf die Tätigkeit], was zu [schlechten Ergebnissen] führt. Heute ist ihre beste Option [Substitute], aber natürlich sind sie [die häufigsten Beschwerden jedes Substitutes]. Mit dem [Haupttrend] wird sich das Problem mit der Zeit nur noch verschlimmern.

BEISPIEL

Das Hauptproblem, mit dem sie konfrontiert sind, ist die *Integration von Gesundheits-aktivitäten in ihren Arbeitsalltag,* was zu *zusätzlichem Stress* führt. Heute ist ihre beste Option, *sich direkt am Arbeitsplatz durch Übungen um die Gesundheit zu kümmern,* aber natürlich sind *am Arbeitsplatz der Raum und die Zeit dafür ständig vom Arbeitsalltag bedroht.* Mit der *Zunahme von stressbedingten Arbeitsausfällen* wird sich das Problem mit der Zeit nur noch verschlimmern.

Wenn es nur einen einfacheren/besseren/billigeren Weg gäbe, um [die Kernaktivität] durchzuführen, könnten die Kunden [eine quantifizierbare Auswirkung] auf [ihr Hauptziel] haben, was zu [positiven Ergebnissen/Emotionen] führen würde. Mit der [Anzahl der potenziellen Kunden] besteht eine klare Möglichkeit, eine große Anzahl von Menschen sinnvoll zu beeinflussen.

BEISPIEL

Wenn es nur einen *einfacheren* Weg gäbe, um *Gesundheitsaktivitäten in den Arbeitsalltag zu integrieren,* könnten die Kunden *eine messbar positive Wirkung* auf *ihre Gesundheit und Leistungsfähigkeit* haben, was zu *mehr Lebensfreude und besserer Leistung* führen würde. Mit den *insgesamt 4.900 Arbeitnehmern/Arbeitnehmerinnen im Gewerbepark X* besteht eine klare Möglichkeit, eine große Anzahl von Menschen sinnvoll zu beeinflussen.

Hier sind die Erklärungen für die Begriffe, die von dir in die Lücken eingesetzt werden:

- **Die Zielgruppe:** Deine Zielkunden, die du am letzten Coaching-Tag ermittelt hast.
- **Das allgemeine Problem:** Was ist das zentrale Problem, dem jeder Kunde aus deiner Zielgruppe zustimmen kann (z. B. nicht genug Zeit oder Geld)? Das ergibt sich aus deiner Zusammenfassung der Probleme im ersten Teil der Aufgabe.
- **Kernaktivität:** Was tun die Kunden, während sie dein Produkt kaufen und/oder nutzen (z. B. „Flüge buchen" oder „Dokumente abholen" oder „etwas für ihre Gesundheit tun")?
- **Primäres Ziel:** Was ist das Endziel der Durchführung dieser Aktivität (z. B. „Reisen ins Ausland" oder „Erstellung einer Mehrwertsteuererklärung", „Bessere Gesundheit", „Mehr Lebensfreude und Leistungsfähigkeit")?

178

- **Nische:** Welche Untergruppe potenzieller Kunden ist am ehesten ein Early Adopter, das heißt welche Untergruppe möchte das Angebot am dringendsten haben?
- **Primäres funktionales Problem:** Was ist das Schwierigste an der Durchführung der Aktivität heute?
- **Schlechte/schlechteste Ergebnisse:** Was ist das schlimmste Szenario, das eintreten könnte, wenn die Aktivität schiefgeht? Falls die Zielkunden Unternehmen sind: Was sind die negativen Auswirkungen auf das Geschäft?
- **Substitute:** Was sind die nächstbesten Optionen oder Abhilfen, die heute verfügbar sind? Dies ergibt sich aus dem dritten Teil der heutigen Aufgabe.
- **Häufigste Beschwerden:** Warum mögen die Kunden diese Substitute nicht?
- **Haupttrend:** Was wird dieses Problem in Zukunft noch verstärken?
- **Quantifizierbare Auswirkungen:** Wie lassen sich die Auswirkungen der Lösung des Problems messen?
- **Positive Ergebnisse und Emotionen:** Welche guten Dinge passieren als Ergebnis? Was ist der positive Geschäftseffekt für B2B-Start-ups?
- **Anzahl der potenziellen Kunden:** Wie viele Personen kannst du ansprechen?

Falls du am vorherigen Coaching-Tag weitere Extended Canvas für andere Zielgruppen erstellt hast, wiederhole den heutigen Schritt für diese ebenfalls.

Tag 34 – Entwickle ein einzigartiges Werteversprechen

 10 Minuten   50 Minuten   *www.90taco.de/34*

Heute wirst du dir genauer überlegen, wie du deine Kunden zukünftig glücklich machen willst. Hier geht es aber noch nicht darum, wie die konkrete Lösung aussieht, die du anbieten möchtest, sondern welchen einzigartigen Wert du für den Kunden erzeugen möchtest.

Wenn du zum Beispiel über die Eröffnung eines Yoga-Studios nachdenkst, das in einem Gewerbegebiet gestressten Managern hilft, gesund zu bleiben, könnte ein Werteversprechen eventuell sein:

BEISPIEL: YOGA-STUDIO IM GEWERBEGEBIET

Einzigartiges Werteversprechen: *„Wir bieten Arbeitnehmern/Arbeitnehmerinnen einen Raum, in dem sie vom Arbeitsalltag abschalten und zu sich kommen können, um dauerhaft gesund, leistungsfähig und zufrieden zu bleiben.“*

Ein einzigartiges Werteversprechen ist deine Vision, an der sich alle weiteren Aktivitäten und Entscheidungen orientieren. Es ist nicht schlimm, wenn der Satz anfangs noch etwas lang und holprig ist. Du wirst ihn nach und nach verfeinern, denn du lernst mit der Zeit immer besser, was deine Kunden wirklich wollen und was du ihnen Wertvolles bieten kannst.

Deine Aufgabe:

Formuliere jetzt für jede deiner Extended Canvas-Varianten dein einzigartiges Werteversprechen, das heißt einen einfachen, klaren und überzeugenden Satz, warum dein Angebot anders und es wert ist, gekauft zu werden. Das Werteversprechen beschreibt den **Nutzen** nach der erfolgreichen Anwendung deiner Lösung auf das Problem bzw. den **emotionalen Gewinn**, den der Kunde bzw. die Nutzerin spürt und so möglichst nirgendwo (= „einzigartig“) anders bekommt.

Tag 35 – Erarbeite deine Lösungsidee

 10 Minuten   120 Minuten   *www.90taco.de/35*

Denk bitte vor Beginn der heutigen Aufgabe kurz mal darüber nach, in welcher Reihenfolge wir bei der Ausarbeitung deiner Geschäftsidee vorgegangen sind: Wir haben uns zunächst mit den *Zielkunden* und dann mit deren *Problemen* und bisherigen *Lösungsalternativen* beschäftigt. Danach folgte das *einzigartige Werteversprechen* und erst jetzt – im vierten Schritt – geht es um die **Lösung** bzw. den Kern deiner Geschäftsidee. Intuitiv machen es die meisten Menschen andersherum: Sie beginnen mit einer Lösungsidee und denken dann darüber nach, wer sie gebrauchen könnte. Dadurch steigt die Gefahr, an den Bedürfnissen des Markts vorbei zu arbeiten.

Ein wichtiger Punkt ist, dass es verschiedene Lösungsmöglichkeiten gibt, wie das einzigartige Werteversprechen eingelöst werden kann. Um das am Yoga-Beispiel zu veranschaulichen:

Das Yoga-Werteversprechen lässt sich zum Beispiel realisieren, indem wir ein hochwertiges Yoga-Studio in einem dichten Gewerbegebiet mit viel Bürobeschäftigten eröffnen, das die Kurse an Werktagen morgens, um die Mittagszeit und nach Büroschluss anbietet und kleine Snacks und Erfrischungen offeriert, um das Schöne (Erholung) mit dem Nützlichen (eine Kleinigkeit zu sich nehmen) verbindet.

Das gleiche Werteversprechen könnte aber auch ein Inhouse-Yoga-Angebot sein, bei dem wir als Yoga-Lehrer/in in die Bürogebäude unserer Kunden gehen, um dort zu festgelegten Zeiten Kurse für die Mitarbeiter anzubieten.

Erst durch die Lösung, also entweder ein eigenes Studio oder ein Inhouse-Angebot, wird das Geschäftsmodell konkretisiert und deutlich, wie das einzigartige Werteversprechen für den Kunden realisiert wird.

Hier nun deine Aufgabe für heute:

Sammle die einzelnen Aspekte, die deine Lösung umfasst, auf Post-its. Also: Woraus besteht die Lösung konkret, was zeichnet sie aus? Schreibe alles auf, was dir einfällt, sortieren wirst du das später.

BEISPIEL FÜR DAS YOGA-STUDIO:

Eine von vielen Möglichkeiten, die Lösung auszugestalten, umfasst folgende Punkte: Yoga-Studio

- dichtes Gewerbegebiet
- Angebote Montag bis Freitag, vor und nach Bürozeiten sowie in Mittagspausen
- gesunde Snacks und Erfrischungen
- kleine Gruppen mit Premiumqualität
- Premiumpreis

Zweiter Teil der Aufgabe:

Wenn du alle Aspekte der Lösung aufgeschrieben hast, klebe die vier bis acht wichtigsten als Post-its in der Reihenfolge ihrer Bedeutung in die Box „Solution". Wenn dir im Laufe der Zeit andere oder neue Aspekte einfallen, tauschst du sie einfach aus oder ergänzt sie. Der Extended Canvas ist ein lebendes Dokument, das heißt es wird ständig weiterentwickelt und nach deinem neuesten Wissenstand aktualisiert. Das gilt übrigens für alle Felder.

Wiederhole diese Übung mit den weiteren Extended Canvas, wenn du mehrere Alternativen hast.

Schritt 4:
Entwickle und teste deine Geschäftsidee

Tag 36 – Bereite die Kundenbefragung vor

 20 Minuten   90 Minuten   *www.90taco.de/36*

Bevor wir uns jetzt intensiv mit den nächsten Boxen im Extended Canvas beschäftigen, sollten wir die bisher gemachten Annahmen überprüfen und validieren. Denn alles, was wir uns überlegen, sind nur *Annahmen* über die Welt da draußen. Die können richtig oder falsch oder teilweise richtig sein. Deine Aufgabe ist es, dies nun möglichst schnell, sicher und mit wenig Aufwand herauszufinden. Denn wenn das Kundensegment gar nicht das von uns unterstellte Problem hat oder unsere Lösungsidee das Problem nicht effektiv löst, ist es reine Verschwendung über die weitere Umsetzung der Idee nachzudenken.

Dafür brauchst du Mut, Kreativität und Chuzpe, wie du gleich sehen wirst.

In dieser Woche ist es an der Zeit, dein stilles Kämmerlein zu verlassen, in die Welt da draußen zu gehen und mit deinen potenziellen zukünftigen Kunden zu sprechen! Nervös? Recht so! Das ist spannend und aufregend, macht aber auch viel Spaß, wenn du erstmal deine anfängliche Angst überwunden hast. Und du wirst erstaunt sein, wie viel du bereits nach nur ganz wenigen Gesprächen lernst.

Stelle dich darauf ein, dass viele deiner Erwartungen nicht erfüllt werden, dafür aber neue Ideen entstehen. Das ist normal und genau deswegen gehen wir jetzt raus: Um nicht einen weiteren Tag oder Euro für eine Idee zu verschwenden, die gar nicht funktionieren kann!

Am Beispiel des Yoga-Studios: Ist der Besuch eines Yoga-Studios in Arbeitsplatznähe für genug Mitarbeiter eine adäquate Lösung für deren Erholungs-, Sport- und Gesundheitsbedarf?

Da die Chance erfahrungsgemäß hoch ist, dass die ersten Ideen für die Problemlösungen nicht ins Schwarze treffen und wir folglich diesen Schritt mehrmals wiederholen müssen, ist es wichtig, dass wir hier mit wenig Aufwand und sehr schnell zu der Antwort kommen.

Wie überprüfen wir die Problem-Lösungs-Annahme?

Schritte, um das Kunden-Risiko zu eliminieren	Beispiel Yoga-Studio
1. Ermittle, welches Kundensegment bzw. welche Kunden das Problem haben. Dies sind deine Zielkunden im Extended Canvas.	Welche Menschen haben einen besonders hohen Bedarf an Entspannung und Erholung im Arbeitsalltag? Zum Beispiel die Angestellten in einem dichten Gewerbegebiet ohne Natur.
2. Dann überlege: Wer wären die ersten Kunden, die dein Angebot dringend brauchen? Das sind die Early Adopters.	Wir könnten zum Beispiel Menschen ansprechen, die sowieso sportinteressiert oder gesundheitsbewusst sind. Wo kannst du diese Menschen treffen und ansprechen (z. B. eher in der Kantine an der Salatbar als in der Raucherecke)?
3. Versuche zunächst diese Kunden durch *direkte Ansprache* für dein Angebot zu gewinnen, zum Beispiel indem du sie persönlich auf der Straße ansprichst, auch wenn das arbeits- und zeitintensiv ist.	Du könntest dich zum Beispiel an eine Salatbar der Kantine mit einem kleinen Yoga-Flyer in der Hand stellen und Menschen ansprechen, ob sie an einem Erholungs- und Gesundheitskurs interessiert sind. Hatte ich schon gesagt, dass man Mut und eine gewisse Dreistigkeit braucht, um neue Ideen anzugehen?
4. Da du zukünftig nicht alle Kunden handverlesen ansprechen kannst und willst, musst du nun prüfen, ob die Kunden auch durch eine *indirekte Ansprache* (z. B. über Flyer, Aushänge, Anzeigen oder Google-Werbung) von deinem Angebot überzeugt werden können.	Im nächsten Schritt könntest du in Abstimmung mit ein bis drei Pilot-Firmen einen Aushang für den Yoga-Kurs machen und schauen, wie viele Menschen sich darauf melden.

Daher kommt jetzt ein Teil in unserem 90-Tage-Programm, den man mit „Get out of the Building" beschreibt: Raus aus dem stillen Kämmerlein und rein in die echte Welt da draußen!

Wir bezeichnen das Risiko, dass es nicht genug Kunden für ein tragfähiges Geschäftsmodell gibt, als **Kunden-Risiko**. Um dieses Risiko so weit wie möglich auszuschließen, sind vier Schritte nötig.

184

Heute ist der erste Schritt dran und hier ist deine Aufgabe:

Überlege dir, wer die Kunden sind, die das von dir formulierte Problem am stärksten betrifft, und wo und wie du diese finden kannst. Sei kreativ und blicke über den Tellerrand hinaus! Wo findest du diese? Wie kannst du sie erreichen? Für den Anfang genügt es, wenn du mit fünf bis acht potenziellen Kunden sprechen kannst.

Zweiter Teil der Aufgabe:

Erstelle dir am PC einen Fragebogen, der folgende Punkte abfragt:

- **Beschreibung der Personen:** Sind die Angesprochenen wirklich aus dem von dir angenommenen Kundensegment? Frage die dafür notwendigen demografischen Merkmale ab (z. B. Altersklasse, Beruf, etc. …). Bereite auch Felder vor für Merkmale, die du nicht abzufragen brauchst (z. B. das Geschlecht).
- **Belastbarkeit des von dir unterstellten Problems:** Haben die Personen dieses Problem tatsächlich? Wie belastend ist es? Wie lösen sie das Problem heute? Welche alternativen Lösungen kennen sie bereits? Wie viel Geld geben sie dafür aus? etc.
- **Bedeutung deines Werteversprechens:** Welche Dinge fallen den Kunden ein, wenn sie dein Werteversprechen hören? Was finden sie daran attraktiv? Was fehlt ihnen? Was missfällt ihnen? Halten sie es für glaubwürdig? etc.
- **Einschätzung deiner Lösung:** Wie klingt diese Lösung für den Befragten? Inwieweit löst es das Werteversprechen ein? Was zeichnet diese Lösung besonders aus und was fehlt? Klingt die Lösung besser als bisherige Alternativen? Würde die Lösung in Anspruch genommen werden? Welcher Preis sollte und dürfte so eine Lösung wert sein? Wie würde die Lösung am besten gekauft und genutzt werden? etc.

Dritter Teil deiner heutigen Aufgabe:

Mach zunächst mal etwas anderes und schau dir deinen Fragebogen ein paar Stunden später noch einmal mit frischen Augen an: Hast du alle wichtigen Punkte abgefragt? Sind die Fragen klar und verständlich formuliert? Ist der Fragebogen kurz genug, um die Befragten nicht zu belästigen oder zu überfordern?

Letzter Teil deiner Aufgabe:

Verabrede dich für morgen bzw. den nächsten Coaching-Tag mit zwei oder drei Personen deines Vertrauens, um mit ihnen idealerweise persönlich, zur Not per Telefon oder Videokonferenz, deinen Fragebogen zu testen.

Tag 37 – Teste deine Befragung

 5 Minuten   90 Minuten   www.90taco.de/37

Heute machst du einen Pre-Test deines Fragebogens, mit Menschen aus deinem Freundes- und Bekanntenkreis.

Hier deine Aufgabe:

Teste heute deinen Fragebogen mit zwei oder drei Personen deines Vertrauens auf Verständlichkeit und Befragungsdauer. Die Befragung sollte nicht länger als fünf bis zehn Minuten dauern. Verbessere den Fragebogen heute so lange, bis du eine Version hast, die gut genug ist (denke an das 20/80-Prinzip). Dann bist du bereit.

Zweiter Teil der heutigen Aufgabe:

Besorge dir in einem Schreibwarengeschäft ein Klemmbrett sowie gute Stifte und drucke 20 Exemplare deines Fragebogens aus, denn am nächsten Coaching-Tag geht es los! Plane schon mal ein, wie und wo du die potenziellen Kunden treffen wirst und wie du dort hinkommst.

Tag 38 bis 40 – Triff. Deine. Kunden.

 10 Minuten   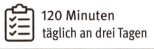 120 Minuten täglich an drei Tagen   *www.90taco.de/38*

Du hast dir überlegt, wer deine Kunden sind und wo du sie treffen kannst. Außerdem hast du deinen Fragebogen vorbereitet und gut funktionierende Stifte besorgt – Zeit für ein bisschen Action!

Die heutige Aufgabe wird dich aus deiner Komfortzone holen, denn den wenigsten Menschen fällt es leicht, fremde Personen anzusprechen. Zum Glück hast du das in diesem Programm schon geübt und bist nun bereit!

Ich verspreche dir: Wenn du dich erst einmal überwunden und die ersten Gespräche geführt hast, wirst du merken, wie viel Spaß das macht und wie unglaublich viel du dabei lernst. Es ist wie bei jeder anderen Fähigkeit auch: Je öfter du etwas tust, desto besser wirst du darin. Und du wirst beginnen zu spüren, wie es ist, selbstständig zu sein …

Deine Aufgabe für heute:

Gehe dahin, wo deine potenziellen Kunden sind, hole dein Klemmbrett mit den Fragebogen raus, sprich die erste Person freundlich und selbstbewusst an und leg los!

Es ist besser, sich zunächst nur auf die Fragen zur Zielgruppe und den Problemen zu konzentrieren, als alle Aspekte nur oberflächlich abzuhandeln. Frage also zunächst diese Aspekte konzentriert ab und frage dann, ob die Person noch Zeit für weitere Fragen hat. Frage auch unbedingt immer, ob du eine E-Mail-Adresse und/oder eine Telefonnummer haben darfst, um noch mal etwas nachzufragen und ob die Person über den Fortschritt deiner Idee informiert werden möchte. So beginnst du schon eine Liste von Interessenten aufzustellen, die später sehr wertvoll sein wird. Die hierfür notwendige Formulierung zum Datenschutz findest du unter: www.90-tage-programm.de/datenschutz

Wenn dir während der Befragung auffällt, dass du in deinem Fragebogen gewisse Aspekte vergessen hast, ergänze diese.

Im Anschluss an deine Befragung erstellst du am besten eine Excel-Liste oder machst auch nur eine Strichliste, um die einzelnen Fragen des Fragebogens auszuwerten. Trage jeden Abend die Ergebnisse ein. Aktualisiere den Fragebogen nur, wenn dir sehr wichtige neue Fragen eingefallen sind oder er grobe Fehler enthält.

187

Tag 41 – Prüfe die Bedeutung des Kundenproblems

 15 Minuten   90 Minuten   *www.90taco.de/41*

Die letzte Woche war sicherlich sehr spannend und erkenntnisreich für dich, oder? Ich hoffe, es hat dir auch Spaß und Lust auf mehr gemacht. In aller Regel sind in den letzten Tagen folgende Dinge passiert:

- Entweder hast du gemerkt, dass deine Idee grundsätzlich wirklich gut ist, aber noch einiges zu tun bleibt, um darauf deine Existenz aufzubauen. Oder du hast festgestellt, dass zumindest bei den bei dir bisher befragten Menschen wenig oder kein Interesse besteht, das heißt entweder musst du deine Idee, deine Zielgruppe oder sogar beides anpassen.
- Du hast sehr viel und auch Überraschendes über deine Kunden und deine Idee gelernt, worauf du im Traum nicht gekommen wärst. Daher ist es so wichtig, rauszugehen und mit echten Kunden zu sprechen!
- Du hast Ideen bekommen, wie du deine Idee verbessern kannst.

Das Risiko, ein Produkt oder Angebot zu entwickeln, das kein relevantes Kundenproblem löst und entsprechend nicht nachgefragt wird, bezeichnen wir als Produkt-Risiko. Um dieses Risiko so weit wie möglich auszuschließen, sind grundsätzlich vier Schritte nötig.

Schritte, um das Kunden-Risiko zu eliminieren	Beispiel Yoga-Studio
1. Wir stellen sicher, dass wir ein Problem gefunden haben, das es den potenziellen Kunden (Geld) wert ist, gelöst zu werden.	Wir brauchen handfeste Hinweise darauf, dass Angestellte sich nach Erholung, Entspannung und Gesundheit sehnen und dafür bereit sind, Zeit und Geld zu investieren.
2. Dann definieren wir die einfachste Lösung (im Sinne von kostengünstig und schnell selbst umsetzbar), um das Problem (testweise) bei echten Kunden zu lösen.	Wie können wir einen Yoga-Kurs in Arbeitsplatznähe simulieren? Zum Beispiel indem wir zunächst einen Inhouse-Kurs anbieten.

3. Diese Lösung müssen wir nun in einem kleinen Umfang an echten Kunden anwenden, um zu bestätigen, dass wir eine Lösung haben, die das Problem der Kunden wirklich löst.

Wir sprechen mit zwei Firmen und bieten ihnen einen vierwöchigen Yoga-Schnupper-Kurs an, der für die Mitarbeiter kostenlos ist. Wir machen einen entsprechenden Aushang am Schwarzen Brett und bringen genügend Yoga-Matten für die Teilnehmenden mit.

4. Sobald wir im kleinen Stil zeigen konnten, dass wir das Problem echter Kunden lösen konnten, müssen wir sichergehen, dass wir das auch im großen Stil hinbekommen.

Sind die Teilnehmenden so zufrieden, dass sie weitermachen möchten? Sind sie bereit, Geld dafür zu bezahlen? Würden sie andere Kollegen mitbringen? Und können wir das Angebot so realisieren, dass wir eine größere Zahl von Kunden bedienen können?

Hier deine Aufgabe:

Beantworte folgende Fragen auf Basis der Befragung in deinem Notizbuch:

- **Wie gut kommt deine Geschäftsidee an?** Was war für die potenziellen Kunden besonders positiv? Was hat ihnen nicht so gut gefallen? Wie haben sie sich ausgedrückt, das heißt welche Worte haben die Befragten genutzt, um dein Angebot zu beschreiben?
- **Welche Aspekte sind zu verbessern?** Was wurde kritisiert oder vermisst?
- **Ist genügend Kaufbereitschaft da?** Wie wurde der Preis empfunden? Wie häufig würden die Kunden das Angebot kaufen bzw. nutzen?
- **Ist der Markt groß genug?** Gibt es Hinweise darauf, dass es genug potenzielle Kunden für dein Angebot gibt, um auch langfristig erfolgreich zu sein?

Als Nächstes geht es darum, deine Idee schrittweise zu verbessern. Möglicherweise ist die Zielgruppe doch eine andere oder du hast ein neues oder anders gelagertes Problem entdeckt, das zu lösen es sich lohnt. Manchmal sind die Zielgruppe und das Problem zwar passend, aber du hast Anregungen bekommen, wie du dein Werteversprechen verbesserst und/oder die Lösung weiter verfeinerst.

Zweiter Teil der Aufgabe:

Aktualisiere deine Extended Canvas entsprechend deiner neuen Erkenntnisse, das heißt entferne oder ergänze Post-its, verändere deren Reihenfolge (Bedeutung) im Canvas oder schreibe auf die bestehenden Post-its, was du dazugelernt hast.

Wenn du zu den Wenigen gehörst, die auf Anhieb den Nagel auf den Kopf getroffen haben, dann: Herzlichen Glückwunsch! Du kannst morgen direkt bei Tag 42 weitermachen.

Ansonsten entwickele deine Geschäftsidee entsprechend dem Gelernten weiter und wiederhole die Schritte wie folgt:

- Wenn die potenziellen Kunden dein Werteversprechen attraktiv finden, die **Lösung aber nicht gut genug ist**, lege noch einmal ab Tag 35 los.
- Wenn deine Zielgruppe auf dein **Werteversprechen nicht positiv** genug reagiert hat, mache bei Tag 34 weiter.
- Wenn deine Zielgruppe das von dir **unterstellte Problem gar nicht hat**, gehe zurück zu Tag 32.
- Wenn du das Gefühl hast, dass du **noch nicht die richtige Zielgruppe** gefunden hast, starte nochmal bei Tag 31.

Ist die Befragung aus deiner Sicht gar nicht gut gelaufen? Dann gräme dich nicht, das ist bei dem ersten Versuch eher die Regel als die Ausnahme. Manchmal passiert Folgendes: Du hattest bei deiner Idee etwas Gravierendes übersehen und es scheint fast unmöglich, mit deiner Idee erfolgreich zu sein, auch wenn du sie stark anpassen würdest. Wenn dies der Fall ist, gib noch nicht auf! Deine Aufgabe ist dann, den Rest dieser Woche einige Nächte darüber zu schlafen und mit den verschiedensten Leuten über deine Idee und die neu entdeckten „Hürden" zu sprechen. Dein Ziel ist es, einen Weg zu finden, wie es vielleicht doch gehen könnte.

- Falls du einen Ansatz findest, beginnst du mit der veränderten Idee am Tag 31 von neuem und durchläufst den Prozess noch einmal (das sind nur zwei Wochen).
- Falls du partout keinen Weg findest, die Idee doch weiter zu verfolgen, lege sie ab, mache zwei Wochen Pause und beginne dann mit einem neuen Ansatz an Tag 31. Und mach dir klar: Es ist sehr gut, wenn du so früh herausfindest, dass eine Idee *nicht* trägt! Mit den klassischen Gründungsmethoden hättest du das erst gemerkt, nachdem du Monate und viel Energie in die Gründung gesteckt und deinen „Laden" bereits eröffnet hättest!

Tag 42 – Öffne die Kanäle zu den Zielkunden

 20 Minuten   120 Minuten   *www.90taco.de/42*

Heute wendest du dich dem nächsten Feld im Extended Canvas zu, denn es geht darum zu definieren, wie du mit deinen Kunden interagierst. Damit sind die Kanäle („Channels") gemeint, über die du mit dem Kunden vor, während und nach dem Kauf in Kontakt stehst:

- **Aufmerksamkeit:** Wie erfahren die Kunden von deinem Angebot?
- **Bewertung:** Wie unterstützt du deine Kunden bei der Angebotsbewertung?
- **Kauf:** Wie ermöglichst du deinen Kunden den Kauf?
- **After Sales-Service:** Wie unterstützt du deine Kunden nach dem Kauf?
- **Zusatznutzen:** Kannst du deinen Kunden über bestimmte Kanäle einen zusätzlichen Wert liefern?

Du kannst deine Kunden grundsätzlich über eigene Kanäle oder über Partnerkanäle erreichen:

- **Eigene Kanäle** sind direkt und umfassen dein internes Verkaufsteam, deine Website, E-Mailings oder dein Ladengeschäft. Eigene Vertriebskanäle bieten eine höhere Gewinnspanne, sind aber in der Regel teurer in der Einrichtung und im Betrieb. Außerdem brauchst du Erfahrung im Aufbau und der Pflege der Kanäle.
- **Partnerkanäle** sind indirekt und umfassen Großhandel, Einzelhandel, Webseiten von Partnern, Soziale Netzwerke, Online-Werbung, Plakate, Fernsehen, Radio, etc. Partnerkanäle führen zu geringeren Margen, aber ermöglichen es dir, mit geringen Anfangsinvestitionen und wenig Know-how Reichweite zu generieren und Kunden zu erreichen, an die du mit deinen direkten eigenen Kanälen persönlich kaum rankommen könntest (denk z. B. an Google-Werbung).

Hier nun deine Aufgabe:

Nimm dir nun einen Packen Post-its und idealerweise deine/n Sparringspartner/in, und überlege dir, über welche Kanäle du am besten, das heißt günstig und effektiv, folgende Ziele erreichen kannst:

191

- **Aufmerksamkeit schaffen:** Wie kannst du bei potenziellen Kunden dein Angebot bekannt machen? Gemeint ist damit klassische Werbung, also Flyer, Social Media, Zeitung, Plakate, Radio, Mundpropaganda, etc.
- **Bewertung:** Wie kannst du deinen Interessenten bei der (möglichst positiven) Bewertung deines Angebots helfen? Beispiele sind Ergebnisse einer Umfrage, Vergleichsaufstellungen, Rezensionen, Bewertungen von anderen Kunden, Empfehlungen von Experten, Gütesiegel, Auszeichnungen, Qualifikationen, etc.
- **Kaufen:** Wie ermöglichst du es deinen Kunden, dein Angebot möglichst einfach zu kaufen? Beispiele sind Online-Shop, Ladengeschäft, Telefon, Bestellzettel, Selbstbedienung, etc.
- **Lieferung:** Wie erhalten deine Kunden deine Leistung möglichst komfortabel und für dich günstig? Beispiele sind Selbstabholung, Lieferung per Post, Download, im Laden, etc.
- **Service:** Wie betreust du deine Kunden nach dem Kauf? Beispiele sind ein Callcenter, Retouren, Kundenbetreuer im Laden, Webseite, Communities, Service-Mitarbeiter, etc.

Unterteile bei dieser Aufgabe deine Kanäle in zwei Phasen:

Phase 1 umfasst alle Kanäle, die du zu Beginn nutzen möchtest, um deine Kunden schnell zu erreichen und möglichst viel über die Kunden und die Wahrnehmung deines Angebots zu erfahren. Am Anfang ist das, was du über deine Kunden und deinen Markt lernst, viel wichtiger und wertvoller als Umsätze oder gar Gewinn! Hier einige Beispiele:

BEISPIELE FÜR DIE NUTZUNG DER KANÄLE ZUM LERNEN IN PHASE 1

1. Wenn du zum Beispiel eine Gastronomie als reinen Bringdienst eröffnen möchtest, solltest du in den ersten Wochen und Monaten das Essen selbst ausfahren, um möglichst viel mit deinen Kunden zu sprechen. So erfährst du, wie sie auf dich gekommen sind, warum sie sich für dich entschieden haben, was ihnen besonders gut gefällt, was man verbessern sollte, etc.
2. Wenn du über Flyer Werbung machen möchtest, verteile diese am Anfang selbst, denn so kannst du direkt Feedback deiner potenziellen Kunden aufnehmen.
3. Wenn du Bestellungen entgegennehmen möchtest, nutze am Anfang zum Beispiel das Telefon, so dass du wieder in direktem Kontakt zu deinen Kunden stehst, bevor du die telefonische Bestellannahme später durch eine Webseite mit einem Online-Bestellformular ersetzt.

Phase 2 umfasst alle Kanäle, die du später nutzen möchtest, wenn du dein Geschäft und deine Kunden hinreichend gut verstanden hast und nun die Rentabilität steigern möchtest. Jetzt geht es darum, dich zu ersetzen und die kostengünstigsten indirekten Kanäle zu finden, auch wenn du durch so etwas den direkten Kontakt zu deinen Kunden verlierst und entsprechend weniger Neues lernst. Du könntest jetzt zum Beispiel einen Fahrer einstellen, der das Essen ausliefert. Oder du bezahlst einen Studenten, um die Werbeflyer zu verteilen.

Wenn du deine bevorzugten Kanäle für alle fünf Bereiche und für beide Phasen definiert und als Post-its in deinen Extended Canvas eingetragen hast, ist die Aufgabe für heute abgeschlossen! Well done!

Tag 43 – Definiere deine Erlösquellen

 15 Minuten   45 Minuten   *www.90taco.de/43*

Jetzt geht es langsam ans Eingemachte: Wie wirst du mit deiner Geschäftsidee zukünftig Geld verdienen?

Kurz vorweg: Die Gefahr, dass du mit deinem Angebot nicht genug Geld verdienen kannst bzw. der Markt zu klein ist, bezeichnen wir als **Markt-Risiko**. Um das Markt-Risiko so weit wie möglich auszuschließen, sind folgende vier Schritte nötig:

Schritte, um das Kunden-Risiko zu eliminieren

Beispiel Yoga-Studio

1. Identifiziere die Alternativ-Lösungen, die deine Zielkunden heute nutzen, um das Problem zu lösen.

Nutzen Menschen zum Beispiel Fitness-Studios in der Nähe und wenn ja, wie nah sind die und was kosten die? Wie lange sind die Laufzeiten der Verträge typischerweise?

2. Ermittle die Kosten der Alternativen und mache eine erste Abschätzung für die Kosten deines Angebots. Frage potenzielle Kunden, ob sie bereit wären, diesen Preis zu bezahlen.

Ein Fitness-Kurs kostet vielleicht 24 Euro pro Monat und die Kunden nutzen sie de facto nur zwei- bis dreimal pro Monat für 45 Minuten (= 24 Euro/$2,5 \cdot 75\%$ Stunde = 12,5 Euro). Andere Yoga-Studios in der Stadtmitte mit mehr Konkurrenz nehmen 15 Euro/Stunde. Wir nehmen also an, dass wir als exklusives Studio im Gewerbegebiet 20 Euro/Stunde nehmen können und fragen Kunden auf der Straße nach deren Feedback.

3. Da es die Menschen nichts kostet zu sagen: „Ja, so viel würde ich bezahlen", müssen wir sie – nachdem wir unseren geplanten Preis ermittelt haben, prüfen, ob sie ihn auch tatsäch-

Nun bieten wir den Mitarbeitern in einer Firma unser Angebot für 20 Euro/Stunde an, bei einer zweiten Firma für 25 Euro/Stunde und prüfen, welchen Einfluss das auf die prozentuale Beteili-

lich zahlen würden. Dazu müssen wir das Angebot nun sehr überzeugend darstellen und eine Kaufentscheidung erzwingen.

4. Wenn wir einen angemessenen Preis gefunden haben, der für den Kunden akzeptabel ist, geht es darum, unsere Kostenstruktur nach und nach zu verbessern und den Umsatz pro Kunden zu erhöhen, bis das Geschäft in unserem Sinne nachhaltig ist.

gung der Mitarbeiter macht. Bei Anmeldungen fragen wir zusätzlich nach einer Einschätzung, als wie günstig und fair der Preis wahrgenommen wird.

Wenn das Yoga-Studio mit 20 Euro/Stunde läuft, geht es darum zu prüfen, wie nach und nach Kosten gespart werden können, zum Beispiel durch günstigere Werbung (z. B. Kunden werben Kunden), höhere Einkaufsvolumina (z. B. Yoga-Zubehör). Den Umsatz pro Kunden können wir steigern, indem wir weitere Kurse anbieten (z. B. Ernährung) oder Produkte verkaufen (z. B. Tees, Yoga-Zubehör, Bücher).

Es gibt grundsätzlich zwei Arten von Erlösquellen: Einmalige Zahlungen (z. B. Verkauf) und regelmäßige Zahlungen (z. B. Abonnement). **Einmalige Zahlungen** sind relativ einfach zu verstehen und zu realisieren. **Regelmäßige Zahlungen** sind etwas komplizierter in der Planung und Umsetzung, haben aber den Vorteil, dass du kontinuierlich Geld verdienst und die Erlöse in der Regel besser planen kannst.

Wir unterscheiden folgende Erlösquellen:

- **Verkauf von Produkten und Diensten:** Wenn du etwas verkaufst, überträgst du damit deine Eigentumsrechte an einem physischen Produkt an einen Käufer (z. B. Einzelhandel, Frisör). Diese Form des Erlösstroms ist allseits bekannt und einfach zu verstehen.
- **Nutzungsgebühr:** Diese Art von Gebühr kannst du als Dienstleister verlangen, wenn du Kunden die Nutzung eines Dienstes ermöglichst (z. B. Parkhaus, Carsharing).
- **Abonnements:** Wenn dein Kunde langfristigen oder kontinuierlichen Zugang zu deinen Produkten oder Diensten möchte, zahlt er dafür eine Abonnementgebühr (z. B. Mitgliedschaft im Fitness-Studio, Zeitungen).
- **Vermietung/Leasing:** Wenn dein Kunde für eine begrenzte Zeit ein Produkt exklusiv nutzen können soll, kannst du es verleihen oder dein Kunde kann es bei dir leasen (z. B. Mietwohnung, Auto-Leasing).

- **Lizenzierung:** Mit Lizenzierung kannst du anderen das exklusive oder nicht-exklusive Recht einräumen, deine Produkte, Dienstleistungen oder Erfindungen zu nutzen. Dies eröffnet dir eine Einnahmequelle als Rechteinhaber, ohne dass du selbst in die Herstellung und den Vertrieb investieren musst (z. B. Patente, Franchise).
- **Vermittlungsgebühr:** Wenn du als Vermittler fungierst, um die Kommunikation und eine Transaktion zwischen zwei oder mehreren Parteien zu erleichtern, kannst du dafür eine Vermittlungsgebühr verlangen (z. B. Dating-Portale, Personalvermittlung, Makler).
- **Werbung:** Wenn du dafür sorgst, dass andere Unternehmen an Kunden kommen, kannst du dafür Werbegebühren verlangen (z. B. Internet-Werbung, Plakate).

Überlege dir nun für deine Geschäftsidee, über welche der beschriebenen Wege du zukünftig Geld verdienen wirst, das heißt: Wie sehen deine Erlösströme aus? Unterteile diese wieder in zwei Phasen. Zunächst in Phase 1, das heißt in solche Erlösströme, die sich schnell und leicht realisieren lassen und die dir möglichst viele Lernmöglichkeiten bieten. Definiere dann, welche Erlösströme du zukünftig in Phase 2 nutzen möchtest, wenn es darum geht, dein Geschäft rentabler zu machen.

BEISPIEL: ERLÖSSTRÖME FÜR EIN YOGA-STUDIO

Phase 1: Für ein Yoga-Studio reicht es am Anfang aus, nur Yoga-Kurse gegen *Barzahlung für Probestunden und 10er-Karten* anzubieten.

Phase 2: Für ein Yoga-Studio bieten sich dann 1-, 6- und 12-Monatsabonnements an, die online abgeschlossen und die per PayPal oder Lastschrift bezahlt werden. Weitere Erlösströme für eine Phase 2 könnten der Verkauf von Büchern und Produkten rund um Yoga und ggf. der Verleih von Yoga-Equipment für zu Hause sein.

Hier deine Aufgabe:

Schreib die verschiedenen Erlösquellen auf Post-its und mach auch eine erste Abschätzung, wie hoch der Preis jeweils sein könnte. Orientiere dich dabei an den Wettbewerbern und den Lösungsalternativen, die du bereits an Tag 33 erarbeitet hast.

Tag 44 – Ermittle deine Kostenstruktur

 30 Minuten   90 Minuten   *www.90taco.de/44*

Die Kostenstruktur beschreibt alle Kosten, die beim Aufbau und Betrieb deines Geschäftsmodells anfallen. Das ist ein Thema, an dem du sehr gründlich arbeiten solltest, denn a) übersieht man in der euphorischen Planungsphase häufig wichtige Aspekte und b) sind unerwartete und ausufernde Kosten einer der häufigsten Gründe für das Scheitern einer Selbstständigkeit. Also: Leg los und arbeite hier besonders gründlich!

Deine Aufgabe für heute:

Stelle dir folgende Fragen und schreibe die Antworten auf Post-its:

- Was sind die größten Kostenpositionen meines Geschäftsmodells?
- Was sind die teuersten Dinge, die ich für mein Geschäft kaufen muss (z. B. Einrichtung, Maschinen, Software, Hardware)?
- Was sind die teuersten Dienstleistungen bzw. aufwändigsten Aktivitäten, die ich benötige (z. B. Werbung, Buchhaltung, Vertrieb, Versand)?
- Muss ich Personen einstellen und wenn ja, wie viele und für welche Aktivitäten?

Die Kostenstrukturen sind für einige Geschäftsmodelle kritischer als für andere. Wir unterscheiden zwischen kosten- und qualitätsorientierten Geschäftsmodellen.

Kostenorientierte Geschäftsmodelle konzentrieren sich auf die Minimierung der Kosten, wo immer dies möglich ist. Dieser Ansatz zielt darauf ab, eine möglichst schlanke Kostenstruktur zu schaffen und aufrechtzuerhalten, zum Beispiel durch einen hohen Grad an Automatisierung und umfangreiches Outsourcing. Der Kunde soll im Ergebnis durch einen besonders günstigen Preis überzeugt werden (z. B. ALDI, RyanAir, BACKWERK).

Qualitätsorientierte Geschäftsmodelle konzentrieren sich stattdessen auf hohe Qualität und Leistung, auch wenn dafür ein höherer Preis als bei anderen Wettbewerbern gefordert werden muss. Hier geht es um Premiumprodukte, persönlichen Service, Boutiquen, Markenartikel, etc. Der Kunde soll durch ein besonderes Erlebnis überzeugt werden und das Gefühl haben, sich etwas Exklusives zu leisten.

197

Beide Geschäftsmodellarten können sehr erfolgreich sein, allerdings nur, wenn sie sich auch voll auf eine der beiden Positionierungen konzentrieren.

Zweiter Teil der Aufgabe:

Überlege dir genau, in welches Segment du möchtest: Als Kostenführer mit sehr schlanken Prozessen und vielen Kunden bei kleinerer Marge oder als ein Qualitätsführer mit einem exquisiten Angebot mit weniger, aber dafür zahlungskräftigen Kunden, die eine höhere Marge erlauben. Ergänze die Post-its im Extended Canvas in den Feldern „Einzigartiges Werteversprechen" (z. B. „… zum günstigsten Preis" oder „… höchste Qualität…"), „Lösung" sowie bei deiner „Zielgruppe" (z. B. „kostenbewusst" oder „anspruchsvoll"), falls dieser Aspekt noch nicht berücksichtigt ist.

Weiterhin ist es wichtig, zwischen fixen und variablen Kosten zu unterscheiden:

Fixe Kosten fallen unabhängig vom Umfang deiner produzierten Waren oder Dienstleistungen an. Beispiele hierfür sind Gehälter, Mieten und Produktionsanlagen. Einige Unternehmen, wie etwa Produktionsunternehmen, sind durch einen hohen Anteil an Fixkosten gekennzeichnet. Bei Yoga-Studios sind dies beispielsweise die Räumlichkeiten, die Ausstattung, Versicherungen und Werbekosten unabhängig davon, wie viele Personen tatsächlich ins Yoga-Studio kommen.

Variable Kosten sind proportional zum Volumen der produzierten Waren oder Dienstleistungen. Beim Yoga-Studio sind zum Beispiel nur wenige Kosten variabel, etwa die Verbrauchsgüter, wie Tee, Toilettenpapier, ggf. die Yoga-Lehrer, wenn sie nur nach Bedarf bezahlt werden, etc.

Fixe Kosten können auch in variable umgewandelt werden (und umgekehrt). Zum Beispiel könnte der Yoga-Raum immer nur dann stundenweise gemietet werden, wenn sich genügend Teilnehmer/innen angemeldet haben. Das kann gerade für die Startphase hilfreich sein, wenn noch nicht viele Kunden da sind und Kosten gespart werden, bis die Kurse regelmäßig voll genug sind.

Dritter Teil der Aufgabe:

Betrachte die bisher erarbeiteten Kosten-Post-its und sortiere diese nach variablen und fixen Kostenpositionen für deine Geschäftsidee und markiere das auf dem Post-it.

Schätze bzw. recherchiere dann im Internet für jede Position die Kostenhöhe (fix, pro Monat, pro Jahr oder pro Kunde) und schreibe diese auf die entsprechenden Post-its. Klebe sie nun in zwei Spalten für fixe und variable Kosten und absteigend nach der Höhe.

Tag 45 – Berechne das Erlöspotenzial deiner Geschäftsidee

---

 10 Minuten   90 Minuten   *www.90taco.de/45*

Mit den letzten beiden Aufgaben hast du die Grundlage gelegt und das nötige Zahlenwerk erarbeitet, um eine erste Berechnung zum finanziellen Potenzial deiner Geschäftsidee durchzuführen. Heute bleibt es also erstmal mathematisch!

Deine Aufgabe für heute:

Berechne in einer Tabellenkalkulation (z. B. Excel, Google Sheets) die Summe der fixen und variablen Kosten, die sich nach Zeitraum zusammenfassen lassen, zum Beispiel alle einmaligen Kosten, alle monatlichen Kosten, alle jährlichen Kosten und alle Kosten pro Kunde. Du kannst dafür das Beispiel-Excel unter www.90-tage-pro gramm.de/kalkulation nutzen und an deine Bedürfnisse anpassen.

Kostenposition	Einmalig	monatlich	Jährlich	pro Kunde/Monat
Raum Kaution	1000			
Raum Miete		550		
Raum Nebenkosten inkl. Energie		190		
Raum Ausstattung	8000			
Yoga-Material			1300	
Werbematerial		90		
Webseite	2500		500	
Verbrauchsgüter (Tee, Kerzen, ...)				3
2. Yoga-Lehrer		1200		
Summe	**11500**	**2030**	**1800**	**3**

Aus den Zahlen lässt sich dann der sogenannte **Break-Even-Point** berechnen, das heißt ab wann deine gesamten bisherigen Kosten gedeckt sind, so dass du ab diesem Punkt Geld verdienst (vgl. dazu Abbildung 13). Im Yoga-Beispiel dauert es zwölf Monate, bis alle Anfangs- und laufenden Kosten gedeckt sind und der erste Euro verdient wird. Es ist nicht unüblich, dass es ein bis zwei Jahre dauert, bis man in die

Gewinnzone kommt, je nachdem, wie hoch der Fixkostenanteil einer Geschäftsidee ist.

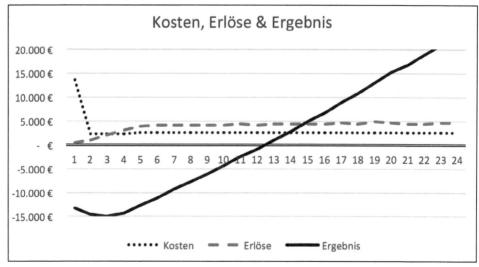

Abbildung 13: Der Verlauf der Kosten, Erlöse und das Ergebnis im Beispiel

Jetzt kannst du auch abschätzen, mit welchem Einkommen du vor Steuern rechnen kannst, wenn sich deine Annahmen bestätigen. Vergleiche dazu Abbildung 14.

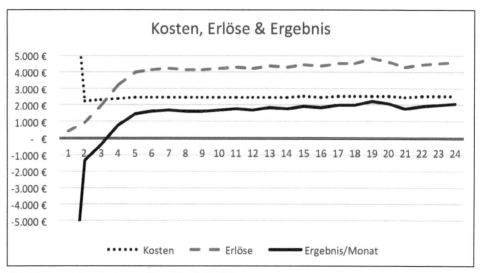

Abbildung 14: Ergebnis pro Monat im Beispiel

Das monatliche Einkommen vor Steuern pendelt sich in diesem Beispiel um die 2.000 Euro/Monat ein. Jetzt ist zu prüfen, ob das zu deinen Erwartungen und Bedürfnissen passt, die du am Tag 27 ermittelt hast. Wenn nicht, musst du entweder deine Geschäftsidee so anpassen, dass das Einkommen reicht, oder prüfen, ob du auch mit weniger auskommen kannst.

Es ist sehr wichtig, dass du dir die Kosten- und Erlössituation so systematisch klarmachst. Jetzt kannst du nämlich prüfen, was passiert, wenn sich die verschiedenen Parameter verändern.

Zweiter Teil der Aufgabe:

Spiele ein bisschen mit den Zahlen herum, um zu sehen, wie sich das Ergebnis bei Veränderungen der verschiedenen Einflussfaktoren ändert:

- Was ist, wenn ich nur halb so viele Kunden gewinne oder 50 Prozent mehr als geschätzt?
- Wie ändern sich die Erlöse, wenn ich den Preis meiner Leistung um 10 Prozent erhöhe oder senke?
- Welchen Einfluss haben die Fixkosten, das heißt wie verschiebt sich der Break-Even-Point, wenn ich diese um 10, 25 oder 50 Prozent erhöhe oder reduziere?
- Was passiert, wenn ich Fixkosten in variable Kosten umwandeln kann (z. B. einmalige Anschaffungskosten durch Miete/Leasing über die Laufzeit verteilen; Freelancer, die ich nur für geleistete Stunden bezahle oder angestellte Mitarbeiter mit festem Einkommen)?

Notiere dir die Erkenntnisse in deinem Notizbuch – und wenn nötig – auf den Post-its im Extended Canvas.

Uff, an den letzten drei Tagen hast du ganz schön was geschafft und zum ersten Mal auch ein Gefühl für das finanzielle Potenzial deiner Idee bekommen. Wie fühlt sich das an?

Tag 46 – Definiere Kennzahlen und Ziele für den Erfolg

 5 Minuten   60 Minuten   *www.90taco.de/46*

Nachdem es an den letzten drei Tagen hauptsächlich um die rein finanziellen Kennzahlen ging, beschäftigst du dich heute mit Kennzahlen, die dir zeigen, ob du bei der Umsetzung deiner Geschäftsidee auf dem richtigen Weg bist.

Hier deine Aufgabe für heute:

Nachfolgend stelle ich dir verschiedene Kennzahlen vor, welche die Entwicklung deiner Geschäftsidee abbilden. Überlege dir, welche Zielwerte du bei den Kennzahlen erreichen musst, um ein tragfähiges Geschäftsmodell zu haben. So weißt du später stets, ob du deinem Ziel wie geplant näherkommst und falls nicht, woran es liegen könnte.

Schreibe die für dein Geschäft relevanten Kennzahlen und deine Ziele pro Kennzahl jeweils auf ein Post-it und klebe diese in deinen Extended Canvas.

Kundenakquisekosten

Sobald du anfängst, Einnahmen zu erzielen, musst du sicherstellen, dass es nicht zu viel kostet, immer wieder neue Kunden zu gewinnen. Um deine Kosten für die Kundenakquise zu messen, verwenden wir folgende Formel:

$$KAK = \frac{\frac{EK}{LD} + MK + WK}{NK}$$

Wobei die Abkürzungen für Folgendes stehen:

KAK   = *Kundenakquisekosten*
EK   = *Entwicklungskosten*
LD   = *Lebensdauer des Produkts in Monaten*
MK   = *Marketingkosten pro Monat*
WK   = *Wartungskosten pro Monat*
NK   = *Anzahl der Neukunden pro Monat*

Bevor du echte Daten aus deinem Geschäftsbetrieb erhältst, musst du die verschiedenen Positionen schätzen. Nutze zusätzlich Erfahrungswerte, die du im Internet googelst, um deine Schätzungen zu plausibilisieren.

Die Kosten für die Kundenakquise können sich im Laufe der Zeit ändern, da du neue Produkte und Dienstleistungen einführst, deine Abläufe verbesserst, etc. Daher ist es wichtig, dass du später immer wieder prüfst, ob deine Kundenakquisekosten im geschätzten bzw. geplanten Rahmen liegen.

Kundenbindung

Die Kundenbindung ist ein entscheidender Erfolgsfaktor, denn es ist wesentlich teurer, einen neuen Kunden zu gewinnen (Kundenakquisekosten) als einen bestehenden weiter zu bedienen. Daher solltest du messen, wie lange die Kunden bei dir bleiben und wie oft sie wiederkommen. Das gibt dir wichtige Auskunft über die Qualität und Einzigartigkeit deines Angebots.

Virale Reichweite

Die virale Reichweite gibt an, wie gut dein Geschäftsmodell über soziale Medien wie Facebook, Instagram, LinkedIn, Twitter und XING eingebunden ist. Soziale Medien sind ein mächtiger Werbekanal, wenn sie richtig genutzt werden. Solange du nicht selbst zufällig Experte für Social Media-Marketing bist, wirst du diese Aufgabe vermutlich auslagern. Dies ist ein sehr weites Feld und dies im Detail zu erklären, würde den Rahmen dieses Programms sprengen.

Abwanderungsrate

Die Abwanderungsrate gibt an, wie schnell du Kunden wieder verlierst. Bei der Verwendung als interne Kennzahl muss der Umsatz bewertet werden, um zu sehen, ob er ein erwarteter, natürlicher Teil der Entwicklung deiner Selbstständigkeit ist oder Zeichen für ein tieferliegendes Problem.

Umsatz und Einnahmen

Der Umsatz ist die zentrale Größe, um zu prüfen, ob dein Geschäft gesund wächst. Der Gewinn ist die zentrale Größe, um zu prüfen, ob du aus dem Geschäft auch genug verdienst, um es nachhaltig weiter betreiben zu können. Typischerweise dauert es einige Monate oder sogar Jahre, bis ein Geschäft groß genug ist, um nicht nur die (Anfangs-)Investitionen und laufenden Kosten zu decken, sondern auch einen Gewinn abzuwerfen. Daher ist es sehr wichtig, diese Kennzahlen zu schätzen und zu planen, damit du frühzeitig merkst, wenn sich das Geschäft nicht wie erhofft und nötig entwickelt.

Tag 47 – Bestimme deine Kernaktivitäten

 10 Minuten 50 Minuten *www.90taco.de/47*

Die Kernaktivitäten im Extended Canvas sind alle Geschäftsaktivitäten, die du für dein Geschäft benötigst, um erfolgreich am Markt zu sein. Zu den typischen Geschäftsaktivitäten gehören zum Beispiel Produkt- oder Serviceentwicklung, Marketing, Produktion, Vertrieb, Service und Verwaltung. Die Kernaktivitäten hängen natürlich von deiner Geschäftsidee ab und variieren stark.

BEISPIELE FÜR KERNAKTIVITÄTEN

Für ein **Yoga-Studio** sind das etwa Auswahl und Einrichtung des Studios, Werbung, Yoga-Kurse leiten und Buchführung.

Für einen **Suppen-Service** sind das beispielsweise Werbung, Auswahl der Gerichte, Einkauf der Zutaten, Zubereitung, Lagerung und Auslieferung.

Das ist deine Aufgabe für heute:

Nimm dir jetzt Post-its mit zwei unterschiedlichen Farben und überlege dir – idealerweise mit deinem/deiner Sparringspartner/in – welche Aufgaben erledigt werden müssen, um deine Geschäftsidee aufzubauen und dein Geschäft zu betreiben. Denkt so lange darüber nach, bis euch nichts mehr einfällt. Du kannst auch später noch weitere ergänzen.

Bewertet anschließend die Aktivitäten bezüglich ihrer Bedeutung für den Erfolg aus Sicht des Kunden und aus finanzieller Sicht. Also: Welche Aktivitäten können für deine Kunden besonders attraktiv sein, wenn sie überragend gut umgesetzt werden, und welche können deine Kunden abschrecken, wenn sie mangelhaft ausgeführt werden? Beim Yoga-Studio entscheiden etwa die Qualität der Kursleitung sowie die Lage und die Atmosphäre der Räumlichkeiten viel mehr über den Erfolg als zum Beispiel die Qualität und Effizienz der Buchhaltung.

Sortiere die Post-its gemäß der absteigenden Bedeutung in deinen Business Model Canvas und konsolidiere ggf. Aufgaben, die sich zusammenfassen lassen.

Mit der bisherigen Aufgabe solltest du dein Geschäftsmodell bezüglich der Aktivitäten schon recht gut abgebildet haben.

Zweiter Teil der Aufgabe:

Als Nächstes geht es darum zu prüfen, wie und wo du dich noch zusätzlich von deinem Wettbewerber differenzieren kannst, um deine Erfolgschancen zu steigern.

Für deine Wettbewerbsfähigkeit sind die Auswahl und die Qualität deiner Kanäle („Channels") sowie die Kundenbeziehung besonders entscheidend, denn diese verbinden deine Kundensegmente mit deinem Werteversprechen.

Betrachte also noch einmal intensiv die Kette „Kundensegment" – „Kanäle und Kundenbeziehung" – „Werteversprechen" und überlege dir, welche Aktivitäten hier die größte Rolle spielen könnten.

BEISPIEL: YOGA-STUDIO

Meine Kunden sind gesundheitsbewusste Arbeitnehmer/innen im Gewerbegebiet mit wenig Zeit [= Kundensegment], die ich über eine persönliche Ansprache gewinne (z. B. mit einem Roll-Up im Foyer der Unternehmen = Kanal), um eine persönliche Kundenbeziehung aufzubauen [= Kundenbeziehung]. Damit kann ich mein Werteversprechen umsetzen, dass ich ein effektives und individuelles Gesundheitsangebot mache, das die Job-Realität von Arbeitnehmern/Arbeitnehmerinnen bestmöglich berücksichtigt [= Werteversprechen].

Aus dieser Überlegung resultiert, dass die Aktivität „Persönliche Ansprache" von besonderer Bedeutung ist, und zwar nicht nur beim Eröffnen des Yoga-Studios, sondern auch für den weiteren Betrieb. Diese Form der Ansprache kann ein entscheidender Wettbewerbsvorteil sein, muss aber bei der Geschäftsidee auch mit Zeit und Ressourcen eingeplant und bezahlt werden.

Markiere also zum Abschluss in deinem Extended Canvas, welche Kernaktivitäten eine herausragende Rolle bei der Differenzierung im Wettbewerb spielen.

Tag 48 – Identifiziere deine Kernressourcen

 10 Minuten   50 Minuten   *www.90taco.de/48*

Heute geht es darum, was du alles brauchst, um deine Geschäftsidee umzusetzen und zu betreiben. Wichtige Hinweise hast du bereits am Tag 44 bekommen, als du die wichtigsten Kostenpositionen erarbeitet hast.

Deine Aufgabe heute:

Nimm dir deine Post-its und sammle alle Investitions- und Verbrauchsgüter, die du zur Umsetzung deiner Idee brauchst. Dabei geht es nicht um jedes Detail, sondern um gleichartige Klassen von Investitionsgütern (z. B. „Einrichtung" statt Stühle, Tische und Teppiche) und Verbrauchsgütern (z. B. „Sanitärbedarf" statt Seife, Toilettenpapier und Müllbeutel).

Stell dir genau vor, wie du deine **Geschäftsidee aufbaust**: Was brauchst du alles, um loszulegen? Hier werden sich eher die Investitionsgüter finden, die du einmalig anschaffen oder in größeren Abständen neu beschaffen musst.

Stelle dir im Anschluss vor, wie du dein **Geschäft betreibst**. Welche Dinge tust du jeden Tag, jede Woche, jeden Monat oder jährlich (vgl. dazu deine Kernaktivitäten von Tag 47) und was benötigst du dafür? Hier werden sich eher die Verbrauchsgüter finden, die regelmäßig nachgekauft werden müssen.

Klebe die Post-its in der Reihenfolge der Bedeutung in das Feld „Kernressourcen" deines Business Model Canvas. Gleiche nun das Ergebnis mit den Inhalten der Kostenstruktur ab. Stehen dort Dinge, die du heute noch nicht berücksichtigt hast? Oder musst du deine Kostenstruktur mit den Erkenntnissen von heute anpassen? Dann aktualisiere die entsprechenden Stellen.

Tag 49 – Ermittle deine Kernpartner

 10 Minuten   50 Minuten   *www.90taco.de/49*

Nachdem du dich gestern mit den Kernressourcen beschäftigt hast, geht es heute darum, die Partner zu identifizieren, die du für die Umsetzung brauchst. Partner sind Menschen, Unternehmen, Behörden, Institutionen, etc., mit denen du sporadisch oder regelmäßig interagierst, um dein Geschäft aufzubauen und zu betreiben.

Deine heutige Aufgabe:

Nimm dir deine Post-its und notiere dir alle Kernpartner, die du zur Umsetzung deiner Idee brauchst. In der Regel brauchst du bestimmte Dienstleister für den Aufbau deiner Geschäftsidee (z. B. Designer, Web Programmierer, Raumausstatter, Berater) und andere für den späteren Betrieb.

Stell dir wieder genau vor, wie du deine **Geschäftsidee umsetzt**: Wessen Hilfe benötigst du, um die Kernaktivitäten umzusetzen? Was möchtest du unbedingt selbst machen und was kannst du ggf. anderen überlassen, um schneller und professioneller ans Ziel zu kommen? Im Zweifel gib Aufgaben lieber ab, denn du wirst a) sowieso genug zu tun haben und b) möchten wir ja auch, dass dein Stresslevel durch die Selbstständigkeit auf einem gesunden Maß bleibt, auch wenn das bedeutet, einen Teil der Einnahmen mit Partnern zu teilen. Glaube mir, es ist es meistens wert, denn Zeit mit Muße ist heute doch die knappste Ressource, oder?

Stell dir im Anschluss vor, wie du dein **Geschäft betreibst**. Welche Dinge sind jeden Tag, jede Woche oder jeden Monat zu tun und wessen Hilfe benötigst du dafür? Zum Beispiel tägliche Reinigung, wöchentliche Updates der Webseite, monatliche Rechnungsstellung und Buchhaltung oder jährliche Inventur.

Klebe die Post-its in der Reihenfolge der Bedeutung in den Extended Canvas. Gleiche nun das Ergebnis mit den Inhalten der Kostenstruktur sowohl im Canvas als auch in deinem Excel ab. Sind vielleicht die Kosten für manche Partner noch gar nicht berücksichtigt? Dann aktualisiere die entsprechenden Stellen.

Tag 50 bis 52 – Simuliere dein Angebot

 20 Minuten täglich *www.90taco.de/50*

Heute beginnt einer der wichtigsten Schritte für deine Geschäftsidee: Du wirst dir überlegen, wie du dein Angebot so „simulieren" kannst, dass potenzielle Kunden den Eindruck haben, es schon kaufen zu können.

Es ist immens wichtig, dass du so früh wie möglich Gewissheit darüber bekommst, ob dein Angebot am Markt auch genügend Abnehmer findet. Und die einzige Art und Weise das herauszufinden ist, Menschen eine echte Kaufentscheidung abzunötigen. Warum?

Es reicht leider nicht, Menschen um eine Einschätzung zu bitten, etwa so: „Stell dir vor, dieses Produkt wäre bereits fertig. Wärst du bereit es zu kaufen und wie viel wärst du bereit zu bezahlen?" Die Menschen sind in der Regel einfach zu nett und viele werden dir erzählen, was du hören möchtest: „Och ja, ich kann mir schon vorstellen, so etwas zu kaufen. Vielleicht 10 Euro?" oder: „Hm, warum nicht? Klingt ganz gut. Wie viel ich bereit wäre zu bezahlen? Tja, vielleicht 12 bis 13 Euro maximal – ich weiß nicht genau." Wenn sie jedoch tatsächlich dein Angebot im Laden sehen, ohne deine persönliche Ansprache, geben sie ihr Geld doch lieber für etwas anderes aus.

Hierzu eine kleine Geschichte:

> **BEISPIEL**
>
> Als Sony im Jahr 1979 den Walkman auf den Markt brachte, überlegten sie, welche Farbe das Gerät haben sollte. Sie entschieden sich zu einem Test mit potenziellen Kunden und zeigten ihnen das Gerät in drei Farben: schwarz, silber und gelb. Die Testanden wurden gefragt, welches ihnen am besten gefällt, und die Mehrheit entschied sich für das gelbe Gerät. Als sie nach der Befragung aus dem Raum gingen, durften sie sich als Dankeschön an einem Tisch einen Walkman aussuchen. Die Mehrheit entschied sich dann entgegen ihrer eigenen Aussage doch für den silbernen …

Also, jetzt sind deine Kreativität, deine Cleverness und dein Mut gefordert: Was könntest du deinen potenziellen Kunden erzählen und/oder zeigen, damit sie davon überzeugt sind, dass sie dein Produkt oder deine Dienstleistung bereits kaufen können?

VIER BEISPIELE, UM EIN ANGEBOT ZUNÄCHST ZU SIMULIEREN

BEISPIEL 1:
KULTURHOF FÜR FAMILIEN UND KULTURINTERESSIERTE

Tatjana hatte die Idee einen „Kulturhof" aufzumachen: einen alten Bauernhof so umzubauen, dass es dort ein Café mit kleinen regionalen, vegetarischen Snacks, einen Kulturraum für kleine Konzerte und Lesungen sowie viele Spielmöglichkeiten für Kinder gibt. Sie wollte sich um die Organisation und die Kinderbetreuung kümmern, die anderen Aufgaben (Café-Betrieb, vegetarische Küche und Kulturprogramm) an andere abgeben, die sich auch selbstständig machen wollten. Ihre Zielgruppe sind urbane Familien mit mittlerem bis höherem Einkommen und Kulturinteressierte, denen Nachhaltigkeit wichtig ist. Sie hat bereits einen guten Standort in der Nähe eines passenden Bezirks in Hamburg gefunden und möchte jetzt überprüfen, wie die Idee bei den Zielkunden ankommt.

Dazu hat sie sich für 80 Euro Flyer gestalten und 500 Exemplare drucken lassen. Auf dem Flyer ist ein schöner Bauernhof zu sehen, mit Familien, die entspannt Kaffee trinken und Kuchen essen, während Kinder im Garten spielen. Ein zweites Bild zeigt ein Konzert von einem Trio in einer gemütlichen, intimen Atmosphäre mit Kerzen auf den Tischen.

Auf dem Flyer werden die fünf wichtigsten Punkte aufgeführt: „Kaffeespezialitäten und hausgemachter Kuchen", „regionale und frische Küche", „Spielmöglichkeiten für Groß und Klein", „Buntes Kulturprogramm", „romantischer Bauernhof mitten in der Natur".

Der wichtigste Punkt ist aber eine Ecke, in der steht:

Wertgutschein für 20 Euro bei Ihrem ersten Besuch für alle Speisen, Getränke und Veranstaltungen.

Der Flyer stellt also einen Wertgutschein dar, den Tatjana zum reduzierten Kaufpreis von 10 Euro als Eröffnungsangebot anbietet.

BEISPIEL 2:
YOGA-STUDIO IM GEWERBEGEBIET

Um die Nachfrage nach dem Yoga-Studio zu testen, reicht es aus, dass Marie sich ein schönes Roll-Up gestalten (ca. 50 Euro) und drucken lässt (ca. 30 Euro) sowie ein paar Verträge ausdruckt.

Das Roll-Up ist so gestaltet, dass es ein schönes Bild einer Yoga-Klasse in wunderschöner Atmosphäre (ca. 10 Euro) sowie die drei wichtigsten Besonderheiten aufzeigt, zum Beispiel:

- Gesund & fit mit nur 1 Stunde/Woche
- Kurszeiten auf Ihre Arbeitszeit abgestimmt
- Nur 2 Minuten von hier

209

Der Vertrag ist nur eine Seite lang, nimmt die wichtigsten Kundendaten auf und beschreibt die verschiedenen Angebote inklusive Preise. Damit können sich Kunden bereits für einen Kurs anmelden.

Marie spricht die Personalabteilung von verschiedenen Unternehmen an, um ihnen ihr Angebot zu erklären. In der Regel gibt es eine Person, die sich auch um die Gesundheitsprogramme für die Mitarbeiter kümmert. Mit dieser Person vereinbart Marie einen Termin, um weitere Details zu klären, die für beide Seiten relevant sind.

Marie erklärt, dass sie gerne an einigen Tagen einen kleinen Stand aufbauen möchte, um den Mitarbeitern die Idee für ihre Yoga-Gesundheitsvorsorge zu erläutern und den Bedarf der Mitarbeiter besser zu verstehen. Sie gibt hier also offen zu, dass sie noch in der Entwicklungsphase ist und sicherstellen möchte, dass das Angebot den Mitarbeitern auch gefällt und zu ihren Bedürfnissen passt. Die Unternehmen werden das in der Regel mit Wohlwollen hören, denn sie sind auch interessiert daran, dass das Angebot genau zu ihren Mitarbeitern passt.

BEISPIEL 3:
VERKAUF VON WOLLE UND STRICKMUSTERN FÜR KINDER IM INTERNET

Stefanie möchte ihr Hobby zum Beruf machen und eine Webseite für den Verkauf von Wolle und Strickmustern für Kinder im Internet starten. Um die Nachfrage nach Strickmustern für Kinder und die dazugehörige Wolle zu testen, reicht es, wenn Stefanie zunächst eine simple Verkaufswebseite aufbaut (Kosten ca. 500 Euro), erste Pakete aus Muster und Wolle anbietet und für eine Woche eine Google Ads-Kampagne schaltet (Kosten ca. 200 Euro). Aus der Reaktion bzw. Kaufbereitschaft der angeworbenen Nutzer lässt sich auf den Bedarf der Kunden schließen und mittels veränderter Werbebotschaften Ansatzpunkte für die Verbesserungen des Angebots testen. Eine eigene Lagerhaltung oder professionelle Abläufe sind in dieser Phase noch nicht nötig: Die Wolle für diese Testphase kauft sie selbst erst ein, nachdem Kunden bestellt haben, die Strickmuster druckt sie am Drucker aus und verschickt beides zusammen per Post.

BEISPIEL 4:
PRETOTYPING EINER ERFINDUNG: ES GEHT AUCH NOCH FRÜHER!

Sicherlicht kennst du den Begriff „Prototyp". Ein Prototyp ist ein Ding, das als Vorbild für weitere, ähnliche Dinge dient oder auch ein Vorab-Exemplar für eine spätere Massenfertigung. Häufig versucht man mit viel Geld und Aufwand einen funktionsfähigen Prototyp einer Idee zu bauen, um zu testen, wie diese ankommt.

Ein radikalerer Ansatz ist das sogenannte Pretotyping. Hier wird versucht zu simulieren, dass der Prototyp etwas bereits kann, was aber aus Geld- oder Zeitmangel gar nicht realisiert wurde.

Hierzu ein Beispiel: Nehmen wir an, ich möchte eine neue Technologie entwickeln und vermarkten, mit der sich Präsentationen per Gestensteuerung (z. B. „Wischen in der Luft") steuern lassen. Um zu prüfen, wie diese Idee überhaupt bei Zuschauern der Präsentation, dem Präsentierenden selbst, bei potenziellen Kunden oder auch Investoren ankommt, kann ich zu folgendem Trick greifen:

Ich lade die Personen in einen Raum mit einem Projektor und einer Leinwand ein. Dann präsentiere ich ein kleines schwarzes Kunststoffkästchen und erkläre, dass dies der Prototyp einer neuen, revolutionären Technologie sei. Ich starte meinen Laptop, erkläre, dass sich der Prototyp nun per Bluetooth bereits mit dem Laptop verbunden hat und starte eine PowerPoint-Präsentation. Nun wische ich in der Luft nach links und nach rechts und tatsächlich: Wie von Geisterhand springt die Präsentation vor und zurück, als gehorche sie meinen Händen. Dann bitte ich einen der Zuschauer nach vorne und erkläre ihm die Gesten. Als er es versucht, funktioniert der Prototyp tadellos und gehorcht dem Zuschauer aufs Wort bzw. auf die Hand.

Nun kann ich die Einschätzung der Personen einholen. Wie finden die Zuschauer es, wenn der Präsentierende in der Luft Gesten macht? Wie fühlt sich der Präsentierende selbst dabei? Sind die potenziellen Kunden an der Technologie interessiert? Wollen die Investoren in die Idee investieren?

Wenn ich alle meine Antworten habe, lüfte ich das Geheimnis: Die Plastikbox ist komplett leer. Tatsächlich saß ein von mir eingeweihter Kollege in der hinteren Reihe und steuerte die Präsentation mit einer handelsüblichen Beamer-Steuerung, so dass es keiner sah. Wir haben die Idee gemeinsam simuliert und durch die Plastikbox auf dem Tisch den Eindruck erweckt, dass das Produkt bereits fertig sei.

Waren die Antworten der Befragten eher negativ, lassen wir die Idee ggf. ganz fallen und haben uns so Monate an Arbeit und viele zig Tausende von Euro gespart. Waren die Antworten positiv, haben wir eine höhere Gewissheit, dass es sich lohnt, weiter in die Idee zu investieren. Im Idealfall haben wir schon erste Kunden, die kaufen wollen, und Investoren, die sich beteiligen möchten.

Also, nun bist du dran, hier ist deine Aufgabe:

Wie lässt sich dein Angebot mit möglichst wenig Zeit, Aufwand und Geld überzeugend darstellen? Sei kreativ und wage es, „out of the box" zu denken. Dieser Schritt ist einer der wesentlichsten Unterschiede zwischen Unternehmerinnen und Unternehmern die neue Wege beschreiten, und Angestellten, die sich nur im Raum der vorgegebenen Möglichkeiten bewegen.

Tag 53 bis 57 – Teste dein Angebot an realen Kunden

 10 Minuten   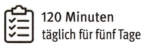 120 Minuten täglich für fünf Tage   *www.90taco.de/53*

Du hattest jetzt einige Zeit, deine Idee so „greifbar" und „erlebbar" zu machen, dass potenzielle Kunden eine Kaufentscheidung treffen können. Plane nun für die nächsten fünf Tage ein, wann, wie und wo du deine Idee testen möchtest.

FORTSETZUNG DER BEISPIELE VON TAG 50 BIS 52

BEISPIEL 1:
KULTURHOF FÜR FAMILIEN UND KULTURINTERESSIERTE

Tatjana und ihre Freundin ziehen sich passend an und sprechen in den umliegenden Bezirken Familien und Einzelpersonen an, die sie für ihre Zielgruppe halten. Sie erklären ihnen, dass sie gerade diesen „Kulturhof" eröffnet hätten und ob sie Interesse hätten, am nächsten Wochenende mal vorbeizukommen.

Daraus entwickelt sich ein Gespräch über Tatjanas Idee und sie lernt viel über die Interessen ihrer Zielkunden. Zum Abschluss fragt Tatjana, ob sie einen oder mehrere „Voucher" kaufen möchten, damit würden sie 25 Prozent sparen. Jetzt entscheidet sich, wie attraktiv ihre Idee ist. Entscheiden sich die Angesprochenen zum Kauf und zücken das Portemonnaie, ist das ein sehr gutes Zeichen.

Jetzt lüftet Tatjana das Geheimnis, bedankt sich vielmals bei den Personen und entschuldigt sich dafür, dass sie leider die Voucher jetzt noch nicht verkaufen kann, da sie noch in der Planung sei. Sie möchte sichergehen, etwas anzubieten, was ihren Kunden auch wirklich gut gefällt, und daher testete sie auf diese Weise, ob das Angebot schon passe. Sie möchte damit ihnen, den Kunden, ein schlechtes Erlebnis ersparen und sich das Risiko eines mit Herzblut aufgebauten, aber gescheiterten Projekts. Sie bedankt sich nochmals herzlich für das wertvolle Gespräch und fragt, ob sie die E-Mail-Adressen der Angesprochenen haben könne, um sie zu informieren, wenn der „Kulturhof" tatsächlich eröffnet wird. Als kleines Dankeschön und Entschädigung gibt es dann tatsächlich den Rabattgutschein im Wert von 10 Euro für den ersten Besuch geschenkt.

Wer freundlich mit den Menschen spricht und ehrlich erklärt, warum man sie etwas an der Nase herumführen musste, trifft in 99 Prozent der Fälle auf Wohlwollen und Unterstützung. Den letzten Prozentpunkt, also diejenigen, die sich daran stören, muss man hinnehmen. Man kann es nie allen recht machen. Aber genau dafür hast du dich ja in den letzten Wochen schon einige Male aus deiner Komfortzone bewegt. Wer Unternehmer werden möchte, muss etwas unternehmen und das bedeutet auch Risiken eingehen und kreativ sein, um sein Ziel zu erreichen. Wichtig ist, dass man am Ende offen und ehrlich ist, keinem schadet und andere mit Respekt behandelt.

Yoga-Studio im Gewerbegebiet

Marie stellt sich nun, wie mit den Unternehmen vereinbart, morgens, zur Mittagszeit und bei Arbeitsschluss mit ihrem schönen Roll-Up, einem Stehtisch, den Verträgen und ein paar kleinen Goodies (z. B. Bonbons) in das Foyer des Unternehmens. Sie schaut freundlich und versucht ins Gespräch mit den Arbeitnehmer/innen zu kommen. Sie erklärt ihr Konzept, beantwortet Fragen, stellt ihrerseits Fragen über die Interessen der Gesprächspartner und endet mit der Frage, ob sie sich anmelden möchten. Auch hier lüftet sie das Geheimnis in dem Moment, wo sich der Ansprechpartner das Klemmbrett greift, um den Vertrag auszufüllen. Wie auch im vorherigen Beispiel erläutert sie die Hintergründe für diesen Test und wie wichtig es ihr sei, etwas aufzubauen, was auch wirklich den Bedürfnissen des Gesprächspartners entspricht.

Es wird sich daraus ein weiteres kleines Gespräch ergeben und Marie fragt dabei die Person, ob sie nur Name und E-Mail in dem Vertrag aufschreiben könne, um zu informieren, sobald das Yoga-Studio eröffnet. Als kleines Dankeschön erhält der Ansprechpartner einen Gutschein für drei kostenfreie Yoga-Stunden. So baut sich Marie schon ihren ersten Kundenstamm auf.

Verkauf von Wolle und Strickmuster für Kinder im Internet

Durch die Google Ads-Kampagne werden sofort potenzielle Kunden auf die Webseite geleitet und Stefanie kann sofort sehen, ob und wie viele Leute wirklich ihr Angebot kaufen möchten. Hier hat Stefanie zwei Möglichkeiten:

1. Die Webseite kann so gestaltet sein, dass lediglich gezählt wird, wenn ein Kunde auf den „Jetzt Kaufen"-Button klickt. Tatsächlich kommt der Kunde dann aber nicht in den Bezahlvorgang, sondern sieht eine sympathische Erklärung, warum das Angebot noch nicht verfügbar ist. Auch hier besteht die Möglichkeit, E-Mail-Adressen zu sammeln, um über den Start der echten Webseite zu informieren, falls der Kunde dem zustimmt.
2. Sie kann den Kauf auch tatsächlich abwickeln und die Ware „von Hand" zusammenpacken und versenden, sofern sie leichten Zugang zu der Ware hat (z. B. einfach in ein Fachgeschäft gehen und die Wolle kaufen und das Strickmuster im Copyshop im richtigen Format ausdrucken). Dieser Prozess ist natürlich noch nicht nachhaltig, denn um Geld zu verdienen, muss sie größere Mengen einkaufen oder die Ware direkt von einem anderen Händler verschicken lassen (sog. „Drop Shipping"). Der Vorteil dieses Ansatzes ist, dass sie erste (zufriedene) Kunden gewinnen kann und durch die Interaktion mit den Kunden sowie das manuelle Durchspielen der Prozesse viel über ihr Geschäft lernt, um es später zu automatisieren und effizienter zu machen.

Hier nun also deine Aufgabe:

Du hast in den letzten Tagen deine ganz spezifische Möglichkeit ausgearbeitet, dein Angebot zu simulieren. Du weißt, wen du ansprechen willst und wo du deine Zielgruppe findest. Jetzt geht es raus aus deinem Kämmerlein! Sprich deine Kunden an! Ich weiß, das kostet einige Überwindung. Aber es geht nicht ohne! Wenn du etwas unternehmen und gewinnen willst (deine Freiheit und eine Arbeit, die dich erfüllt), musst du auch etwas wagen und die ausgetretenen Pfade verlassen. Also: Nur Mut! Du hast nichts zu verlieren, sondern viel zu gewinnen! Viel Spaß!

Tag 58 bis 60 – Verbessere dein Angebot

 10 Minuten　　 90 Minuten　　 www.90taco.de/58　

Aus den Aufgaben der letzten Wochen solltest du viel über deine Geschäftsidee, deine Kunden und auch dich selbst gelernt haben.

Wie ist das Ergebnis, wie dein Gefühl? Bist du euphorisch, weil du gute Gespräche hattest und die Leute dein Angebot wollen? Oder bist du entmutigt, weil sich deine Erwartungen nicht erfüllt haben? Vielleicht hast du auch Respekt vor den nächsten Schritten, weil du merkst, dass es wirklich ernst wird und aus deiner Idee langsam Realität wird.

Hier ist deine Aufgabe für heute und morgen:

Nutze die zwei Tage, um die Ergebnisse zu konsolidieren, den Extended Lean Canvas auf den neuesten Stand zu bringen, deine Kalkulation zu aktualisieren und die Erkenntnisse mit einem/einer Sparringspartner/in durchzusprechen.

Wie bereits erwähnt, entwickelt sich eine Geschäftsidee kontinuierlich weiter, weil du die vielen Annahmen über den Kunden und den Markt da draußen überprüfst und feststellst, dass kleinere oder auch größere Korrekturen nötig sind. Das ist normal und ein gutes Zeichen!

Und wenn du herausfindest, dass deine Geschäftsidee partout nicht funktionieren will, ist das ebenfalls ein großer Erfolg! Denn du hättest viel Zeit und Geld verloren, wenn du die Idee mit der klassischen Methode umgesetzt hättest. Das Motto lautet „Fail fast!", also „Scheitere so schnell wie möglich", um – falls die Idee noch nicht die richtige war – Zeit und Ressourcen zu haben, die nächste Variante deiner Geschäftsidee oder eine ganz neue zu testen. Und wenn du dann irgendwann einfach nicht mehr scheiterst, bist du am Ziel.

Ich weiß, das klingt auf den ersten Blick paradox. Es geht aber darum, so früh wie möglich festzustellen, ob eine Idee nicht funktioniert, und sich nicht lange in falscher Hoffnung zu wiegen. Denn dann ist die „Ent-Täuschung", der man unterlegen war, umso heftiger und teurer.

Tag 61 bis 65 – Richte deine Kanäle zum Kunden ein

 20 Minuten 90 Minuten *www.90taco.de/61*

Wenn die Tests deiner Idee in den letzten Tagen positiv genug waren, kannst du den nächsten Schritt gehen. Falls nicht, wiederhole die Schritte ab Tag 31, falls du die Idee grundlegend anpassen musst, oder entsprechend später zwischen Tag 32 und 35, falls deine Geschäftsidee nur in Details angepasst werden soll.

Hier nun die Aufgabe für heute und die nächsten vier Tage:

Baue weitere Kanäle zu deinen Zielkunden auf, die du nutzen möchtest und die du leicht und ohne hohe Investitionen erschließen kannst.

Folgende Kanäle stehen dir dabei zur Verfügung:

Kanal ++ = sehr hoch + = hoch o = mittel – = niedrig –– = sehr niedrig	Einsatzzweck					Merkmale		
	Werbung	Informieren	Verkauf	Ausliefern	Support	Kosten	Reichweite	Individualisiert
Persönliche Ansprache								
Ladengeschäft	✓	✓	✓	✓	✓	++	–	++
Vertriebs-Außendienst		✓	✓	✓		++	–	++
Service-Mitarbeiter/innen			✓		✓	++	–	++
Informationsstand/Messe	✓	✓	✓		✓	+	o	++
E-Mail	✓	✓		✓	✓	––	o	+
Telefon/Callcenter		✓	✓		✓	+	o	+/o
Flyer verteilen mit/ohne Ansprache	✓	✓				–	–	+/–
Live-Chat		✓			✓	–	+	o
Postsendung/Spedition	✓	✓		✓		+	–	–

Unpersönliche Ansprache								
Webseite	✓	✓	✓	✓	✓	+	++	−
Blog	✓	✓	(✓)		✓	−	++	−
Online-Marketing (z. B. Google Ads)	✓	✓				+	++	−
Social Media (z. B. Facebook Ads)	✓	✓				+	+	o
E-Mail-Newsletter	✓	✓		(✓)	✓	−−	−	o
Infopost	✓	✓			✓	+	−	o
Flyer auslegen	✓	✓				−	−	−
Radio-Werbung	✓	✓				++	+	−
Fernseh-Werbung	✓	✓				++	+	−
Kino-Werbung	✓	✓				+	o	−
Plakate	✓	✓				+	o	−
Sponsoring	✓					+	o	

Zum Start benötigst du lediglich Kanäle für Werbung, Information, Verkauf und Auslieferung. Wie du in der Tabelle siehst, können einige Kanäle alle Aspekte abdecken (z. B. Webseite). In der Regel wirst du verschiedene Kanäle kombinieren und später weitere ergänzen oder auch bisher genutzte „abschalten" (z. B. Flyer verteilen), weil du dich auf effektivere fokussieren willst (z. B. Social Media Marketing).

FORTFÜHRUNG DER BEISPIELE FÜR DEN EINSATZ VON KANÄLEN

BEISPIEL 1:
KULTURHOF FÜR FAMILIEN UND KULTURINTERESSIERTE

Tatjana hat nach den ermutigenden Reaktionen bei den ersten Tests eine **Webseite** für den Kulturhof aufbauen lassen und nutzt weiter den Kanal **„Flyer auslegen und verteilen"**, um ihre Zielgruppe direkt anzusprechen und mehr über deren Bedürfnisse zu lernen. Sie weiß, dass sie bald auf effektivere, aber auch teurere Kanäle umsteigen muss, und entscheidet sich für Social Media Marketing.

Über www.upwork.com hat sie einen geeigneten Freelancer gefunden, der ihr eine passende **Facebook-Seite** aufbaut und **Facebook-Kampagnen** mit regionalem Bezug startet. Sie definiert ein Budget von 200 Euro pro Monat für diesen Kanal und entwickelt gemeinsam mit einem Bekannten passende Werbetexte.

Sie hat im Freundeskreis eine Mutter von zwei Kindern gefunden, die gerne für das Café die Kuchen backen möchte, um sich zu Hause etwas Geld dazuzuverdienen. Da diese Mutter auch gerne bloggt, entscheiden sie sich, einen **Blog** auf dem Kulturhof zu

217

integrieren, den die beiden abwechselnd mit passendem Content rund um Kinder und gesundes, leckeres Essen befüllen möchten. Der Webseiten-Programmierer verlangt 100 Euro, um den Blog einzubinden, und beide reservieren sich drei Stunden pro Woche, um jeweils einen Blog-Artikel pro Woche zu posten.

Für den Start nutzt Tatjana also die nachfolgenden Kanäle. Es ist deutlich zu erkennen, dass der Fokus der Kanäle auf Werben und Informieren ausgelegt ist, dass die Kosten noch relativ gering sind und eine Mischung aus eher persönlicher (z. B. Blog) und unpersönlicher Ansprache erfolgt.

Kanäle für Kulturhof	Einsatzzweck					Merkmale		
	Werbung	Informieren	Verkauf	Ausliefern	Support	Kosten	Reichweite	Individualisiert
Persönliche Ansprache								
Flyer verteilen mit/ohne Ansprache	X	X				–	–	+/–
Unpersönliche Ansprache								
Webseite	X	X	X	X	X	+	++	–
Blog	X	X	(X)		X	—	++	–
Social Media (z. B. Facebook Ads)	X	X				+	+	o

BEISPIEL 2:
YOGA-STUDIO IM GEWERBEGEBIET

Marie nutzt weiter ihren kleinen Stand mit Roll-Up, Stehtisch und Flyern, um Werbung zu machen und interessierte Menschen zu informieren. Auch sie lässt gerade eine Webseite erstellen und sieht auch schon die Möglichkeit vor, dass Kunden die Kurse direkt online buchen können. Ihr ist es wichtig, dass sie diesen Verkaufskanal früh testet, denn sie möchte in der täglichen Lehrpraxis möglichst wenig mit Geld zu tun haben und nicht mit den Kunden über Kursbeiträge sprechen müssen. In den meisten Firmen darf sie auch ihre Flyer auslegen.

Aus der Testphase hat sie mittlerweile eine recht ansehnliche Anzahl von E-Mail-Adressen von Interessenten bekommen. Sie entscheidet sich, einen Newsletter einzurichten, in dem sie ihre Kunden und potenzielle Kunden über interessante Themen rund um Yoga, Gesundheit und Stressreduktion informiert. Ihr Web-Programmierer richtet ihr das Tool „MailChimp" ein, das für die ersten 2.000 Kontakte kostenlos ist. Das sollte für die Startphase und zum Testen reichen.

Da es in dem Gewerbegebiet drei sehr gut gelegene Plakatflächen gibt, möchte sie auch darüber für ihr neues Yoga-Studio werben. Um die Eignung zu testen, mietet sie zunächst nur ein Plakat für die kürzeste Laufzeit (vier Wochen). Um den Effekt der Kanäle auch unterscheiden zu können, gibt sie dort einen leicht anderen Webseiten-Namen an und lässt von ihrem Web-Programmierer über Google Analytics messen, wie viele Kunden über das Plakat auf ihre Webseite kommen.

Die folgende Tabelle zeigt die gewählten Kanäle in der Übersicht. Es wird deutlich, dass dieses Mal auch schon der Verkauf über zwei Kanäle getestet wird.

Kanäle fürs Yoga-Studio	Einsatzzweck					Merkmale		
	Werbung	Informieren	Verkauf	Ausliefern	Support	Kosten	Reichweite	Individualisiert
Persönliche Ansprache								
Informationsstand/Messe	X	X	X			+	o	++
E-Mail	X	X				—	o	+
Flyer verteilen mit/ohne Ansprache	X	X				–	–	+/–
Unpersönliche Ansprache								
Webseite	X	X	X			+	++	–
Flyer auslegen	X	X				–	–	–
Plakate	X	X				+	o	–

BEISPIEL 3:
VERKAUF VON WOLLE UND STRICKMUSTERN FÜR KINDER IM INTERNET

Stefanie nutzt weiter ihre Google Ads-Kampagne und lässt diese ausbauen und auf Basis der Erkenntnisse aus Google Analytics ihre Webseite weiterentwickeln. Sie investiert 100 Euro pro Monat in Facebook Ads, um diesen Kanal zu testen und mit Google Ads zu vergleichen.

Ihr Google Ads-Experte hat ihr empfohlen, einen Blog auf ihrer Webseite zu pflegen, um mittel- und langfristig nicht nur von bezahlter Werbung abhängig zu sein, sondern auch „organischen Traffic" zu bekommen, das heißt Besucher, die über eine normale Google-Suche bei ihr landen (ohne Werbung). Sie hat schon Lust, ab und zu etwas zu schreiben, beschließt aber, ihre Freunde zu fragen, die auch gerne stricken, ob die sich ihr anschließen.

Um gleich zu Beginn mehr Besucher auf ihre Webseite zu bekommen, beschließt sie, alle Nähschulen in Deutschland, der Schweiz und Österreich anzuschreiben und auf ihr neues Angebot aufmerksam zu machen. Sie formuliert eine nette E-Mail und beauftragt über www.fiverr.com einen Freelancer, für 250 Euro eine Online-Recherche über alle deutschsprachigen Nähschulen zu erstellen und die E-Mail in ihrem Namen zu versenden.

Kanäle für Strickmuster-Verkauf	Einsatzzweck					Merkmale		
	Werbung	Informieren	Verkauf	Ausliefern	Support	Kosten	Reichweite	Individualisiert
Persönliche Ansprache								
E-Mail	X	X		(X)	X	—	o	+
Unpersönliche Ansprache								
Webseite	X	X	X	X	X	+	++	–
Blog	X	X	(X)		X	—	++	–
Online-Marketing (z. B. Google Ads)	X	X				+	++	–
Social Media (z. B. Facebook Ads)	X	X				+	+	o

Tag 66 bis 70 – Teste deine Kanäle

 15 Minuten   90 Min. täglich   *www.90taco.de/66*

Beginne so früh wie möglich damit, die ersten neuen Kanäle zu testen, sobald diese eingerichtet sind. Dein Ziel ist herauszufinden, wie gut du mit den verschiedenen Kanälen deine Zielkunden erreichst und wie diese auf dein Angebot reagieren. Je nach Kanal lassen sich die Reaktionen deiner Kunden bzw. die Wirkung deiner Kanäle unterschiedlich messen. Die folgende Tabelle gibt dir Anregungen dafür:

Kanal	Typische Messkriterien
Persönliche Ansprache	Erreichte Personen/Stunde Interessenten/Stunde Käufe/Stunde
Ladengeschäft	Besucher/Tag Käufe/Tag Käufe/Kunde Umsatz/Tag Umsatz/Kunde
Vertriebs-Außendienst	Kundenbesuche/Woche Verkäufe/Woche Verkäufe/Kundenbesuche Umsatz/Monat Umsatz/Kunde
Service-Mitarbeiter/innen	Kundenbesuche/Woche Erfolgreiche Serviceeinsätze/Kundenbesuche Zeiteinsatz/Kundenbesuch
Informationsstand/Messe	Besucher/Stunde Interessenten/Tag Verkäufe/Tag
E-Mail	Reaktionen/Gesamtanzahl
Telefon/Callcenter	Anrufe/Stunde Kundenzufriedenheit Verkäufe/Telefonate Gelöste Service-Anfragen/Alle Anfragen

Flyer verteilen mit/ ohne Ansprache	Verteilte Flyer/Stunde Gespräche/Verteilte Flyer
Live-Chat	Chats/Stunde Kundenzufriedenheit Gelöste Service-Anfragen/Alle Anfragen
Postsendung/Spedition	Nicht zustellbare Sendungen/Alle Sendungen Retouren/Alle Sendungen
Unpersönliche Ansprache	
Webseite	Visitors, Unique Visitors Returning Visitors Page Impressions/Views Durchschnittliche Besuchsdauer Absprungrate (Bounce Rate) Conversion Rate Return on Investment
Blog	Traffic-Kennzahlen (Das ist los auf meinem Blog) User-Verhalten (Wer bleibt wo und wie lange?) Traffic-Quellen (Woher kommen meine Leser?) Content-Check (Welche Blog-Posts kommen am besten an?) Social Signals (Shares, Likes und Retweets)
Online-Marketing (z. B. Google Ads)	vgl. Google Analytics und Google Ads in deinem Google-Account
Social Media (z. B. Facebook Ads)	vgl. Facebook Ads Dashboard in deinem Facebook-Account
E-Mail-Newsletter	Zustellrate, Öffnungsrate, Klickrate, effektive Unique-Klickrate, Bounce Rate, Return on Investment, Double-Opt-In-Rate, Lesedauer, Abmelderate, Abwanderungsrate
Infopost	Response-Rate, Kosten pro Response Anzahl Anfragen, Anzahl neu generierter Kontaktadressen (Leads)
Flyer auslegen	Erfolgsmessung durch QR-Codes, online einlösbare Gutschein-Codes, eigene Webseite oder Microseite, Landing Pages

Hier ist deine Aufgabe:

Definiere für jeden der von dir in den letzten Tagen gewählten Kanäle die aus deiner Sicht zwei bis drei wichtigsten Kennzahlen zur Erfolgsmessung und notiere sie im Extended Canvas auf den Post-its der Kanäle.

Erstelle dann ein Excel-Sheet und trage dort die Kennzahlen von nun an ein, um diese wöchentlich zu messen und deren Entwicklung nachzuvollziehen.

Tag 71 bis 75 – Verbessere Angebot und Kanäle

 5 Minuten 120 Minuten *www.90taco.de/71*

An den Aufgaben der letzten zwei Wochen merkst du deutlich: Je weiter wir im Gründungsprozess vorankommen, umso weniger spezifisch kann das Programm vorgeben, was du genau wann machen solltest. Das liegt daran, dass es immer weniger vorherzusehen ist, in welche Richtung sich deine Geschäftsidee entwickelt. Es wird jetzt immer wichtiger, dass du dir bei Bedarf selbst die Information im Internet oder aus Fachbüchern beschaffst, die du für deine spezifischen Entscheidungen brauchst.

Durch die Nutzung neuer Kanäle sammelst du weitere Erfahrung über deine Kunden, zu deiner Geschäftsidee und wie du sie präsentierst. Du lernst aber natürlich auch sehr viel über die Kanäle selbst und deren Eignung für deine Geschäftsidee.

Hier ist deine Aufgabe für heute und die nächsten vier Tage:

Nutze die Erkenntnisse aus dem Kanal-Test, um sowohl deine Geschäftsidee weiterzuentwickeln – sowohl auf dem Extended Canvas als auch in den bereits umgesetzten Maßnahmen – als auch deine Kanäle zu optimieren.

Musst du vielleicht Dinge auf deiner Webseite anders erklären? Oder hast du einen Newsletter eingerichtet, der noch nicht informativ und wertvoll genug ist für deine Zielkunden? Vielleicht merkst du auch, dass ein Kanal nicht so gut funktioniert, wie du angenommen hast, und möchtest einen anderen testen. Dafür ist diese Woche da. Bedenke aber, dass die Kanäle erst seit kurzem aktiv sind und manche Kanäle einen langen Vorlauf brauchen, bis sie ihren Zweck erfüllen (z. B. ein Blog). Gib daher nicht zu schnell auf, zumal einige Kanäle dich kein oder nicht viel Geld kosten (siehe dazu die Tabelle von Tag 61 bis 65).

Im Abschnitt „Literatur" empfehle ich dir vertiefende Quellen, die du bedarfsorientiert nutzen kannst. Wenn du meinen E-Mail-Service nutzt, erhältst du pro Aufgabe eine stets aktuell gehaltene Liste von weiterführender Literatur.

Schritt 5:
Mach nur, was dir liegt, und outsource den Rest

Tag 76 – Wähle deinen Firmennamen

 15 Minuten 90 Min. und mehr ggf. an weiteren Tagen *www.90taco.de/76*

Wenn sich deine Geschäftsidee so gut entwickelt, dass du nach wie vor an sie glaubst, ist es nun an der Zeit, sich um die Infrastruktur zu kümmern, damit dein Geschäft wachsen und „erwachsen" werden kann.

Es hängt von deiner Geschäftsidee ab, welche Infrastruktur du brauchst. In den folgenden Tagen beschäftigst du dich täglich mit einem Aspekt, den du als Unternehmer brauchst, und bekommst jeweils Tipps von mir, wie du diese schnell und günstig bekommst.

Hier kommt deine heutige Aufgabe:

Dein zukünftiges Unternehmen wird in der Regel einen offiziellen Firmennamen brauchen und sicherlich möchtest du deinem „Baby" auch einen schönen Namen geben.

Vielleicht hast du bereits eine Idee? Wenn nicht, dann beginne heute damit, dir einen Namen zu überlegen. Hierzu einige allgemeine Hinweise:

1. Es sollte klar sein, wie man den Namen ausspricht, wenn man ihn liest bzw. wie man ihn buchstabiert, wenn man ihn hört.
2. Wähle einen Namen, der dich auch bei zunehmendem Wachstum deines Unternehmens nicht einschränkt, etwa indem er zu spezifisch ist.
3. Recherchiere gründlich im Internet, wie andere sich nennen und ob deine Idee schon von einem Wettbewerber vergeben ist.
4. Besorge dir die .de und/oder .com-Domain für deinen Namen (oder eine andere Domain, die zu deiner Zielgruppe passt).

225

5. Führe eine Markenrecherche zu deinem Namen durch: https://register.dpma.de/DPMAregister/marke/einsteiger
6. Überlege dir, ob der Name eingängig ist.
7. Hole dir Feedback von mindestens zehn unterschiedlichen Leuten.
8. Stelle sicher, dass der Name laut ausgesprochen gut klingt.
9. Nutze Hilfsmittel für das Brainstorming von Namen. Unter folgendem Link findest du Ideen, die ich zusammengestellt habe: www.90-tage-programm.de/namen-finden

   Hier findest du zum Beispiel zu englischen Worten verwandte Begriffe in visueller Form oder du lässt dir Namensvorschläge generieren, die einen von dir vorgegebenen Begriff beinhalten. So wird dann aus „Yoga" zum Beispiel „NextDay Yoga", „Pioneer Yoga", „Yoga Zentrale", „Live Yoga", etc.
10. Stelle sicher, dass du persönlich mit dem Namen glücklich bist.

Du wirst lange mit dem Namen leben müssen, nimm dir also Zeit, um es von Anfang an richtig zu machen.

Tag 77 – Finde die geeignete Rechtsform

 20 Minuten   60 Minuten   *www.90taco.de/77*

Nachdem du gestern den Prozess zur Namensfindung angestoßen hast, beginnst du heute mit der Wahl der passenden Gesellschaftsform für deine Geschäftsidee. Ich kann und darf dir keine Rechtsberatung geben, dafür musst du dich an einen entsprechenden Juristen wenden. Ich möchte dir aber kurz die wichtigsten Formen und deren Vor- und Nachteile vorstellen.

Folgende Kriterien sind für die Wahl der Rechtsform entscheidend:

Anzahl der Gründer/innen

Es gründet *nur genau ein/e* Gründer/in:
- Einzelunternehmen/Kleingewerbe
- e. K. – eingetragener Kaufmann
- Freiberufler

Es gründet *mindestens ein/e* Gründer/in:
- GmbH – Gesellschaft mit beschränkter Haftung
- UG – Unternehmergesellschaft haftungsbeschränkt
- (Kleine) AG – Aktiengesellschaft
- Ltd. (seit 2008 genügt ein/e Gründer/in) – Limited

Es gründen *mindestens zwei* Gründer/innen:
- GbR – Gesellschaft bürgerlichen Rechts
- OHG – Offene Handelsgesellschaft
- KG – Kommanditgesellschaft (nämlich Komplementär und Kommanditist)
- GmbH & Co. KG – Mischform aus GmbH und KG
- Partnergesellschaft

Wer soll haften?

Hier geht es um die Frage, wer zukünftig zum Beispiel für offene Verbindlichkeiten (anstehende Rechnungen) oder den Ausgleich von verursachten Schäden (sofern diese nicht durch eine Versicherung abgedeckt sind) haften wird: du als Unternehmer selbst, und zwar mit deinem vollständigen Privatvermögen oder nur die Gesellschaft mit ihrem Gesellschaftsvermögen. Es gilt also abzuwägen, wie wahrscheinlich es ist, dass die Haftung überhaupt in Anspruch genommen wird und welche Bedeutung bzw. Konsequenzen dies für dich und ggf. andere Gesellschafter haben würde. Im schlimmsten Fall bedeutet das nämlich, dass im Fall einer Insolvenz die Gläubiger (z. B. die Bank) auch auf dein Eigenheim, deine Eigentumswohnung oder auf dein gesamtes Sparvermögen zugreifen werden oder eben nur auf das in deiner Gesellschaft verfügbare Vermögen, das Privatvermögen jedoch verschont bleibt.

Zur **Haftung** gibt es folgende Unterscheidungen:

- Als Einzelunternehmen, e. K. oder als Freiberufler haftest du persönlich, also mit deinem gesamten Privat- und Betriebsvermögen.
- Bei GbR, OHG oder Partnergesellschaft haftet jeder einzelne Gesellschafter/Partner persönlich, und es gilt die gesamtschuldnerische Haftung, das heißt jeder Gesellschafter haftet für alle Verbindlichkeiten, somit auch für die, die der andere Gesellschafter veranlasst hat.
- Bei der KG haftet der Komplementär persönlich, während der/die Kommanditist/en nur in der Höhe ihrer jeweiligen Einlage(n) haften.
- Bei den Kapitalgesellschaften (GmbH, UG, AG oder Ltd.) haftet die Gesellschaft nur mit dem Gesellschaftsvermögen.
- Bei der Mischform GmbH & Co. KG tritt die GmbH zwar als Komplementärin auf und müsste daher eigentlich persönlich haften, da die Komplementärin aber eine GmbH und keine natürliche Person ist, wird die Haftung dann doch wieder auf das Gesellschaftsvermögen beschränkt. Die Kommanditisten haften nur in Höhe ihrer Einlagen.

Häufig ist es jedoch so, dass sich gerade die Banken bei der Vergabe von Darlehen in den meisten Fällen eine Bürgschaft, zum Beispiel vom geschäftsführenden GmbH-Gesellschafter, geben lassen, um im Notfall trotz „beschränkter Haftung der Gesellschaft" auf dein Privatvermögen zugreifen zu können.

Auswirkungen der Rechtsformwahl

Die Rechtsform wirkt sich auch auf weitere Faktoren aus, zum Beispiel die Anmeldeformalitäten bei der Gründung, das notwendige Gründungskapital, etc. So brauchst du bei der Gründung eines Einzelunternehmens oft nur eine einfache Gewerbeanmeldung oder eine Anmeldung beim Finanzamt als Freiberufler zu machen. Bei der Gründung einer Kapitalgesellschaft musst du dagegen zunächst einen Gesellschaftsvertrag beim Notar unterschreiben und die Mindesteinlage erbringen. Außerdem muss die neu gegründete GmbH (oder UG) in das Handelsregister eingetragen werden. Eine Limited wiederum muss einen Sitz in Großbritannien vorweisen können.

Aus der Rechtsform ergeben sich unterschiedliche Kosten für die Gründung, die du bei der Planung berücksichtigen solltest.

Von der Rechtsform hängt auch ab, wie die Buchhaltung und der Jahresabschluss erfolgen müssen. Genügt bei Freiberuflern und (kleineren) Einzelunternehmen oft die Erstellung einer Einnahmen-Überschuss-Rechnung (EÜR), müssen große Kapitalgesellschaften einen vollständigen Jahresabschluss (Bilanz, G+V, Anhang und Lagebericht, geprüft durch einen Wirtschaftsprüfer) abgeben, ergänzt um vorgegebene Publizitätspflichten. Auch dies bedeutet für dich unterschiedlich viel Zeit- und Kostenaufwand für die Folgejahre. Außerdem musst du je nach Rechtsform unterschiedliche Steuern abführen, Details besprichst du am besten mit deinem Steuerberater. Und die Rechtsform bestimmt natürlich auch darüber, wer die Gesellschaft führen darf, wer welchen Einfluss geltend machen kann, wie die Gewinne verteilt werden oder unter welchen Bedingungen neue Gesellschafter aufgenommen werden können usw.

Hier nun deine Aufgabe:

Nachdem du nun über etwas Grundwissen verfügst, gehe auf folgende Webseite und mache den Rechtsformtest: www.90-tage-programm.de/rechtsformfinder

Wenn du bestimmte Varianten ausprobieren möchtest, mache den Test mehrmals hintereinander. Am Ende hast du eine Empfehlung, die unverbindlich und ohne Rechtsberatung erfolgt ist.

Recherchiere jetzt im Internet, um mehr über deinen Favoriten für die Rechtsform herauszufinden oder suche dir – falls erforderlich – im Bekanntenkreis oder online eine passende Rechtsberatung. Hier kann dich ggf. auch dein Steuerberater unterstützen. Wenn du noch keinen hast, solltest du jetzt anfangen, nach einem zu suchen und ein erstes, kostenloses Beratungsgespräch vereinbaren.

Tag 78 – Gestalte dein Firmenlogo

 20 Minuten   90 Minuten   *www.90taco.de/78*

Ähnlich wichtig wie der Name ist ein schönes und eingängiges Logo für dein Unternehmen. Logos kannst du günstig von Künstlern/Künstlerinnen im Internet erstellen lassen (ab 5 Euro). Diese findest du hier: www.90-tage-programm.de/logodesign

Achte dabei auf folgende Aspekte:

Was macht ein gutes Logo aus?

Ein gutes Logo ist sofort erkennbar, unverwechselbar, spiegelt die Botschaft deiner Marke wider und hebt dich im Wettbewerb ab. Ein wirksames Logo sieht zeitlos und professionell aus und fügt sich nahtlos in die Identität deiner Marke ein. Ein gutes Logo muss auch in jeder Größe und überall dort funktionieren, wo du es verwenden möchtest.

Aber wie bekommst du für wenig Geld ein schönes und professionelles Logo, wenn du nicht gerade selber Logo-Designer/in bist oder eine/n kennst?

Hier beginnt deine Aufgabe:

Suche nach Inspiration für dein Design, indem du mit offenen Augen durch die Innenstadt läufst, dir Webseiten ansiehst und – das hilft vermutlich am besten – indem du dir die Stile von Logo-Designern auf den Plattformen für Logo-Design auf www.90-tage-programm.de/logodesign anschaust. So findest du ggf. auch gleich den passenden Designer dazu.

Schaue dir deine Wettbewerber an: Wie präsentieren sich andere, die das Gleiche oder etwas Ähnliches anbieten?

Entscheide dich schließlich für einen **Designstil**.

Wähle die **Farbe(n)** aus, die du in deinem Logo verwenden möchtest. Stelle sicher, dass die Farben gut zueinander passen und dass das Logo auch von weitem sehr gut lesbar ist.

Wähle eine geeignete **Typografie**, sowohl für Buchstaben und Wörter in deinem Logo als auch für deinen Unternehmensnamen. Hier kann dir auch dein Logo-Designer helfen.

Suche dir deinen **Designer** im Web, zum Beispiel über www.90-tage-programm.de/logodesign und lasse dir in einem Wettbewerb mehrere Entwürfe machen und entscheide dich für deinen Favoriten.

Bewerte die Logo-Entwürfe und hole dir ein paar Leute dazu, um mehrere Sichtweisen zu haben.

Hier sind einige allgemeine Fragen, die du dir bei der Erstellung und Auswahl von Logo-Optionen stellen solltest:

- Können Menschen in zwei Sekunden sagen, was es ist? Werden sie am Logo sofort erkennen, was dein Unternehmen macht?
- Ist es einfach und einprägsam? Werden sich deine Kunden daran erinnern können?
- Ist es vielseitig? Kann es auf alle deine Bedürfnisse angewendet werden (z. B. in verschiedenen Medien, farbig und schwarz-weiß)?
- Ist es zeitlos oder braucht es schon in ein paar Jahren ein Redesign, weil es so deutlich den aktuellen Trend widerspiegelt?
- Ist es einzigartig? Unterscheidet es sich von deiner Konkurrenz?
- Spricht es dein Zielpublikum an?

Zweck des Logos

Überlege dir genau, warum und wofür du das Logo brauchst. Dein Logo wird der erste Eindruck sein, den deine Kunden sehen. Stelle es dir vor als das Bild für ein Dating-Profil: Es muss genau die richtigen Leute im Nu umhauen! Es wird auf deiner Webseite sein, auf deinen Produkten, an deinem Laden, auf deinen Flyern usw. Also, mach es richtig!

Definiere deine Markenidentität

Das Logo soll die Persönlichkeit deines Unternehmens kommunizieren. Was ist das? Wofür stehst du und dein Unternehmen? Für Nachhaltigkeit? Für Qualität? Für Spaß? Für Gesundheit? Für Authentizität? Was macht dich einzigartig? Hier kannst du auf die Ergebnisse von Tag 11 und Tag 34 zurückgreifen, was dir wichtig ist.

Hier sind weitere Fragen, die dir bei diesem Punkt helfen können:

- Warum möchte ich dieses Unternehmen gründen?
- Welche Überzeugungen und Werte sind für mich und mein Unternehmen wichtig?

- Was mache ich besser als jeder andere?
- Was macht mich besonders?
- Wenn ich meine Marke mit nur drei Worten beschreiben müsste, welche wären das?
- Mit welchen drei Worten würde ich mich am liebsten von meinen Kunden beschreiben lassen?

Und jetzt viel Spaß bei dieser kreativen Aufgabe! Du sollst den Prozess heute starten, er wird dich aber vermutlich ein paar Tage begleiten, bevor er abgeschlossen ist.

Drucksachen und Design

Trotz der enormen Bedeutung des Internets, sind Drucksachen immer noch ein wichtiges Medium, um Kunden zu erreichen, zu gewinnen und zu halten. Die Kosten für Flyer, Broschüren, Visitenkarten, Werbebanner, etc. sind erfreulich gering, so dass du mit wenig Geld schnell alles Nötige beisammenhaben wirst. Aber stelle auch hier sicher, dass du erst dann etwas druckst, wenn du sicher bist, was, wie viel und in welcher Form du es brauchst. Die Versuchung ist nämlich groß, sich als Erstes um so etwas wie Visitenkarten zu kümmern, da sie so ein günstiger und überzeugender Ausdruck von „Ich habe ein Unternehmen" sind.

Drucksachen lässt du am besten bei einem Online-Druckunternehmen herstellen. Die bieten dir eine Webseite, auf der du aus einer Vielzahl von Medien auswählen kannst. Als Nächstes musst du deine Bilder hochladen und ggf. das Layout gestalten. Diese Aufgabe kannst du auch an Leute delegieren, die das ständig machen. Dafür zahlst du halt ein paar Euros mehr.

Passende Anbieter findest du hier: www.90-tage-programm.de/drucksachen. Diese bieten heute eine unglaubliche Auswahl an Drucksachen, die sich auch gut als (spätere) Werbeträger für deine Kunden eignen, wie Tassen, Taschen, Wasserflaschen, und dir einen professionellen Auftritt geben. Einige Dienstleister bieten auch Overnight-Druck und kostenlosen Versand an. Das ist wichtig, wenn du zum Beispiel mit einem Flyer deine Geschäftsidee testen möchtest und immer wieder neue Varianten brauchst, die deine Erkenntnisse aus den vorangegangenen Experimenten beinhalten.

Unter www.90-tage-programm.de/logodesign findest du Designer, die dir nicht nur das Logo, sondern auch Marketingmaterial, ein Buchcover usw. schon ab 5 Euro gestalten.

Tag 79 – Eröffne deine (virtuelle) Geschäftsfläche

 20 Minuten   90 Minuten   www.90taco.de/79

Brauchst du für deine Geschäftsidee ein eigenes Ladengeschäft (z. B. für eine Suppenküche) bzw. eine Gewerbefläche (z. B. für einen Copyshop) oder einen Raum (z. B. für ein Yoga-Studio)?

Deine Aufgabe für heute:

Sieh dich nach passenden Räumlichkeiten um, um ein Gefühl für die Preise zu bekommen und die Anforderungen zusammenzustellen, die du an die Immobilie hast. So bereitest du dich vor, was du brauchst und bezahlen musst, wenn dein Geschäft später etabliert ist.

Parallel suche aber nach einer Möglichkeit, wie du deine Idee für die erste Zeit deutlich günstiger realisieren kannst. Das dient dazu, um deine Kosten, deine langfristigen Verpflichtungen und damit dein Risiko erstmal weiter minimal zu halten. Hier sind ein paar Anregungen:

- Wenn du etwas in einem Laden verkaufen möchtest, kannst du versuchen, zunächst **in einem bestehenden Laden** eine kleine Ecke anzumieten. So gibt es bei uns zum Beispiel einen Blumenladen, in dem sich ein kleiner CD-Shop und eine vegane Suppenküche befinden. An anderer Stelle gibt es einen Comic-Laden zusammen mit einem Tattoo-Studio und einem Kleidungsgeschäft. So sparst du Geld, hast Gesellschaft und profitierst von den bereits bestehenden Kunden. Wichtig ist natürlich, dass die Kundensegmente gut zusammenpassen.
- Wenn du eine professionelle Küche brauchst, um Essen für einen Bringdienst zu kochen, kannst du erstmal nur einmal wöchentlich liefern und die Küche einer **Kochschule** mieten.
- Wenn du ein Büro brauchst, vielleicht zu Beginn sogar nur zeitweise, kannst du zunächst in einem **Co-Working-Space** arbeiten. Hier gibt es sogenannte „Hot Desks", feste Arbeitsplätze (jeweils pro Stunde, Tag, Woche oder Monat) und eigene Büros (für Wochen oder Monate).
- Wenn du **Kurse** anbieten möchtest (z. B. Yoga, Nähkurse, Unterricht), kannst du häufig bei gemeinnützigen Vereinen oder in Räumlichkeiten der Stadt günstig

233

einen **Raum mieten**. Auch hier kannst du von der bestehenden Kundschaft profitieren. Für sportliche Aktivitäten eignen sich im Sommer auch Parks, in denen gerne Yoga-Kurse angeboten werden.

• Wenn du für deine Geschäftsidee **eine Adresse** brauchst, die nach außen hin als dein Büro auftritt, solltest du zunächst ein virtuelles Büro nutzen und weiter von zu Hause arbeiten, um in der ersten Zeit Fixkosten zu sparen. Unter www.90-tage-programm.de/virtuelles-buero findest du Anbieter, die dir virtuelle Büroadressen in verschiedenen Großstädten anbieten. Du kannst ein Büro als reine Postadresse nutzen und bekommst dann die Post zugeschickt (ab 99 Euro/Monat). Oder du kannst die Adresse als offiziellen Firmensitz buchen und ihn dann beispielsweise auch auf deiner Webseite im Impressum angeben (ab 179 Euro/Monat).

Co-Working-Spaces

Co-Working-Spaces sind eine geniale Erfindung der 2010er-Jahre. Es gibt sie mittlerweile in allen mittelgroßen und großen Städten, häufig sogar eine große Auswahl davon. In einem Co-Working-Space kannst du dir einen Arbeitsplatz stunden-, tages-, wochen- und monatsweise buchen. Dort findest du eine inspirierende Umgebung mit allen Services, die man sich in einem Büro so wünscht (Internet, Drucker, Fax, Telefonservice, Getränke, Entspannungsbereiche, etc.). Außerdem triffst du dort eine Menge Gleichgesinnter, was nicht nur motiviert und die Arbeit schöner macht, sondern dir häufig ein gutes Netzwerk an potenziellen Partnern verschafft, wie Designer, Programmierer, Marketing-Experten, etc. Im Co-Working-Space kannst du auch Meeting-Räume mieten oder Veranstaltungen durchführen, bei denen für alles gesorgt wird. Falls du längerfristig ein Büro brauchst, kannst du auch einen eigenen Raum bekommen, der dann schon komplett mit Schreibtischen ausgestattet ist. Ein großer Vorteil: Wenn du wächst, kannst du häufig dein Büro gegen ein größeres eintauschen, ohne mit Adresse und Telefonnummer umzuziehen.

Hier findest du eine Übersicht der Anbieter: www.90-tage-programm.de/coworking

Es gibt kleine Anbieter, die häufig nur einen einzigen Co-Working-Space betreiben. Diese können sehr schön und familiär sein. Größere Anbieter, die zum Teil weltweit agieren, haben den Vorteil, dass man häufig deren Räume auch in anderen Städten oder Ländern nutzen kann. Dadurch fühlt man sich überall auf der Welt zu Hause. Das ist natürlich insbesondere interessant, wenn du für deine Geschäftsidee viel auf Reisen sein wirst. Schau dir einfach die Anbieter in deiner Nähe im Internet an und besuche sie nacheinander. Lass dir von jedem gleich ein Angebot machen, damit du nachher vergleichen und verhandeln kannst.

Tag 80 – Beauftrage ein (virtuelles) Sekretariat

 20 Minuten　　 60 Minuten　　 **www.90taco.de/80**　

Für viele Geschäftsideen ist es wichtig, gut erreichbar zu sein und am Telefon professionell aufzutreten. Andererseits bist du gerade in der Gründungsphase mit allen möglichen Dingen beschäftigt, zumal du ja ggf. noch in deinem alten Beruf arbeitest. Es kann also sehr hilfreich sein, wenn jemand für dich Anrufe entgegennimmt und Korrespondenz für dich erledigt, so dass du nicht ständig erreichbar sein musst und dich auf andere Aufgaben konzentrieren kannst. Dafür gibt es Sekretariatsdienste, virtuelle Assistenten und Callcenter.

Deine Aufgabe heute:

Schau dir die Anbieter in den verschiedenen Kategorien an und überlege, ob und ab wann du sie brauchst. Überlege dir, welche Dienste dir helfen, dich auf die für dich wichtigen Aufgaben zu konzentrieren. Teste die Dienstleister unbedingt aus. Die meisten bieten eine unverbindliche und kostenlose Testphase. Teste ruhig einen, auch wenn du (noch) keine Dienste brauchst, einfach um ein Gefühl dafür zu kriegen, was heute alles für wenig Geld in hoher Qualität möglich ist, um dir dein Leben einfacher zu machen und viel Zeit und Geld zu sparen.

Virtuelles Sekretariat

Für viele Geschäftsideen ist es praktisch, ein virtuelles Sekretariat zu haben, das Anrufe entgegennimmt und Informationen weitergibt, wenn man selbst nicht erreichbar ist.

Passende Anbieter findest du ebenfalls unter www.90-tage-programm.de/virtuelles-buero. Dabei gibt es unterschiedliche Preisstaffeln, z. B. ab 50 Euro/Monat oder ab 0,49 Euro pro Bearbeitungsminute.

Virtuelle Sekretariate sind eine fantastische Erfindung für dich, denn damit kannst du für wenig Geld schnell anfangen und trotzdem professionell auftreten. Sie bieten dir eine Telefonnummer und bei Bedarf auch eine Adresse, unter der du und „dein Büro" stets erreichbar sind.

235

BEISPIEL

Nehmen wir an, du bist Hans Meier und deine Firma heißt „Sun Consulting". Wenn nun ein Kunde „Dich" anruft, meldet sich ein(e) MitarbeiterIn des virtuellen Büros („vBüro") mit professioneller und freundlicher Stimme:

vBüro: „Schönen guten Tag, Sun Consulting, Sie sprechen mit Petra Müller. Was kann ich für Sie tun?"

Anrufer: „Äh ... hallo! Ist Herr Meier zu sprechen?"

vBüro: „Oh, das tut mir leid. Herr Meier ist gerade in einer Besprechung. Kann er Sie zurückrufen?"

Anrufer: „Ja, gerne. Mein Name ist Peter Schmidt und meine Nummer ist ..."

vBüro: „Vielen Dank, Herr Schmidt. Könnten Sie mir kurz ein Stichwort sagen, worum es geht, dann sage ich Herrn Meier schon mal Bescheid."

Anrufer: „Ja, es geht um einen potenziellen Beratungsauftrag im Bereich xxxx und wir hätten gerne ein Angebot."

vBüro: „Alles klar, Herr Schmidt. Ich kümmere mich darum. Kann ich sonst noch was für Sie tun?"

Anrufer: „Nein, danke, das war's. Auf Wiederhören."

vBüro: „Auf Wiederhören, Herr Schmidt, und noch einen schönen Tag!"

Herr Schmidt legt auf und denkt: „Wow, so eine kompetente und freundliche Assistentin wie die von Herrn Meier hätte ich auch gerne. Der muss gut organisiert und auch ordentlich beschäftigt sein."

Du erhältst eine Minute später über die App des Anbieters die Kontaktdaten von Herrn Schmidt und sein Anliegen mitgeteilt. Du kannst dann entscheiden, ob und wann du ihn selbst zurückrufst oder ob du den Rückruf delegierst, zum Beispiel zurück an das virtuelle Büro, an deinen virtuellen Assistenten (siehe weiter unten), an deine Kollegin, etc.

Viele Dienstleister bieten dir zusätzlich offizielle Post-Adressen, bei Bedarf auch in bekannten Lagen, die für Exklusivität stehen (z. B. in Berlin „Unter den Linden"). Darüber hinaus kannst du bei Bedarf Büros und Meeting-Räume verschiedener Größe stundenweise mieten.

Virtuelle Assistenten

Falls für dich virtuelle Sekretariatsservices und Büros neu sind, wird dir die nächste Information vielleicht die Sprache verschlagen. Du kannst für wenig Geld einen persönlichen Assistenten beauftragen, der alle möglichen Dinge für dich organisieren und übernehmen kann, die sich mit Telefon, Mail, Post und Internet erledigen lassen. Diese sogenannten „virtuellen Assistenten" leben und arbeiten nämlich in Ländern, deren Lohnniveau deutlich geringer ist als in Europa oder Nordamerika, wie zum Beispiel Indien, China, Bangladesch, Philippinen usw. Hier bekommst du für 5 bis 10 Euro/Stunde gut qualifizierte Leute, für Aufgaben, die du nicht selbst machen möchtest oder kannst. Das A und O ist allerdings, dass du die Aufgabe gut erklärst und vorher ein paar Testläufe mit deinem potenziellen Assistenten machst, bevor du ihn oder sie längerfristig engagierst und verantwortungsvollere Aufgaben vergibst.

Eine Auflistung von Anbietern von virtuellen Assistenten findest du ebenfalls unter: www.90-tage-programm.de/virtuelles-buero

Du kannst eine bestimmte Person engagieren, mit dem Vorteil, dass ihr euch immer besser kennenlernt und sie zunehmend weiß, was deine Anforderungen sind. Du kannst auch ein Team engagieren, von dem eine Person deine Ansprechpartnerin ist, die die Aufgabe an unterschiedliche Personen in ihrem Team delegiert. Das hat den Nachteil, dass es ggf. etwas teurer ist und die Ergebnisqualität je nach Person sich ändern kann. Der Vorteil ist allerdings, dass du dir nicht plötzlich einen neuen Assistenten suchen musst, falls deiner verhindert ist oder seinen Job wechselt, was in solchen Ländern schnell passieren kann.

Du musst dir keine Sorgen machen, dass du mit dem relativ geringen Stundenlohn moralisch verwerflich handelst. Diese Jobs sind für dortige Verhältnisse viel attraktiver als andere Arbeiten. Im Ergebnis steigen die Lohnkosten mit der Zeit, so dass du tatsächlich der positiven Einkommensentwicklung in diesen Ländern eher hilfst als schadest.

Callcenter

Für einige Geschäftsmodelle ist es wichtig, dass dich Kunden jederzeit erreichen können. Du wirst dafür kaum ein eigenes Callcenter aufbauen und betreiben wollen, daher greifst du auch hier wieder auf einen Dienstleister zurück, der dir alles aus einer Hand anbietet. Man unterscheidet zwischen aktiv (outbound: Das Callcenter startet den Anruf) oder passiv (inbound: Das Callcenter wird angerufen).

Callcenter sind insbesondere für folgende Aufgaben hilfreich:

- Informationszwecke – als Hotline für Produktinformationen
- Kundendienst und Beschwerdemanagement
- Marktforschung
- Verkauf mit Vertragsabschluss
- Auftrags- und Bestellannahme
- Notfalldienste

Anbieter für Callcenter-Dienste findest du ebenfalls unter: www.90-tage-programm.de/virtuelles-buero

Tag 81 und 82 – Gründe dein Unternehmen

 15 Minuten   90 Minuten   *www.90taco.de/81*

In dieser Woche gründest du deine Firma entsprechend den Anforderungen, die sich aus der von dir gewählten Rechtsform ergeben.

Deine Aufgabe heute und morgen:

Stelle die dafür notwendigen Unterlagen zusammen, lasse dich ggf. noch einmal dazu von einem Experten beraten. Vielleicht gibt es jemanden in deinem Bekanntenkreis? Oder dein Steuerberater kann dir helfen? Ansonsten erkundige dich bei der für deine Stadt zuständigen Industrie- und Handelskammer (www.ihk.de) und vereinbare einen Beratungstermin.

Reiche dann die Unterlagen ein, das heißt melde dein Gewerbe in der gewünschten Rechtsform an. Welche Anforderungen dafür gelten, findest du hier: www.90-tage-programm.de/gruenden

Tag 83 – Wähle deine Buchhaltungslösung

 15 Minuten   60 Minuten   *www.90taco.de/83*

Auch wenn es für die meisten Gründer/innen eher nervig und unangenehm ist: Du musst dich von Anfang an um die administrativen Dinge kümmern, die für dein Geschäft nötig sind, zum Beispiel Buchhaltung, Rechnungsstellung, Geschäftskonto, Steuerberater, etc. Heute beginnen wir mit dem Kernstück: der Buchhaltung. Wenn du kein ausgebildeter Buchhalter bist, solltest du diese in professionelle Hände legen.

Hier ist deine Aufgabe für heute:

Suche dir entweder ein Steuerbüro, das die Buchhaltung mitmacht, oder eine Online-Lösung. Diese sind mittlerweile gut etabliert und bieten einen günstigen Einstieg ab 6,90 Euro/Monat. Eine Übersicht der Anbieter findest du hier: www.90-tage-programm.de/buchhaltung

Du kannst auch beides kombinieren, das heißt du machst deine Buchhaltung selbst mit einer Online-Lösung, nutzt aber einen Steuerberater, der sich um die Steuern kümmert und dich berät. So sparst du Kosten bei der Buchhaltung, hast aber jemanden an deiner Seite, der dich auf Fehler oder Optionen hinweisen kann, die dir helfen können, viel Geld und Ärger zu sparen.

Tag 84 – Eröffne dein Geschäftskonto

 15 Minuten   60 Minuten   *www.90taco.de/84*

Irgendwann brauchst du ein Geschäftskonto für deine Selbstständigkeit. Falls du noch nicht viele und/oder teure Anschaffungen für deine Geschäftsidee machst und noch keine Umsätze hast, kannst du ruhig noch dein Privatkonto nutzen. Wenn du dir heute allerdings schon ziemlich sicher bist, dass du den Weg der Selbstständigkeit weitergehen wirst, kannst du auch schon jetzt das Geschäftskonto eröffnen.

Deine Aufgabe heute:

Suche die Bank deines Vertrauens und beantrage heute die Eröffnung deines Geschäftskontos. Aber wundere dich nicht: Wenn du bisher nur ein Privatkonto hattest, wirst du überrascht sein, für was du bei einem Geschäftskonto alles Gebühren bezahlen musst, zum Beispiel für jede Überweisung. Nicht alle Institute bieten ein Geschäftskonto für alle Rechtsformen an. Überlege dir, ob es dir wichtig ist, einen lokalen Ansprechpartner zu haben (z. B. bei Sparkasse, Volksbank, Postbank und anderen Filialbanken) oder ob dir eine Direktbank ohne Filialen wie DKB oder GLS-Bank zusagt oder du sogar eines der modernen FinTechs, wie N26 oder Holvi nutzen möchtest. Eine aktuelle Anbieterübersicht findest du hier: www.90-tage-programm.de/bank

Es hängt auch ein bisschen von deiner Geschäftsidee ab: Wenn du lokal etwas anbietest, haben die Banken vor Ort den Vorteil, da sie dir ggf. mit ihrem Netzwerk helfen können. Wenn deine Geschäftsidee ein Online-Geschäft ist, sind ggf. die Direktbanken oder FinTechs passender.

Der Preis sollte übrigens nicht dein Hauptkriterium für die Wahl des Geschäftskontos sein. Es gibt K.-o.-Faktoren wie: Wird deine Rechtsform unterstützt? Wie kommst du bei Bedarf an Bargeld? Bietet die Bank dir auch Finanzierung für dein späteres Wachstum an oder nur Zahlungsverkehr? Weitere Faktoren sind das Vertrauen, das die Bank bei dir genießt, wie schnell und einfach du das Geschäftskonto eröffnen kannst und ob du weitere Features brauchst, die einige Banken bieten, wie Finanzplaner, Rechnungssoftware oder Buchhaltung.

Für die Eröffnung eines Geschäftskontos brauchst du neben deinem Personalausweis oder Reisepass die Anmeldung beim Gewerbeamt (außer als Freiberufler), den

Auszug aus dem Handelsregister für Kaufmann e. K., Personen- (KG, OHG, etc.) und Kapitalgesellschaften (GmbH, UG, etc.) sowie den Gesellschaftsvertrag inklusive der Liste der Gesellschafter, falls einer nötig ist (GbR, KG, OHG, GmbH, UG, GmbH in Gründung).

Mit Blick auf die Kosten hängt die richtige Wahl davon ab, wie viele Buchungen du monatlich machst. Wenn du wenige Buchungen und diese zum Großteil online machst, zum Beispiel als Freiberufler, sind Direktbanken günstig (0 bis 50 Euro pro Jahr).

Wenn du hingegen viele Buchungen sowie Bargeldtransaktionen über das Bankkonto machst, beispielsweise als Gastronom oder Händler, sind andere Anbieter im Vorteil.

Tag 85 – Starte deine Webseite

 30 Min. **90 Min.** + weitere Zeit i. d. nächst. Wochen u. Monaten *www.90taco.de/85*

Fast jedes Geschäft hat heutzutage eine Webseite und die Chance ist groß, dass sich auch eine für dich lohnt. Warum? Weil heute fast alle Menschen nach Anbietern im Internet suchen. Außerdem ist das Internet der perfekte Kanal, um Kunden zu gewinnen, die gerade *nicht* nach dir suchen, weil sie noch gar nicht wissen, dass sie dein Angebot brauchen. Über Online-Marketing (z. B. Google Ads oder Facebook Ads) kommst du schnell und zielsicher an deine Kundengruppe – allerdings kostet das auch einiges, wie weiter unten noch erläutert wird.

Auch Apps erfreuen sich bekanntermaßen immer größerer Beliebtheit und sind heute ziemlich leicht zu erstellen. Allerdings solltest du schon einen guten Grund haben, warum du eine App anbieten möchtest und was deine Kunden damit machen sollen.

Die Wege zur eigenen App oder Webseite sind sehr vielfältig und jeder Weg hat seine Vor- und Nachteile.

Hier ist deine Aufgabe für heute:

Ich stelle dir hier drei Möglichkeiten vor, die sich an deinem Bedarf und deinem Budget orientieren. Überlege dir, ob und ab wann du in eine Webseite investieren möchtest, und entscheide dich für einen passenden Anbieter.

Web-Domain und Web-Hosting

Die meisten Anbieter, die dir eine Webseite designen, kümmern sich auch gerne um die Registrierung der Domain und das Web-Hosting. Bezahlen musst du es aber natürlich selbst, denn das Hosting mit der Domain kostet in der Regel eine monatliche Gebühr. Die Registrierung der Domain verursacht häufig einmalige Kosten, die aber nicht sehr hoch sind.

Eine einfache Webseite für wenig Geld oder sogar kostenlos

Falls deine Geschäftsidee sich selbst nicht aufs Internet bezieht, sondern du das Internet lediglich als eine digitale Visitenkarte nutzen möchtest, auf der sich deine (po-

243

tenziellen) Kunden informieren können, brauchst du eine klassische Webseite. Die gibt es heute schon für sehr wenig Geld oder sogar kostenlos.

Wenn du selber Hand anlegen möchtest, um Geld zu sparen und schnell ein erstes Ergebnis zu haben, gibt es einfache Lösungen, die ich hier für dich zusammengestellt habe: www.90-tage-programm.de/webseite

Unabhängig davon, ob es eine Webseite mit Informationen, ein Blog oder ein Online-Shop sein soll, für alle Bereiche findest du dort bewährte Anbieter.

Eine einfache App für wenig Geld

Es gibt mittlerweile auch eine Reihe von Online-Tools, mit denen man sich auf Basis eines „Templates" eine eigene App ganz ohne Programmierkenntnisse zusammenbauen kann. Dies kann auch eine gute erste Grundlage sein, um mit einem professionellen Entwickler über deine Ideen zu sprechen. Ohne hier ins Detail zu gehen, solltest du wissen, dass es verschiedene Formen von Apps gibt.

- **Progressive Web Apps** (PWA) sind im Prinzip eine mobilphone-freundliche Webseite, die auf dem Smartphone, aber auch auf dem Tablet und dem PC/Laptop über einen Browser geöffnet wird.
- **Native Apps** sind die kleinen Programme, die man über einen App Store runterlädt und die sich als Icon auf deinem iPhone oder Android Phone installieren. Diese sind etwas anspruchsvoller und in der Regel teurer zu entwickeln als die PWAs. Native Apps sind das, was die meisten Nutzer haben möchten.

Eine Übersicht von Anbietern für Apps findest du unter: www.90-tage-programm.de/app

Eine Progressive Web App kostet ungefähr 25 Euro pro Monat, Native Android Apps kosten 48 Euro pro Monat und iOS-Apps für Apple iPad und iPhone fast 100 Euro pro Monat. Es gibt aber auch Anbieter, die gänzlich kostenlos sind, die ihr Geld dafür dann mit Werbung in deiner App verdienen.

Eine etwas anspruchsvollere App oder Webseite, die auch in Zukunft gepflegt und weiterentwickelt werden soll

Wenn deine Webseite ein wichtiger Bestandteil deiner Geschäftsidee ist oder du sogar über das Internet verkaufen willst, sind die Anforderungen in der Regel etwas höher. Hier ist es sinnvoll, dir gleich einen kompetenten Partner zu suchen, der deine Webseite aufbaut und für dich pflegt.

Wenn du es dir zutraust, kann es trotzdem sinnvoll sein, zunächst mit den oben genannten Anbietern eine einfache App oder Webseite selbst zu gestalten. Das kostet sehr wenig Geld und in diesem Prozess lernst du mit der Zeit erst, was du eigentlich alles brauchst. Soll ein Blog dabei sein? Willst du, dass Kunden sich für einen Newsletter registrieren lassen können? Wäre vielleicht ein Chat sinnvoll? Wenn du dann mit der Struktur deiner App oder Webseite fertig bist, kannst du dir einen Experten suchen, der das Ganze anschließend nach deinen Wünschen professioneller entwickelt, das Design schöner macht und Funktionen ergänzt, die es in den günstigen „Baukästen" nicht gibt.

Hier findest du eine Übersicht von Anbietern, die dir eine professionelle Webseite entwickeln und betreuen: www.90-tage-programm.de/web

Falls du einen Partner nutzen möchtest, suche dir einen, der auf dich einen guten Eindruck macht, und lass dir ein Angebot machen, ohne eine Preisgrenze zu nennen. Dafür wirst du ihm erklären, was du dir vorstellst, und er wird dir Fragen stellen zu Punkten, an die du nicht gedacht hast. So entsteht Schritt für Schritt ein klareres Bild deiner App oder Webseite und du wirst ein Angebot erhalten. Dieses Angebot ist mit hoher Wahrscheinlichkeit deutlich zu teuer, da wir zunächst (bewusst) kein Limit gesetzt haben.

Nimm dieses Angebot aber noch auf keinem Fall an, sondern besorge dir mindestens zwei Vergleichsangebote, wobei du dieses Mal ein Limit setzt, das deutlich unter dem ersten Angebot liegt (z. B. 500 Euro statt der vom ersten Anbieter geforderten 1.500 Euro). Die Erstellung der Angebote wird nun viel schneller gehen, da die wichtigsten Anforderungen bereits geklärt sind. In den Gesprächen mit den anderen Anbietern wirst du jetzt feststellen, ob die kompetenter sind (z. B. indem sie dir wichtige Fragen stellen, die der andere gar nicht hatte) oder ob deine erste Wahl vielleicht schon der richtige Treffer war. Falls dir der erste Anbieter immer noch am meisten zusagt, sprich mit ihm über die Vergleichsangebote und sag ihm, dass du durchaus gerne mit ihm arbeiten möchtest, aber du deutlich günstigere Angebote hast. In der Regel wird er dir den Preis der anderen anbieten. Falls nicht, liegt es an dir, ob du doch ihn beauftragst und mehr Geld investierst. Wenn er nicht zu schnell und nicht zu viel nachgibt, kann das übrigens ein gutes Zeichen sein. Es könnte gut sein, dass er das Mehr an Geld wert ist. Lass dich auf jeden Fall auch von deinem Gefühl leiten, wie sehr du den Einzelnen vertraust. Wenn du ein schlechtes Gefühl hast, lass es auf jeden Fall und suche weiter. Es gibt unglaublich viele Anbieter da draußen, die gerne deinen Auftrag haben wollen.

Bei den Anbietern unter www.90-tage-programm.de/web findest du die unterschiedlichsten Dienstleister, unter anderem auch viele Web- und App-Entwickler. Die Kosten reichen von 100 Euro für eine ganz einfache Webseite oder App bis zu mehreren Tausend oder Zehntausend Euro für etwas Anspruchsvolles.

Eine sehr anspruchsvolle App oder Webseite, die das Herzstück deines Geschäfts darstellt

Falls die Webseite oder die App das Kernstück deines Geschäfts ist, lohnt es sich, ggf. einen Partner in deiner Nähe zu suchen. Das hat den großen Vorteil, dass ihr euch zusammensetzen und deine Anforderungen in Ruhe und detailliert besprechen könnt. Dein Partner wird dir immer wieder Zwischenstände präsentieren und neu aufgekommene Fragen mit dir klären. Ein solcher Partner ist schnell mal fünf- bis zehnmal so teuer wie einer, der am anderen Ende der Welt sitzt. Aber die Kommunikation kann so entscheidend für den Erfolg oder Misserfolg sein, dass sich das auszahlt.

Professionelle Anbieter in deiner Nähe findest du über die oben genannten Portale, indem du deine Region bei der Suche eingibst oder über Google-Suche. Überlege, ob du einen IT-affinen Freund oder Bekannten hast, der dich am Anfang unterstützt und bei den ersten Gesprächen und Treffen begleiten kann. Diese Person könnte dir viel Zeit und Geld sparen, indem er zu Beginn als „Brücke" zwischen dir und deiner Geschäftsidee und der IT-Welt fungiert.

Online-Marketing

Online-Marketing umfasst alle Werbemaßnahmen, die online durchgeführt werden, also Werbung auf Webseiten, Apps, Newsletter, Werbe-E-Mails und Werbung in sozialen Netzwerken. Dies ist ein eigener und sehr komplexer Bereich, in dem du dich entweder schon auskennst (dann brauche ich nicht mehr viel zu erklären) oder eben nicht. Im letzteren Fall möchtest du das nicht lernen, um dein Geschäft aufzubauen, denn das ist eine Wissenschaft an sich. Die gute Nachricht: Es gibt viele Freelancer weltweit, die diese Aufgabe gerne für dich übernehmen.

Diese findest du wie oben schon beschrieben am besten ebenfalls über eine der Plattformen auf: www.90-tage-programm.de/web

Schritt 6:
Bringe dein Geschäft auf die für dich richtige Größe

Tag 86 bis 88 – Nimm dein neues Leben in die Hand!

 5 Minuten   60 Min. täglich   *www.90taco.de/86*

Ist es nicht unglaublich!? Heute beginnt die letzte Arbeitswoche im 90-Tage-Programm! Du hast es tatsächlich bis hierher geschafft! Vielleicht bist du mittlerweile auch schon so „drin", dass du die Hilfe meines Programms gar nicht mehr brauchst? Wenn ja, dann freue ich mich umso mehr, denn das ist und war mein Ziel: dass du im Rahmen des Programms so viel Selbstvertrauen tankst, so viel Erfahrung sammelst und so an Sicherheit gewinnst, dass du allein klarkommst. Wirklich allein bist du ja nie, du hast deine Freunde, Familie, Bekannte, dein Netzwerk. Das wird dir auch in Zukunft helfen, vor allem wenn du weiter bewusst darauf achtest, dich mit Menschen zusammenzutun, die dir guttun, dir keine Energie rauben und dich so mögen, wie du bist.

In dieser Woche geht es nun darum, den großen Schritt vorzubereiten, nämlich deinen alten Job zu verlassen – sofern du das willst – und dich voll und ganz auf deine neue Zukunft einzulassen. Jetzt gilt es einiges zu beachten, um einen guten Abschied von deiner alten Arbeitswelt zu nehmen und einen guten Übergang in deine neue „Arbeit" zu schaffen. Die Einteilung der Aufgaben übernimmst du in dieser Woche selbst, denn du weißt am besten, wann was am besten passt. Hier ein paar Anregungen, was in dieser Woche sinnvoll sein könnte:

Wochenaufgabe 1:

Dein Ziel sollte es sein, dich möglichst im Guten von deinem alten Arbeitgeber, deinen Vorgesetzten und deinen Kollegen zu trennen. Die Gelegenheit jetzt zu nutzen, um „nachzutreten" und „endlich mal abzurechnen", ist keine gute Idee. Denke daran: Du bist nicht dafür verantwortlich, andere zu ändern. Freue dich, dass du bald gehst, und überlasse den Menschen, die dableiben, ihr Leben. Bedenke, man sieht sich immer zweimal im Leben. Gestalte deinen Abgang gut, denn das ist der letzte Eindruck, der bleibt. Und wer weiß – vielleicht wird dieser Eindruck in Zukunft ja doch noch mal bedeutsam für dich.

Wochenaufgabe 2:

Prüfe noch mal die Kündigungsbedingungen in deinem Arbeitsvertrag. Dann bereite deine Kündigung gut vor, um dich durch planvolles Vorgehen zu schonen, um Missverständnisse zu verhindern und insgesamt einen positiven Eindruck zu hinterlassen.

Reiche die Kündigung fristgerecht ein, so dass du zu deinem Wunschdatum frei bist. In manchen Unternehmen werden Mitarbeiter nach der Kündigung auch sofort freigestellt. Das wäre natürlich ideal, denn dann hättest du noch für die Restzeit ein Gehalt, kannst dich aber schon voll auf die Weiterentwicklung deiner Geschäftsidee konzentrieren.

Besprich deine Kündigung auf jeden Fall zunächst mit deinem Chef, selbst wenn das Verhältnis nicht gut ist. Damit verhältst du dich professionell und fair. Warte einen guten Zeitpunkt ab und warne ihn am besten indirekt etwas vor: „Chef, ich würde gerne etwas Wichtiges und Persönliches mit Ihnen besprechen. Wann würde es für Sie passen?" So kann er den Braten schon riechen und es trifft ihn nicht mehr ganz so unvorbereitet. Erkläre ihm dann mit einfachen Worten und so unaufgeregt wie möglich, dass du kündigen wirst, um eine neue Aufgabe anzunehmen und ihn gerne als Erstes und vorab informieren möchtest, bevor du die schriftliche Kündigung fristgerecht einreichst.

Stelle sicher, dass du deine Aufgaben so gut wie möglich abschließt und übergibst, um deine Kollegen oder Kunden nicht mehr hängen zu lassen als nötig. Auch hier ist ein professionelles und verantwortungsvolles Auftreten für dich langfristig besser.

Wenn du nach dem Grund deines Abschieds gefragt wirst, rate ich dir, nicht über die negativen Dinge zu sprechen, die hinter dir liegen, sondern über die positiven, die vor dir sind, zum Beispiel: „Ich habe in letzter Zeit immer stärker gefühlt, dass ich etwas anderes machen möchte und habe nun endlich den Mut gefunden, den Schritt zu gehen." Wenn du magst, erklärst du kurz, was du vorhast. Wer weiß, vielleicht findet sich ja der eine oder andere Kunde oder Nachahmer, die dich als Vorbild nehmen und auch etwas Eigenes aufbauen möchten.

Hier eine mögliche Formulierung, wenn dein Verhältnis zu deinem Vorgesetzten okay war: *„In den Jahren hier bei (Unternehmensname) habe ich mich sehr wohl gefühlt. Ich hatte die Gelegenheit, neue Kenntnisse zu erwerben und Fähigkeiten zu entwickeln, dafür bin ich sehr dankbar. Mir wurde jetzt die Möglichkeit eröffnet, in einer* anderen Stelle zu arbeiten, die meinen Interessen sehr nahekommt und bei der ich noch vieles lernen kann. Nach reiflicher Überlegung habe ich mich dazu entschlossen, diese Chance zu ergreifen. Daher möchte ich mit Ihnen besprechen, wie meine restliche Zeit hier im Unternehmen noch sinnvoll gestaltet werden kann, damit die Übergabe möglichst reibungslos funktioniert."

Wenn dein Verhältnis eher nicht so gut war und dein Chef fragt, warum du gehst, antworte ausweichend, etwa so: *„Ich habe die Entscheidung unabhängig von meinem jetzigen Arbeitsumfeld getroffen. Die neue Aufgabe fordert meine derzeitigen Interessen und Fähigkeiten stärker."*

Wochenaufgabe 3:

Bedanke dich bei deinen Kollegen und Vorgesetzten, wenn es für dich passt, auch mit einer kleinen Ausstandsfeier.

Hier noch einige Fragen zum Abschluss, damit du an alles Wichtige gedacht hast:

- Wem musst du deine Kündigung konkret übergeben?
- Wie kannst du die Übergabe für beide Seiten gut gestalten?
- Mit wem musst du wegen deines Arbeitszeugnisses sprechen und sollst du das ggf. vorformulieren?
- Welche Aufgaben und Projekte möchtest du noch abschließen?
- Welche Kollegen, Kunden und Partner solltest du informieren und wie werden die von wem informiert?
- Hast du Sicherungskopien von allen wichtigen Daten?
- Sind alle offenen Fragen in deinen Projekten beantwortet und die Verantwortlichkeiten geklärt?
- Gibt es Absprachen, die direkt mit deiner Person zusammenhängen, oder Zugangsdaten, die nur du kennst, obwohl sie für deinen Arbeitgeber sind?
- In welche Projekte möchtest du deine/n Nachfolger/in persönlich einarbeiten?

Nutze die Woche, um diese Fragen zu klären und die nächsten Wochen, um die Übergaben zu planen.

Tag 89 – Professionalisiere dein Unternehmen

 15 Minuten   90 Minuten   *www.90taco.de/89*

Du hast das 90-Tage-Programm nun fast schon abgeschlossen, heute ist der vorletzte Tag. Mittlerweile hast du dich und deine Idee bereits so weit entwickelt, dass es nicht mehr möglich ist, dir auf Tagesbasis konkrete Tipps zu geben, was zu tun ist. Daher möchte ich dir heute nur meine 18 wichtigsten Tipps mit auf dem Weg geben, die dir auf deinem weiteren Weg viel Ärger und Geld sparen werden:

1. Schließe eine private **Rentenversicherung** ab (gute Empfehlungen findest du unter: www.finanztip.de) und achte darauf, dass sie im Fall einer Insolvenz geschützt ist. Alternativ: Wenn du absolut sicher bist, dass du über genügend Disziplin verfügst – richte dir ein Konto oder ein Depot mit ETFs ein, auf das du monatlich einen entsprechenden Betrag überweist und das du NIE, NIEMALS anfasst und auch nicht zu deinem Vermögen zählst.
2. Schließe immer schriftliche **Verträge**, selbst wenn du deinem Unternehmen mal ein Darlehen aus deinem Privatvermögen gibst. Denke daran: Verträge sind dafür da, dass man sie später nicht braucht.
3. Versuche möglichst **Einzelunternehmen** zu bleiben, das heißt keine Personenge-sellschaft zu gründen, denn die Anforderungen sind häufig geringer und die Re-gelungen leichter zu durchblicken.
4. Achte darauf, dass du die **formalen Anforderungen** entsprechend deiner gewähl-ten Rechtsform einhältst, zum Beispiel lückenlose Rechnungsnummern, Eigenbe-lege bei Ausgaben ohne Beleg, Datenschutzanforderungen, GEZ-Zahlungen, GEMA-Gebühren bei Veranstaltungen, Zollabwicklung, etc. Dies nicht zu tun wird teuer, frustrierend und bringt schlaflose Nächte.
5. Hole dir früh einen **Steuerberater**, mit dem du persönlich gut zurechtkommst. Es gibt so viele administrative Fallstricke, die du gar nicht alle wissen kannst und möchtest. Auch hier gilt: Konzentriere dich auf das, was du machen möchtest und unbedingt selbst machen musst, und suche dir für alles andere gute Partner.
6. Du brauchst von Anfang an eine **saubere Buchhaltung, Kontoführung, Kassen-führung und Kostenrechnung.** Besprich das mit deinem Steuerberater und suche dir dafür einen Dienstleister. Jede Nachlässigkeit hier wird später teuer und sehr schmerzhaft.

7. Vermeide es möglichst lange, **Mitarbeiter** einzustellen, da sich hieraus eine ganze Menge haftungstechnischer und steuerrechtlicher Probleme ergeben, die dein Leben als Gründer/in erschweren. Es ist großartig, Arbeitsplätze zu schaffen und schön, wenn du das schaffst. Aber mache das erst, wenn du eine kritische Größe erreicht und genug Erfahrung gesammelt hast. Es ist keinem geholfen, wenn du vor lauter Sorge, wie du die monatlichen Gehälter bezahlen sollst, krank wirst und dich und deine Familie belastest. Nutze stattdessen Selbstständige, wie du es bist, Dienstleister, Zeitarbeitsfirmen, befristete Verträge usw.

8. Hüte dich vor **Betrügern**. Wenn du dein neues Unternehmen pflichtgemäß registrierst (z. B. im Handelsregister) oder zum Beispiel eine Marke anmeldest, erhältst du mit 100-prozentiger Sicherheit unaufgeforderte Schreiben von Unternehmen, die irgendwelche Gebühren für irgendwelche Leistungen in Rechnung stellen, die du nie bestellt hast und auch nicht brauchst. Die Schreiben sind so gestaltet, als wenn sie von einer öffentlichen Behörde kommen. Deine Angaben haben sie erhalten, weil ein neuer Eintrag in einer offiziellen Datenbank vorgenommen wurde. Lies solche Schreiben genau durch und recherchiere beim geringsten Zweifel, welcher „Anbieter" dahintersteckt.

9. Achte darauf, dass du – bzw. deine Partner, die etwas für dich erstellen – bei den kleinen **formalen Dingen** die Gesetze einhältst, um nicht unfreiwillig Opfer einer Abmahnung zu werden, die von professionellen Abmahnunternehmen gemacht werden. Beispiele sind ein unvollständiges Impressum auf deiner Webseite, falsche Nutzung urheberrechtlich geschützter Quellen (z. B. Fotos und Bilder), fehlende Pflichtangaben in gewerblichen E-Mails, Newsletter und Spam, Werberecht, Wettbewerbsrecht, etc. Mehr Informationen zu diesem Thema findest du unter: www.90-tage-programm.de/abmahnung

10. Vermeide möglichst **Zahlung auf Rechnung**, da sich daraus vielfache Ärgernisse und Kosten aus Mahnwesen und Co. für dich ergeben können. Wenn du es trotzdem machst, melde dich bei der SCHUFA und nutze deren Dienste (www.schufa.de).

11. Nutze die Leistungen von **IHK, Handelskammern, Innungen** usw., wenn es diese bei dir gibt, und erst recht, wenn du dort Pflichtmitglied bist. Vereinbare einen Kennenlerntermin, erkläre denen, was du machst, und frage, wie sie dich unterstützen können. Wenn du eine Frage hast, gehe erstmal zu denen, bevor du jemanden für die Beantwortung bezahlst. Die sind für dich da! Es gibt dort vielfältige und zum Teil sehr wertvolle und nützliche Angebote, die von vielen aus Unwissenheit nicht genutzt werden.

12. **Gründe allein** und vermeide möglichst Partner. Es mag dich beruhigen und mehr Spaß machen, Freud und Leid mit jemandem zu teilen. In der Praxis zeigt

sich aber, dass Einzelunternehmer sich leichter tun und einige Probleme, vor allem mit Beziehungen und Emotionen, gar nicht erst entstehen können. Was in der Gründungsphase noch ein Vorteil ist, wird leicht zum Nachteil, wenn es um den täglichen Betrieb geht.

13. Kümmere dich als Selbstständiger rechtzeitig um **Kranken-, Renten-, Pflege- und Sozialversicherung.** Der Mindestbeitrag zur freiwilligen gesetzlichen Krankenversicherung ist hoch, private Krankenversicherungen werden im Alter oder mit Familie schnell teuer. Außerdem musst du Arztkosten oft vorstrecken, was deinen Cashflow belastet.

14. Eine der häufigsten Stolperfallen von Selbstständigen ist eine **Steuerzahlung**, die oftmals erst Jahre später kommt und viel höher ist, als erwartet. Ganz wichtiger Tipp: Richte dir ein eigenes Bankkonto für Steuerzahlungen ein, auf das du stets 30 Prozent des grob geschätzten Gewinns einzahlst. Außerdem solltest du Gewinnrückgänge direkt an das Finanzamt melden, denn die schätzen deine Steuerlast auf Basis des Gewinns der letzten Jahre.

15. Spare dir möglichst die **Anmeldung eines Patents**. Das ist teuer und du brauchst dafür unbedingt einen Patentanwalt, es selbst zu machen ist viel zu kompliziert und wird mit hoher Wahrscheinlichkeit auch nicht rechtssicher gemacht. Patente können sinnvoll sein, um damit zu werben oder Nachmacher abzuschrecken. Das geht aber vielleicht auch einfacher, schneller und günstiger.

16. Stelle dich persönlich beim Finanzamt vor, lerne deinen zuständigen Sachbearbeiter kennen und erkläre, was du machst. Besprecht alle Fragen, die das Finanzamt hat, und lass dich nicht verunsichern. Idealerweise geht dein Steuerberater gleich mit.

17. Sorge regelmäßig für die **Datensicherung**. Es passiert selten, aber wenn mal alle Daten weg sind, ist der Stress groß und die Arbeit enorm. Kaufe dir eine externe Festplatte und mache mindestens monatlich eine Datensicherung über die Standardfunktion deines Betriebssystems.

18. Definiere dir ein **Abbruchkriterium für deine Selbstständigkeit**. Es ist klar, dass du nicht gleich aufgeben darfst, wenn es mal schwer wird, und dass eine erfolgreiche Gründung auch Zeit braucht. Definiere dir aber einen realistischen Zeitraum und ein Zielkriterium, an dem du den Versuch der Selbstständigkeit abbrichst. Teile Menschen deines Vertrauens dies mit und bitte sie, dich zu gegebener Zeit zu hinterfragen. Zum Beispiel: „Wenn ich in einem Jahr, das heißt am 30.09.2021, nicht mindestens die laufenden Kosten verdiene, gebe ich auf. Und wenn ich nach zwei Jahren, das heißt am 30.09.2022, nicht mindestens einen Gewinn von 1.000 Euro pro Monat mache, wickle ich das Geschäft ab." Vermeide, dass aus einem Ende mit Schrecken ein Schrecken ohne Ende wird.

Tag 90 – Heute ist der erste Tag vom Rest deines Lebens

 5 Minuten ein Leben lang www.90taco.de/90

Heute ist der letzte Tag deines 90-Tage-Programms und der erste Tag vom Rest deines Lebens! Heute gibt es nichts zu tun, außer zu würdigen, was du in den letzten Wochen und Monaten alles geschafft und auf die Beine gestellt hast! Und ich möchte mich bei dir für dein Vertrauen, dein Engagement und deine Treue bedanken.

Hier ist deine Aufgabe für heute:

Blicke nochmal zurück auf das, was du alles gemacht und geschafft hast. Würdige das. Feiere Dich! Und schreibe mir bitte eine kurze Mail, wie es dir ergangen ist. Ich lese die auf jeden Fall und antworte dir. Dein Feedback werde ich nutzen, um das Angebot laufend zu verbessern, so dass zukünftige Selbstständige es noch leichter haben. Du erreichst mich unter: moritz@90-tage-programm.de

Ich wünsche dir alles Gute auf deinem weiteren Weg, viel Erfolg mit deiner Geschäftsidee und die richtigen Prioritäten für dein Leben. Denke immer daran, dass es die kleinen Dinge sind, die das Leben schön machen, dass Zeit viel wertvoller ist als (mehr) Geld, und dass es die Erfahrungen mit uns selbst sind, und mit den Menschen, die wir lieben, die Glück, Freude und das Leben ausmachen.

Herzliche Grüße und alles Gute!
Dein Moritz

Danke

Dieses Buch ist nach einer Zeit entstanden, in der ich viel Unterstützung gebraucht und bekommen habe. All denen, die zum Gelingen dieses Buches beigetragen haben, möchte ich herzlich danken.

Da sind zuallererst meine Frau Zsuzsanna, die Liebe meines Lebens, und meine Söhne Theo und Felix zu nennen. Danke, dass ihr für mich da seid, egal, wie gut oder schlecht es mir geht.

Bei der Entstehung dieses Buches halfen mir die vielen Versuchskaninchen, die das 90-Tage-Programm für mich getestet haben, die Freunde und Verwandten, die mir Feedback zum Manuskript gaben, und die 220 Unterstützer meiner Kickstarter-Kampagne. Ihr wisst, wer ihr seid und könnt euch kaum vorstellen, wie motivierend eure Beiträge für mich waren, und welchen bedeutenden Anteil jede/r Einzelne von euch am Gelingen dieses Buches hat!

Das Buch wurde nur so schön dank der tatkräftigen Unterstützung von Melanie Krieger und Oliver Hums vom metropolitan Verlag sowie der hübschen Illustrationen von Michael Schrenk.

Alles, was ich weiß, habe ich von anderen gelernt. Dafür danke ich den Gründern, Mit-Gründern und Start-ups, mit denen ich in den letzten 15 Jahren zusammenarbeiten durfte. Als Vertreter möchte ich hier Maximilian Suermann von den Großstadtzwergen Berlin, Stefan Schmidt von Unibright.io und Dimitri Gärtner von Framen.io hervorheben.

Dass ich dieses Buch schreiben konnte, ohne gleich meinen Job zu kündigen, verdanke ich meinen lieben Kollegen bei Zühlke Engineering, dem besten Arbeitgeber der Welt. Vielen Dank für eure Unterstützung in den letzten zehn Jahren!

Und zum Abschluss möchte ich dir, liebe Leserin, lieber Leser, dafür danken, dass du dieses Buch gekauft und gelesen hast und – so hoffe ich – auch das 90-Tage-Programm durcharbeitest. Ich würde mich freuen, von dir und deinen Erfahrungen zu hören.

Danke schön!

Euer Moritz

Literatur

Baum, Thilo (2010): Mach Dein Ding! Der Weg zu Glück und Erfolg im Job. Eichborn Verlag.

Birkner, Monika (2012): Kurswechsel im Beruf. Erfolgreicher sein, sich nicht mehr verbiegen. Neuorientierung in der Lebensmitte. Walhalla Verlag.

Bolles, Richard Nelson (2010): Was ist dein Ding? Einfach Deinen Traumjob finden – Durchstarten zum Traumjob. Campus Verlag.

Büttner, Matthias/Joest, Guido: 47 Gründe sich nicht selbständig zu machen. Die ANTI-Gründer-Fiebel. X47 Verlag.

Deci, E. R./Ryan, R. M. (2008): Self-Determination Theory: A Macrotheory of Human Motivation, Development and Health, S. 183. In: Canadian Psychology 49, 182–185.

Eckstein, Holger (2015): Auf die innere Stimme hören. Wie Sie Sinn, Glück und Erfüllung finden. Kösel-Verlag.

Guillebeau, Chris (2016): The $100 Startup: Reinvent the Way You Make a Living, Do What You Love, and Create a New Future.

Ferriss, Timothy (2007): The 4-hour work week.

Gassmann, Oliver (2017): Geschäftsmodelle entwickeln: 55 innovative Konzepte mit dem St. Galler Business Model Navigator. 2. Aufl. Carl Hanser Verlag.

Gulder, Angelika (2013): Finde den Job, der dich glücklich macht. Von der Berufung zum Beruf. Campus.

Kasser, T./Ryan, R. M. (1993): A dark side of the American dream: Correlates of financial success as a central life aspiration. Journal of Personality and Social Psychology, 65(2), 410–422. – https://doi.org/10.1037/0022-3514.65.2.410

Kondo, Marie (2018): Das große Magic-Cleaning-Buch: Über das Glück des Aufräumens. Rowohlt Verlag.

Kötter, Robert/Kursawe, Marius (2015): Design your Life. Dein ganz persönlicher Workshop für Leben und Traumjob. Campus Verlag.

Krznaric, Roman (2012): How to Find Fulfilling Work. The School of Life. Pan Macmillan, Hamshire.

Küstenmacher, Werner Tiki/Seiwert, Lothar (2016): Simplify your life. Einfacher und glücklicher leben. Campus.

Maurya, A. (2012): Running Lean. Iterating from Plan A to plan that works. 2nd Edition, O'Reilly, Cambridge.

Osterwalder, Alexander/Pigneur, Yves/Clark, Tim: (2010): Business Model Generation: A Handbook for Visionaries, Game Changers, and Challengers. Strategyzer series Wiley, Hoboken.

Reiss, Steven (2009): Das Reiss Profile: Die 16 Lebensmotive. Welche Werte und Bedürfnisse unserem Verhalten zugrunde liegen. Gabal Verlag.

Ries, Eric (2014): The Lean Startup. Schnell, risikolos und erfolgreich Startups gründen. Redline Verlag.

Endnoten

1 Steve Jobs in seiner Rede für Absolventen der Stanford University. – www.youtube.com/watch?v=D1R-jKKp3NA

2 Zukunftsinstitut in seinem Whitepaper *Die Zukunft nach Corona* (2020), S. 8.

3 Vgl. Brené Brown im TED-Talk "Listening to Shame". www.youtube.com/watch?v=psN1DORYYV0

4 Vgl. Krznaric (2012).

5 Vgl. Ferriss (2007).

6 https://tim.blog/2020/02/06/brene-brown-striving-self-acceptance-saving-marriages/

7 Vgl. www.nature.com/articles/s41562-017-0277-0.epdf?referrer_access_token=aQe2uv3Vj3yLJyb0LtdxL9RgN0jAjWel9jnR3ZoTv0P6pRUGAIioLhu85ORBsjF_g5Rf0fuUViMASagr_M7VE-8PtlvdYRevH_9bYPITWa_t-IoqV2sz2oP1ENL17297xqvFTJL7jH3kBTn2zAwJFINUMnIX1DF2YIIc38BBuep-uDKy5-uSUGvvFeqT22h9DgPprIhKLctg74_fxzY6eO0RHlPaV5KMunr0ENGnQAHLjjCG-C7ZL9RysphnFjgPJA05oaAjzSHpqC8XzwFYnqOaSfw4WT8uv3MbvYSS5tOFv2zcYIjgXeieUB8-f78p&tracking_referrer=www.welt.de

8 Diese Geschichte wird immer wieder erzählt und der ursprüngliche Autor ist mir unbekannt. Ich habe diese Geschichte aus Ferriss, T. (2007).

9 www.spiegel.de/karriere/start-up-gruender-zieht-bilanz-war-das-die-kuendigung-wert-a-35d573bf-37c2-4a61-8ffe-efa05eb260b8#:~:text=Von%20den%20Ratschl%C3%A4gen%20der%20Experten,h%C3%A4tte%2C%20gegr%C3%BCndet%20zu%20haben.%E2%80%9D

10 Vgl. www.welt.de/vermischtes/article13851651/Fuenf-Dinge-die-Sterbende-am-meisten-bedauern.html

11 Laut der Selbstdeterminationstheorie (SDT) von Deci/Ryan (2008).

12 Diese Metapher habe ich von Eckstein (2015) übernommen.

13 https://de.statista.com/themen/101/medien/ sowie http://web.ard.de/ard-chronik/index/12220?year=2019&month=10

14 Ich nutze und empfehle dafür die gemeinnützige Seite www.finanztip.de.

15 vgl. https://www.shopify.de/blog/dropshipping-mal-anders

16 Interview mit Jochen Mai – www.zeit.de/karriere/beruf/2014-02/interview-vom-bloggen-leben

17 vgl. https://www.zeit.de/karriere/beruf/2014-02/interview-vom-bloggen-leben

18 vgl. www.franchiseverband.com/services-nutzen/studien-und-statistiken/

19 Das Beispiel stammt aus dem sehr empfehlenswerten Buch von Gulder, A. (2013).

[20] Vgl. Ries (2014)

[21] Vgl. Maurya (2012)

[22] Vgl. Osterwalder/Pigneur/Clark (2010).

[23] vgl. Ries (2014)

[24] Book Icon made by www.flaticon.com/authors/freepik; To-Do Icon made by www.flaticon.com/authors/smashicons; Web Icon made www.flaticon.com/authors /kiranshastry

[25] Diese Aufgabe ist inspiriert von Gulder (2013).

[26] vgl. www.youtube.com/watch?v=D1R-jKKp3NA

[27] vgl. www.niu.edu/facdev/_pdf/guide/learning/howard_gardner_theory_multiple_ intelligences.pdf

[28] vgl. z. B. https://link.springer.com/article/10.1023/A:1014411319119 oder Kasser/ Ryan (1993). – https://doi.org/10.1037/0022-3514.65.2.410

Dr. Moritz Gomm

ist mehrfacher Gründer, Startup-Coach und Innovations-Berater. Als Diplom-Wirtschaftsinformatiker lehrte und promovierte er am Lehrstuhl für Unternehmensführung der Technischen Universität Darmstadt. Seine Doktorarbeit erhielt 2008 die höchste Prämierung seines Fachs.

Moritz Gomm coacht seit über 15 Jahren Start-ups und Einzelunternehmer und ist im Beirat verschiedener Tech-Startups tätig. Seit über zehn Jahren arbeitet er als Innovationsberater für Firmen und hat unter anderem Rent-a-Startup® entwickelt, eine Methode, mit der etablierte Unternehmen radikal neue Geschäftsideen umsetzen. Er hat 2008 die Firma Zühlke Engineering HK Ltd., einen Innovationsdienstleister in Hongkong, aufgebaut. Darüber hinaus lebte er in Thailand, Malaysia und China. Heute wohnt er mit seiner Frau und seinen zwei Söhnen in Darmstadt.

Mehr zu Moritz Gomm unter: www.90-tage-coaching.de/moritz